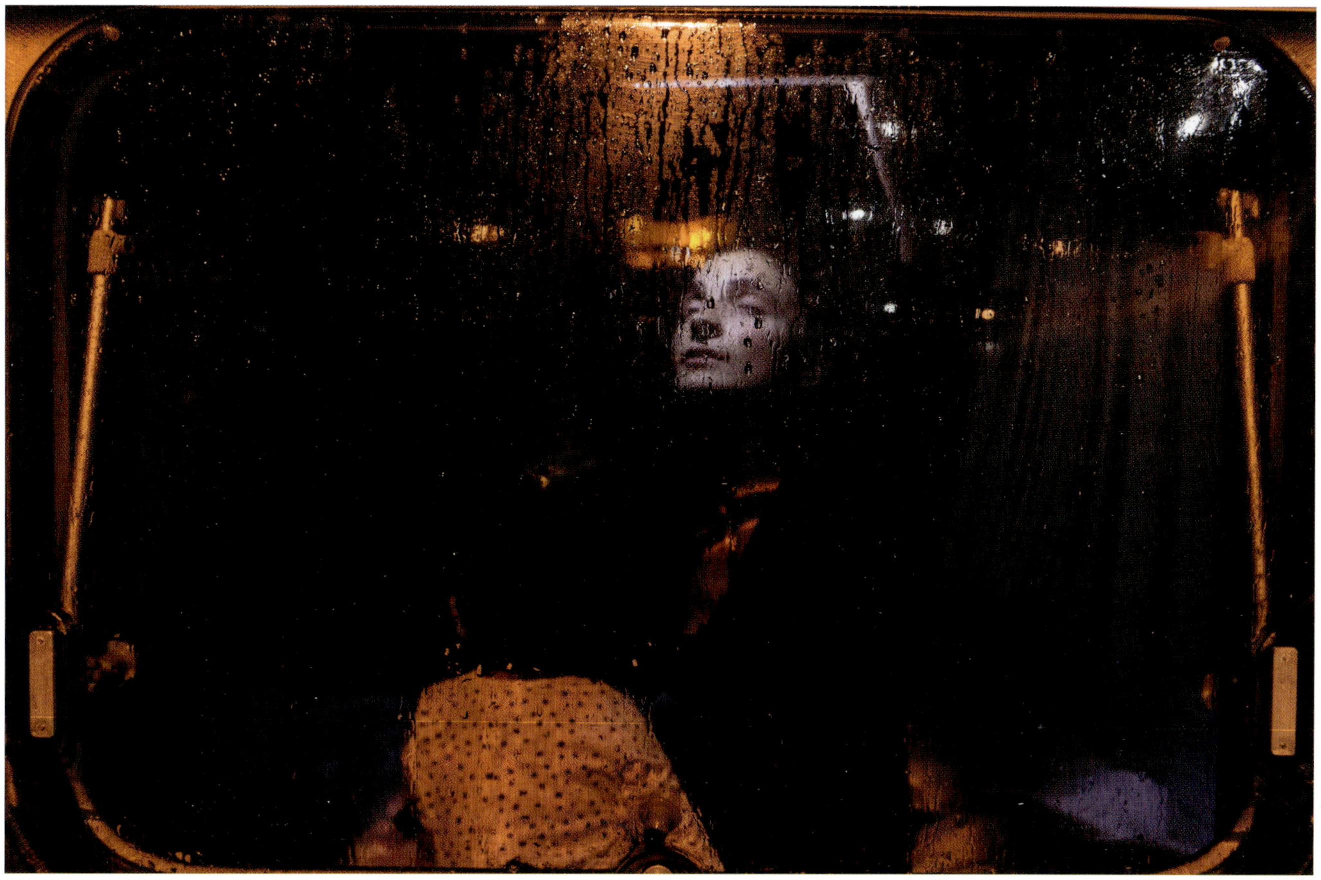

ZIRKUSWELTEN

DAS MAGISCHE LEBEN DER LETZTEN ZIRKUSFAMILIEN EUROPAS

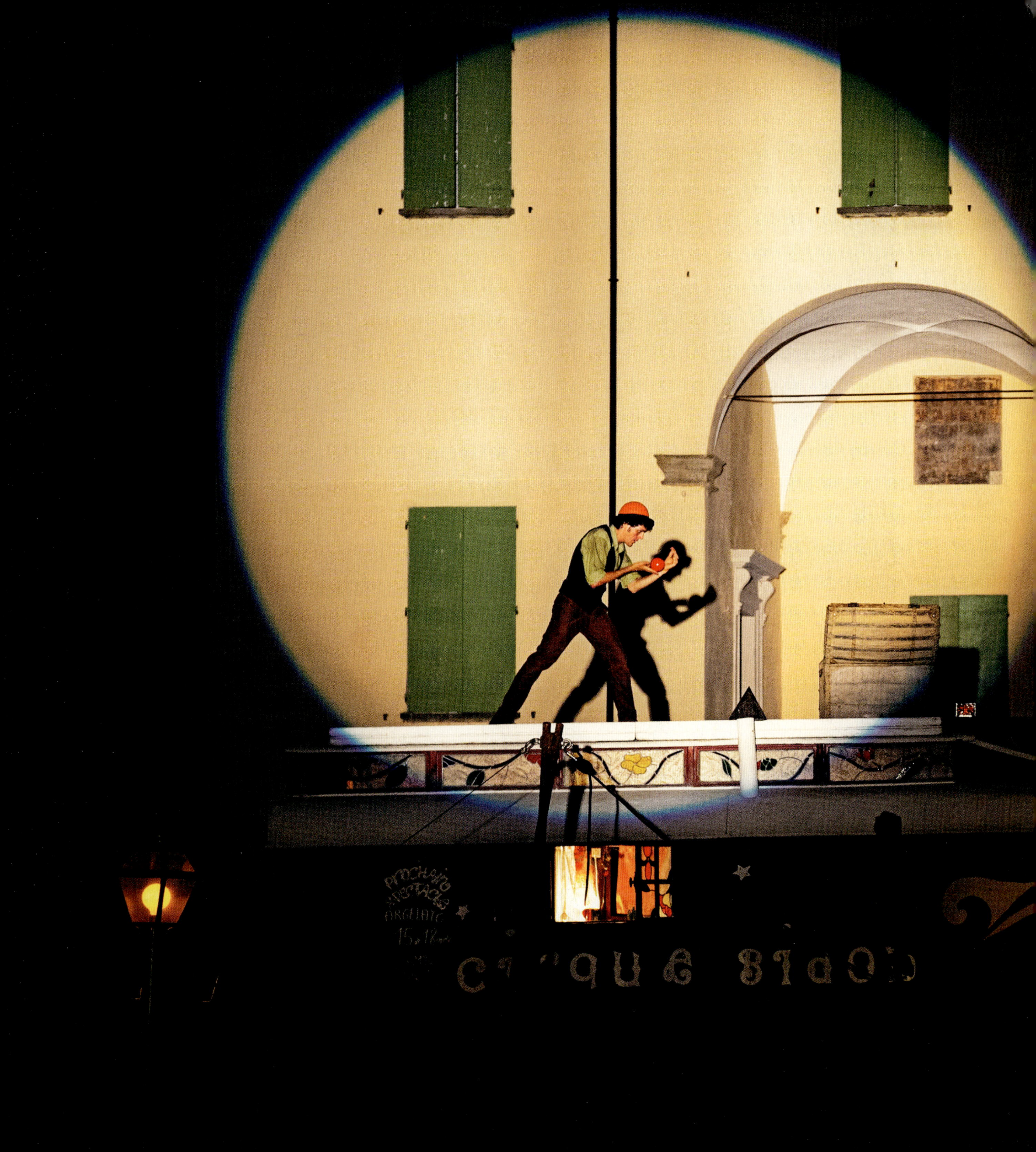

STEPHANIE GENGOTTI
MIT TEXTEN VON FULVIO DE SANCTIS

ZIRKUSWELTEN

DAS MAGISCHE LEBEN DER LETZTEN ZIRKUSFAMILIEN EUROPAS

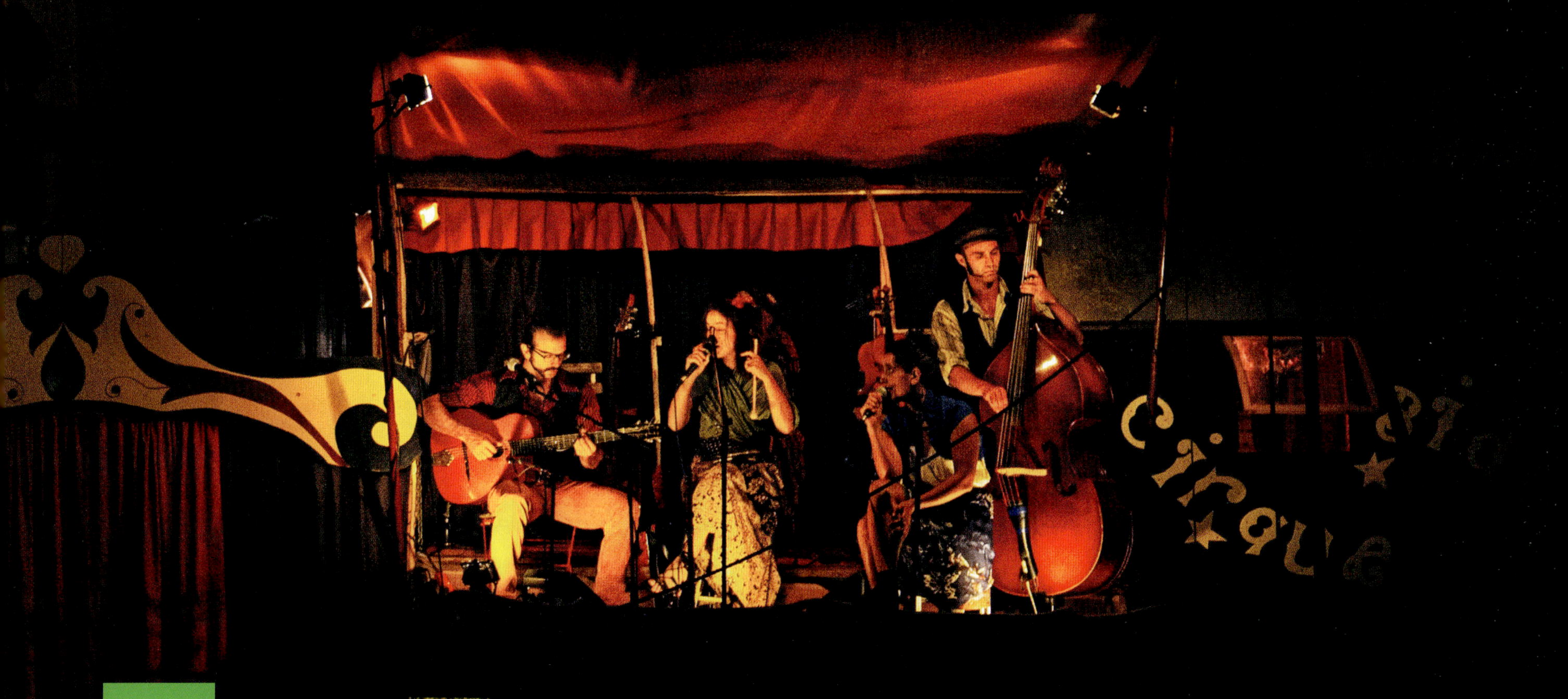

GEO

FREDERKING & THALER

INHALT

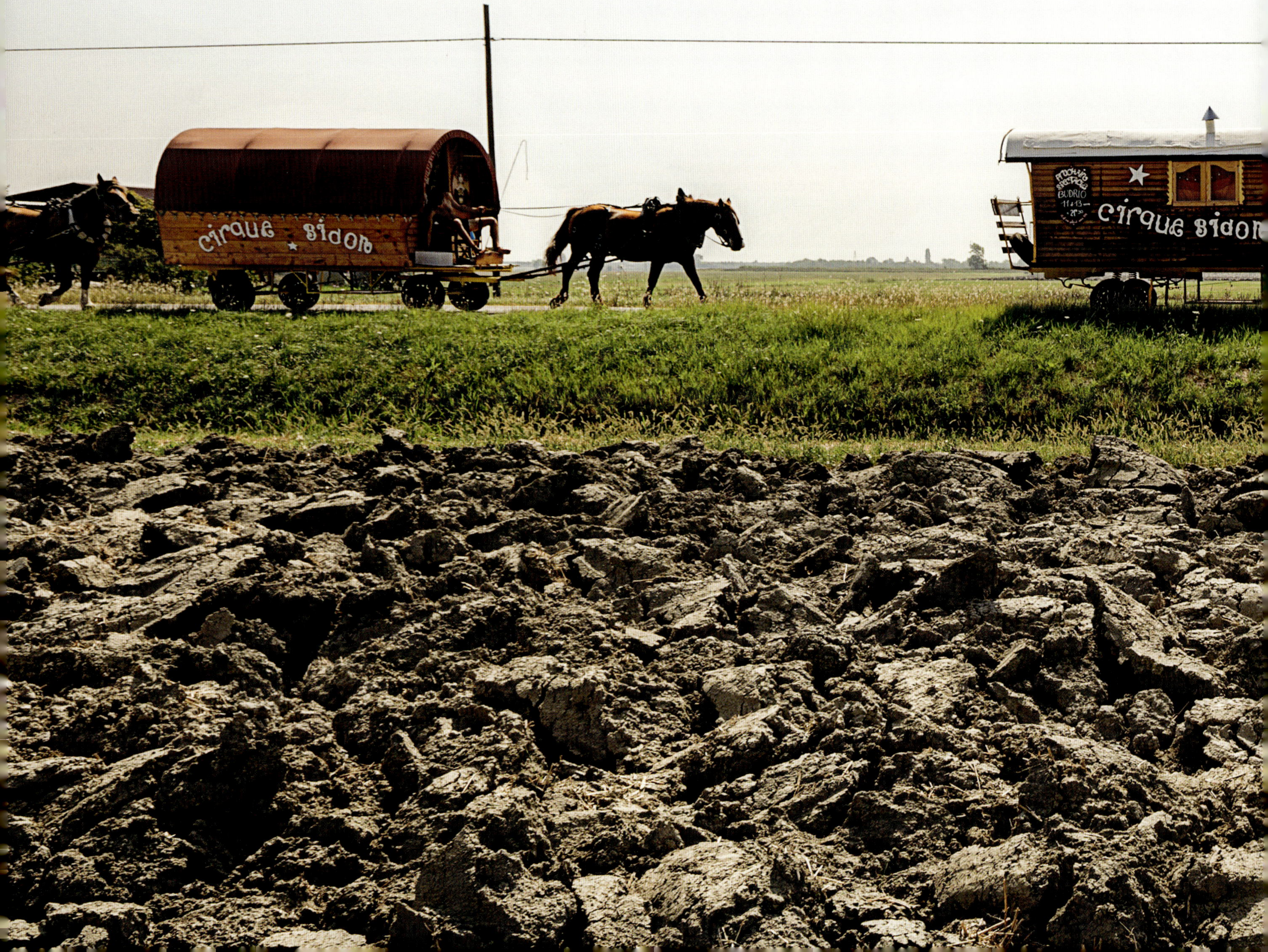

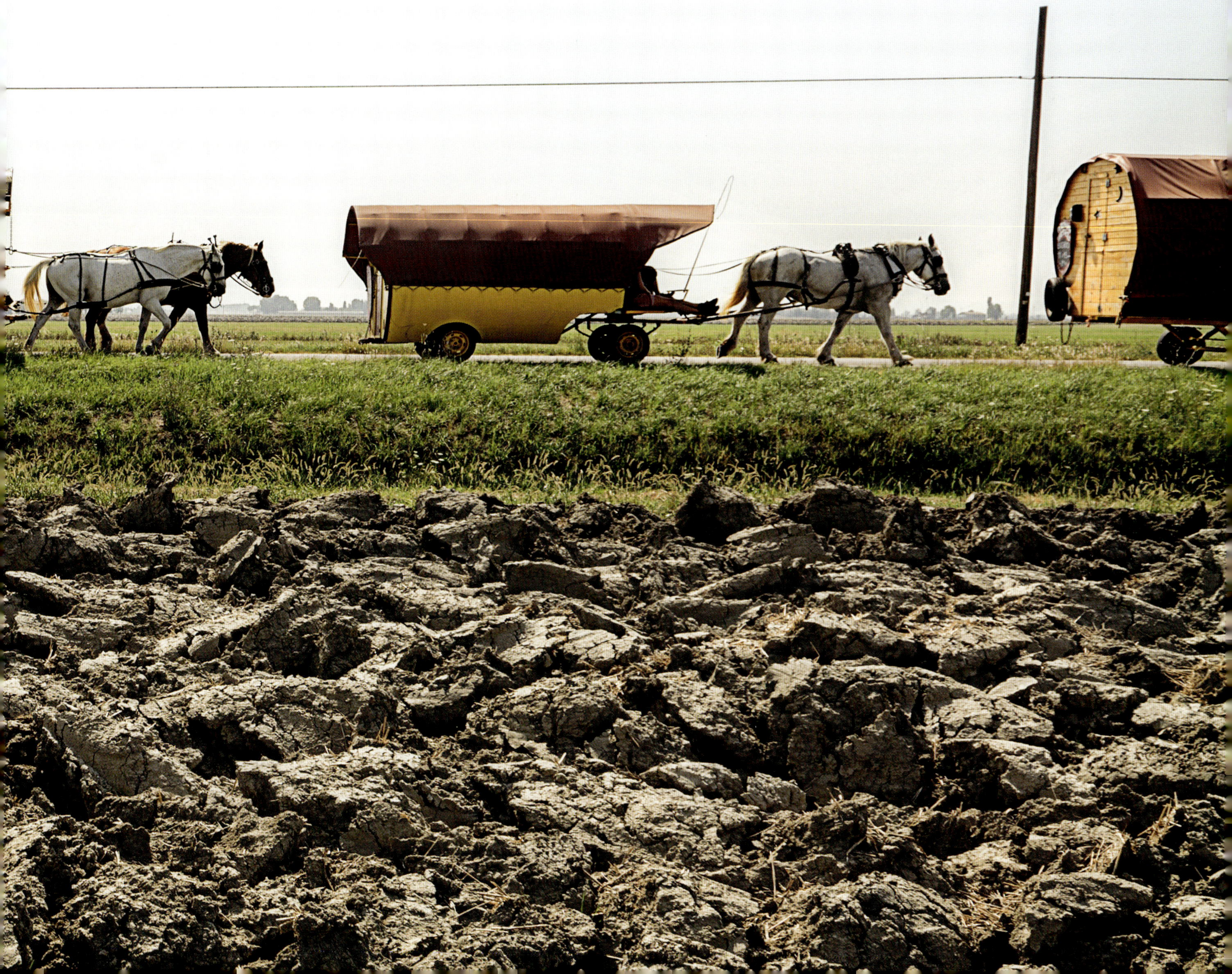

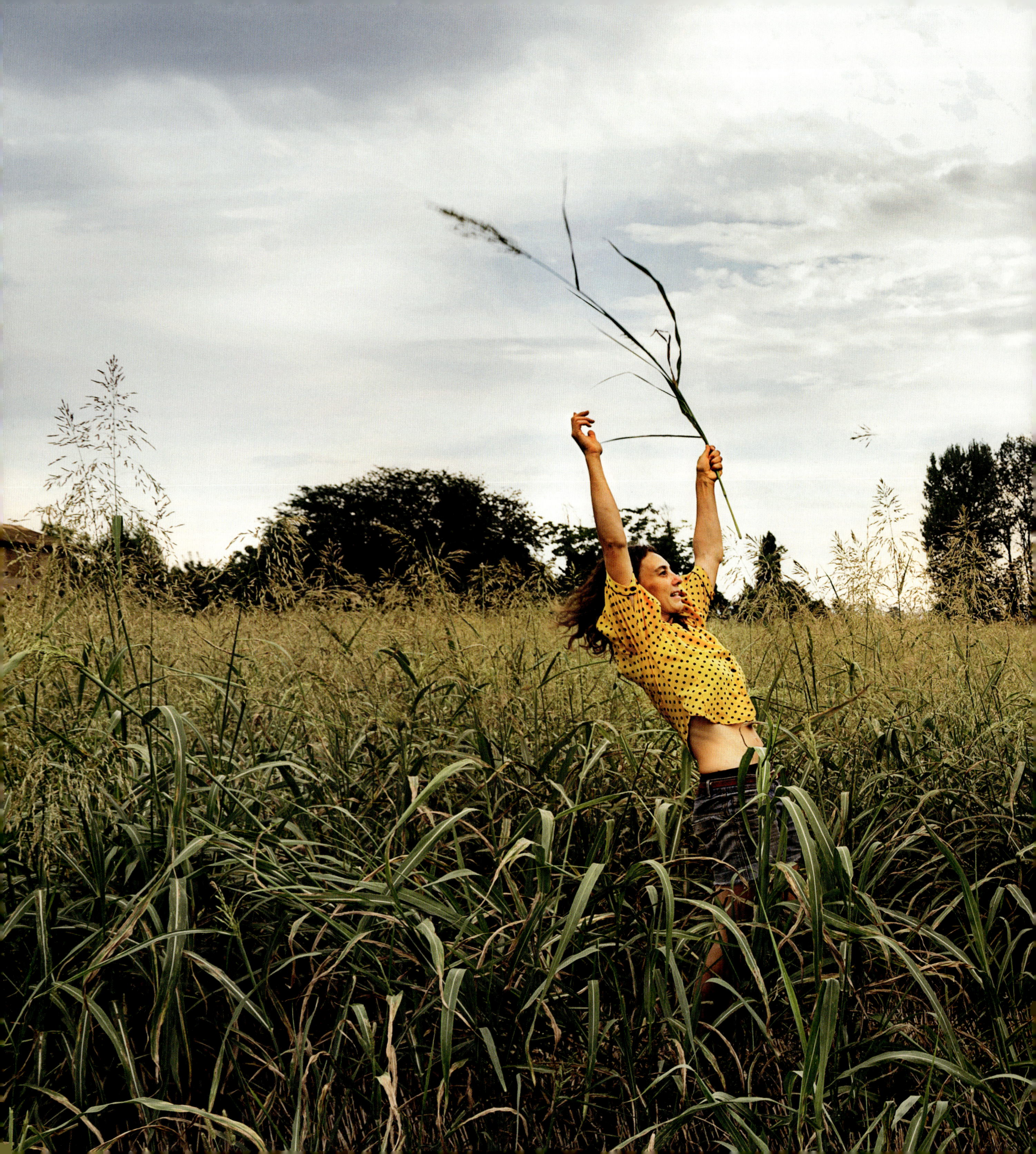

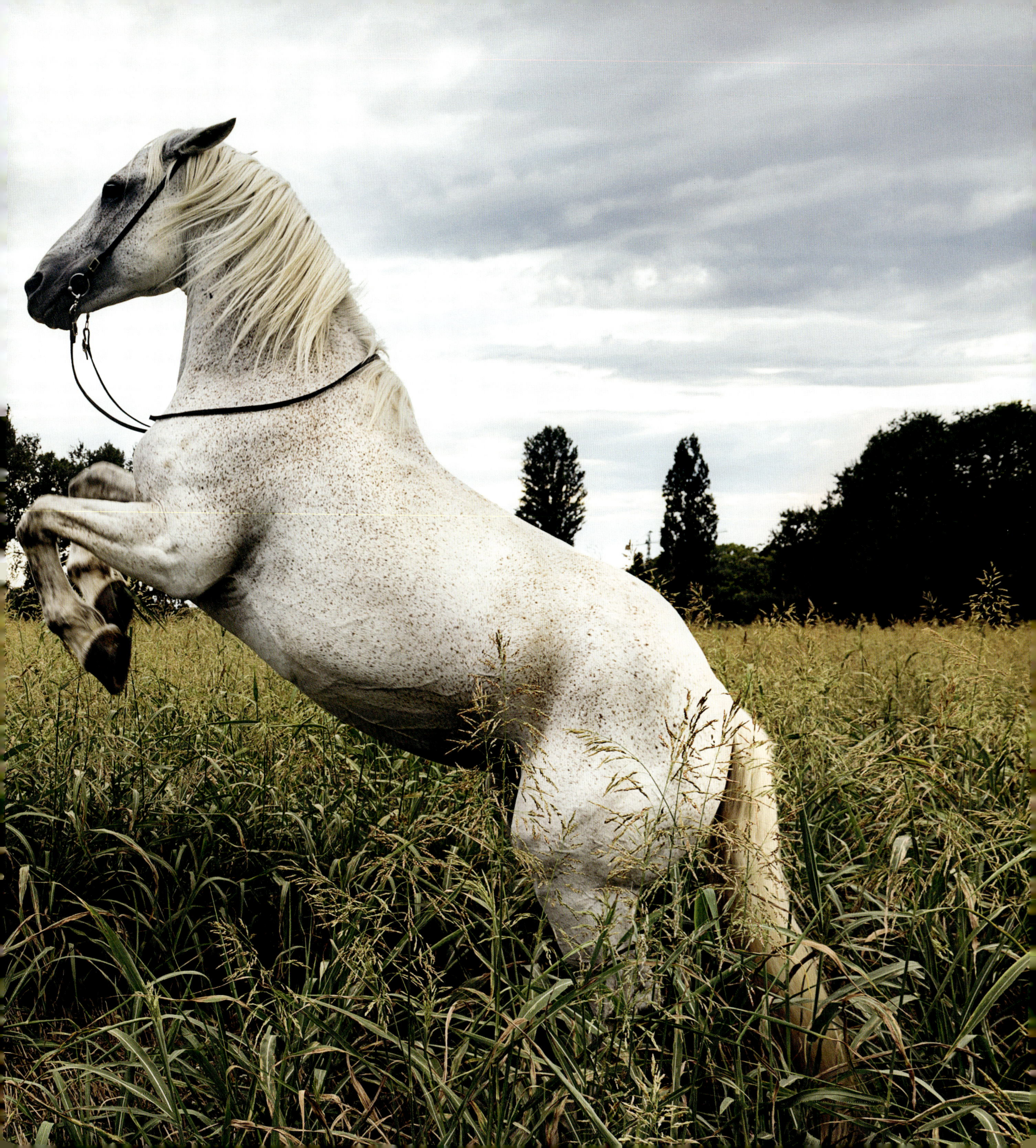

ZEITREISE IN EINE FAST VERGESSENE WELT

Einführung von Fulvio de Sanctis

Zirkus – beim Klang dieses Wortes geht unsere Fantasie auf Wanderschaft, und wir verweilen auf der Insel im Meer glücklicher Erinnerungen. Vor unserem inneren Auge entstehen Bilder einer uralten Märchenwelt, in die wir uns nur allzu gern flüchten. Traumumwobene Bilder sind es, die von einer Welt künden, in der alles möglich erscheint, in der alles auf dem Kopf zu stehen scheint, fernab der Hektik unseres Alltags.

Es ist nicht das prachtvolle Zelt, es sind nicht die Elefanten oder Tiger darin, sondern es ist diese Sehnsucht tief in uns, dazuzugehören und ein Teil dieser eingeschworenen Gemeinschaft aus Artisten, Musikern und Clowns zu sein. Mit ihnen auf Wanderschaft zu gehen wie in Federico Fellinis Film *La Strada* und durch eine sich ständig wandelnde Landschaft zu ziehen, Giulietta Masinas Ruf im Ohr: »Zampano ist da!«, wie ein Echo der Vergangenheit, die uns noch immer verzaubert. Alles dreht sich langsamer und steht schließlich still. Die Musik hallt nach wie von einem Karussell in uns, dann verstummt auch sie; der Wanderzirkus ist angekommen, und wir werfen einen Blick in die Seele dieser aus der Zeit gefallenen Attraktion. Der Zirkus strahlt pure Magie, das Licht der Scheinwerfer reicht bis in den Himmel, vor den Fenstern der Wagen bunte Vorhänge. Dahinter verbirgt sich der Alltag, in den nur wenige Einblick nehmen dürfen.

Uns fasziniert der Charme dieser rebellisch erscheinenden Menschen, deren Leben wie ein einziges Abenteuer anmutet, ohne Kompromisse. Feuerspucker, Jongleure und Akrobaten wechseln ab mit Clowns und Puppenspielern. Sie erschaffen für uns eine Oase der Lebensfreude in einer hektischen Welt. Applaus brandet auf, das Zelt leert sich, die Lichter gehen aus. Der kleine Zirkus bleibt nur ein paar Tage, dann zieht er weiter durch Regen und Matsch, selbst unter der sengenden Sonne. Hinter sich lässt er alles zurück, die uns gewohnte Zuverlässigkeit, die Sicherheit, dies alles braucht er nicht, denn Freiheit ist der Reichtum, und die hat nun einmal keinen Preis.

In den 1970er-Jahren beginnt sich die Zirkuswelt zu wandeln. Die traditionellen Tier- und Dressurnummern werden aus dem Programm genommen zugunsten alternativer, avantgardistischer Formen der Unterhaltung. So entsteht in Frankreich eine ganz neue Art des Zirkus: der Cirque Nouveau. Nun ersetzen neue akrobatische, der Musik- und Theaterkultur entlehnte Elemente das Althergebrachte und Erstarrte. Das Zirkuszelt wird zum Theater. In atemberaubender Abfolge wechseln sich spektakuläre Artistik und schauspielerische Darbietungen ab, dazu brandet Musik auf, von klassischer Zirkusmusik bis Rock.

★

Dem Cirque Nouveau gelingt der Spagat zwischen Tradition und Moderne mit überraschend neuen Seherlebnissen fürs Publikum. Mal körperbetont, mal anmutig: Durchkomponierte Choreografien, ergänzt durch kraftvolle Akrobatik ergeben ein sensationell inszeniertes Gesamtkonzept, bei dem jede Darbietung einen Strang zur Geschichte beiträgt, die uns erzählt wird. Innovativ wie er ist, verkörpert der Cirque Nouveau auch weiterhin den Geist des fahrenden Volkes; er interpretiert sie neu, die Jahrhunderte gelebte Tradition des Geschichtenerzählens, haucht ihr wieder Leben ein und bringt sie zum Leuchten, die Facetten einer altbekannten Kultur. Der Cirque Nouveau unterwirft sich nicht dem technikverliebten Zeitgeist, er führt uns zurück in eine fast in Vergessenheit geratene Welt, erweckt in uns erneut die Leidenschaft fürs Wanderleben.

Wenn die Lichter ausgehen, kehrt der Zirkusalltag zurück. Der Vorhang schließt sich und hinter den Kulissen beginnt das Tagwerk, die von Pferden gezogenen Wagen, das gemeinsame Essen am langen Tisch, ein zarter Kuss, die Intimität des Lebens im Zirkuswagen. Der Cirque Nouveau macht sich auf den Weg, stimmt das Lied der Straße an bis zur nächsten Vorstellung. Wie mit einer Zeitmaschine gelingt uns der Blick durch den Schleier. Und wie von Zauberhand ist sie da,

△△ Die Artistin Manon vom Cirque Bidon übt auf einem Feld neben dem Lager mit ihrem Pferd Luce. Ein Bild voller Harmonie, Dynamik und Lebensfreude.

die wohltuende Distanz zu unserer durchtechnisierten Welt, die uns Segen und Flucht zugleich ist, da sie zwar vieles erleichtert, der wir aber auf Gedeih und Verderb ausgeliefert sind.

Mit gemischten Gefühlen starren wir wie hypnotisiert der langsam und doch unaufhaltsam an uns vorbeiziehenden Kolonne der Wagen hinterher, auf der Suche nach der Freiheit eines Abenteuerlebens, das wir einerseits scheuen, bei dem wir andererseitsaber nur zu gern dabei wären. Mit einem Lächeln blicken wir den Wagen nach und staunen, dass sich hinter dem Spektakel eine altvertraute Geschichte weiterspinnt. Weil jede Vorstellung noch immer das Ergebnis unermüdlicher Anstrengungen ist, an denen wir einmal mehr teilhaben durften.

Stephanie Gengotti ist es gelungen, einen Blick hinter die Kulissen zu werfen und Gesichter, Körper, Gestik, Mimik und Ausstrahlung in stimmungsvollen Bildern einzufangen. Sie öffnet für uns die Türen zur Welt des Zirkus, und damit einher geht ein tieferes Verständnis. Ihre Fotografien schenken uns eine Reise in die Seele des Zirkus, in die Anatomie eines Lebensgefühls. *Zirkuswelten* ist das Ergebnis intensiver Arbeit, authentisch, ausdrucksstark und voller Emotionen: Dieses Buch ist eine Liebeserklärung.

Ein Beweis, dass Fotografie mehr sein kann als ein selbstverliebter technischer Akt oder eine bildhafte Darstellung der Realität. Stephanie Gengotti ist eine von ihnen geworden, hat sich dem Zirkusalltag angepasst und sich eingefügt in seinen Mikrokosmos. Ihre Fotos sind Ausdruck einer tief empfundenen Empathie. Man muss den Zirkus und seine Akteure verstehen, will man die Distanz zwischen Kamera und Objekt überwinden und ihre ureigene Faszination einfangen. Wir fahren gleichsam in den Wagen mit, halten selbst das schlafende Kind im Arm, spüren die Umarmung am eigenen Körper.

Zirkuswelten ist so etwas wie ein Zirkus im Zirkus, die Aufnahmen vermitteln nicht nur die Dynamik, Anmut und Ästhetik der Akteure, sie sprechen eine eigene Sprache. Wir fühlen uns versetzt in eine faszinierend fremde Welt. *Zirkuswelten* erzählt von einer rauen Schönheit, zeigt die ungeschminkte Realität eines seit Generationen gleich gebliebenen Alltagsrhythmus, und der Auftritt, die Vorstellung ist darin nur ein Moment unter vielen. Stephanie Gengotti gelingt ein gestelltes Bild mit der gleichen Natürlichkeit, mit der sie spontan einen Moment einfängt. Ganz bewusst greift sie nicht auf Schwarz-Weiß-Bilder zurück, die beim Betrachter nostalgische Gefühle an die gute alte Zeit heraufbeschwören könnten. Die Gegenwart ist nun einmal kunterbunt wie die Freude am Leben selbst. Dabei wird der Wandel von der traditionellen zur zeitgenössischen Zirkuskunst deutlich nachvollziehbar an sechs kleinen Kompanien dokumentiert, die die Fotografin auf ihren Reisen begleitet hat:

The Brunette Bros. (Dänemark, Spanien, Italien)
Les Pêcheurs de Rêves (Frankreich)
Cirque Bidon (Frankreich)
Girovago e Rondella – Teatri Mobili (Italien, Griechenland)
Giffords Circus (England)
Circo Raluy Legacy (Spanien)

★

In *Zirkuswelten* feiert Stephanie Gengotti nicht die Fotografie an sich: Dieses Buch ist vielmehr eine Hymne an das Leben und die Schönheit. Darin erzählt die Fotografin vom fundamentalen Wandel einer Welt in Bewegung und von den Gefühlen, die jede einzelne Vorstellung tragen. Originell und dabei überaus leidenschaftlich in der Darstellung, übertrifft das Ergebnis jede Erwartung an ein solch ehrgeiziges und dabei überaus gelungenes Projekt. *Zirkuswelten* ist kein Buch, das über den Zirkus spricht, sondern mit ihm.

THE BRUNETTE BROS.

★

IM GROSSARTIGSTEN UND
ZWEITKLEINSTEN ZIRKUS DER WELT
HABEN GERADE EINMAL SIEBZIG
ZUSCHAUER PLATZ.

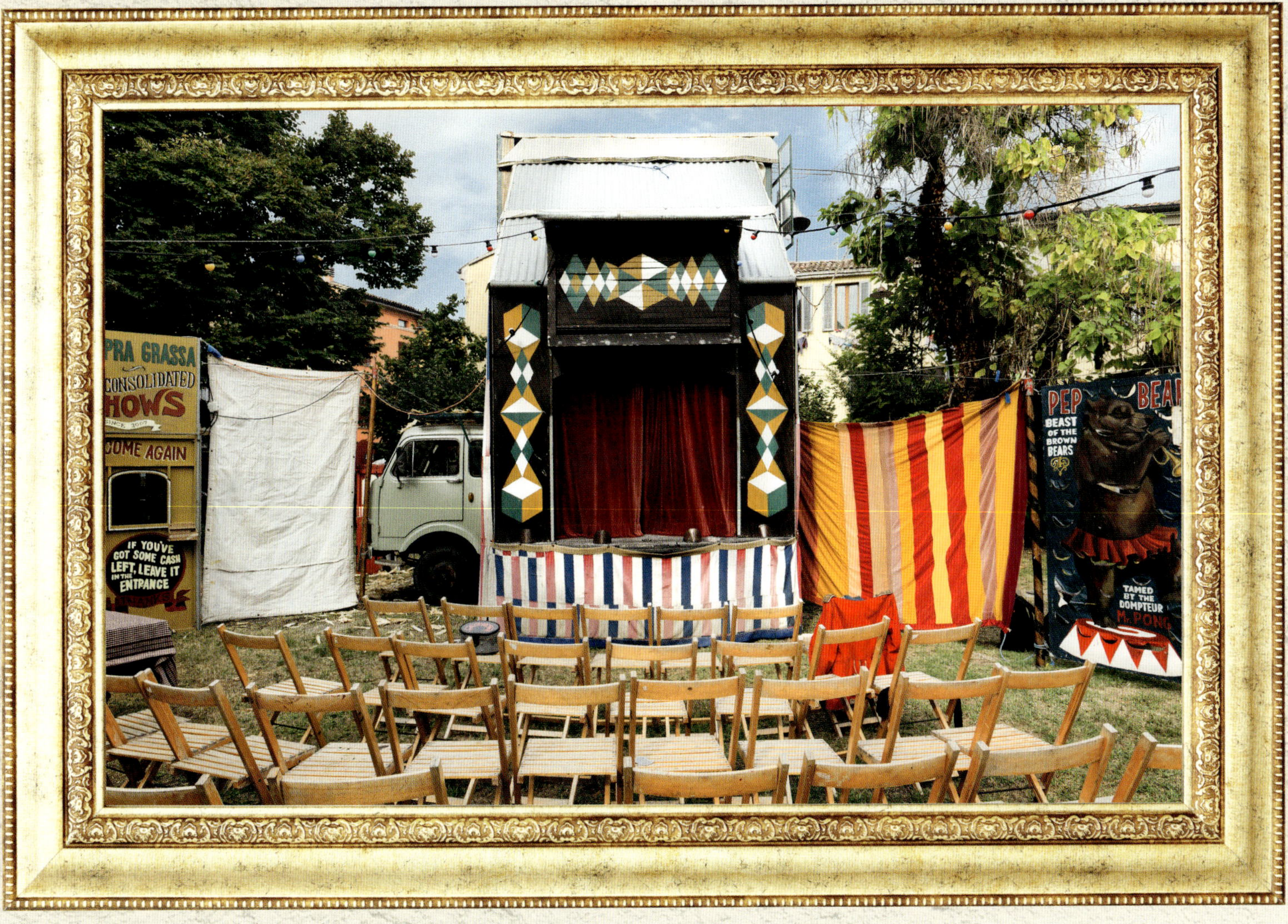
PRA GRASSA
CONSOLIDATED
HOWS
COME AGAIN
IF YOU'VE GOT SOME CASH LEFT, LEAVE IT IN THE ENTRANCE
PEP
BEA
BEAST OF THE BROWN BEARS
TAMED BY THE DOMPTEUR
M. PONG

DER GROSSARTIGSTE UND ZWEITKLEINSTE ZIRKUS DER WELT

Irgendwo in Europa öffnet sich unvermittelt eine Trickkiste und heraus purzelt die Zauberwelt der Brunette Bros., einer bunten Truppe, die aussieht, als käme sie direkt aus einem Spielzeugladen oder aus Roald Dahls Kinderbuch *Charlie und die Schokoladenfabrik*. Ein Wohnwagen verwandelt sich in ein Wunderland aus glitzernden Farben, so bunt wie das Bonbonpapier im Süßwarenladen. Er nennt sich zweitkleinster Zirkus der Welt, ein Kleinod, gleichsam die Essenz des Cirque Nouveau.

★

Auf Schritt und Tritt begleitet von Fotografen, scheint ihr Weg sie ins Reich der Fantasie zu führen, in eine Welt der Illusionen und Träume: Die kleine Truppe ist ständig unterwegs, fernab der Hektik unserer Städte und ihrer in Beton gegossenen Regeln. Die Landschaft wandelt sich, das Publikum wechselt, aber der Zirkus bleibt der gleiche. Er folgt einer eigenen Bestimmung in die weite Welt.

Die Brunette Bros. erwuchsen 2004 aus der Freundschaft zweier visionärer Frauen, der Spanierin Maria und der Dänin Lisa. Sie haben diesen winzig kleinen und doch so großartigen Zirkus gegründet, dazu nordische Klarheit und Strenge mit mediterraner Wärme vermischt und Ästhetik und Leidenschaft zu einem harmonischen Ganzen verbunden. Seit 2015 ist dieses Theater aus Fantasie und Inspiration rast- und ruhelos kreuz und quer in Europa unterwegs. Eine kleine, aber feine Kompanie des Cirque Nouveau, ein Panoptikum verschiedenster Persönlichkeiten.

Der Zuschauer taucht ein in eine Seifenblase gefüllt mit Fantasie, er schwimmt in einem Meer der Überraschungen, getragen von Humor. Auf der Bühne unterhalten Clowns, Akrobaten und Tänzer, es wird gelacht und getrickst bei dieser Show, die wie ein wilder Reigen ist aus Illusionen und Träumen, bei diesem Spiel mit althergebrachten Traditionen. Zu Maria und Lisa gesellten sich die Italiener Manu (der in den 1990er-Jahren schon mit Maria zusammengearbeitet hatte) und Luca: Sie sind die Verantwortlichen der fahrenden Truppe mit Heimatbasis in Dänemark. Die Brunette Bros. sind ein Mikrokosmos aus Familien und Freunden, eine Avantgardetruppe, die traditionelle Zirkuselemente wie Clowns und Feuerspucker mit fähigen Geschichtenerzählern mischt. Die Truppe ist geradezu ein Schatzkästchen der zündenden Ideen, zuweilen fühlt man sich versetzt in eine Mansarde voller Spielzeug aus längst vergangenen Zeiten.

Das Publikum sitzt staunend inmitten dieses Wunderwerks und lacht und fiebert mit, trunken von einem großen Schluck des genossenen Zaubertranks. Wie neue Bewohner in dieser kunterbunten surrealen Welt werden die Zuschauer hineingezogen in den Trubel und selbst zu Akteuren. Das Rot des Vorhangs, das Gelb und das Meerblau der ständig wechselnden Kulissen, die verschnörkelte Aufschrift auf den nostalgischen Wagen aus dem frühen 20. Jahrhundert versetzen sie zurück in die Zeit der Dampfloks und der traditionellen Feste auf dem Dorfe.

Wie aus dem Nichts tauchen aus bunten Türen die Clowns auf, zwischen Koffern, Puppen, Marionetten und Teekannen, die man zu Wägelchen mit Blechdosenrädern umgebaut hat. Die Stimmen eines Akkordeons und von Bläsern dringen durch das Holz, das Metall und den Stoff und hüllen das Publikum in einen Rausch aus Klängen. »Der größte und gleichzeitig kleinste Zirkus der Welt« – so kündigen die

△△ Der Zirkus gastiert einige Tage im Hof einer Bank in Florenz. Alles ist vorbereitet, um dem Publikum eine atemberaubende Vorstellung zu präsentieren. Der Vorhang ist noch geschlossen, die Stühle stehen in Reih und Glied inmitten der surrealen Kulisse.

Brunette Bros. lautstark die Aufführung an, ihre Reise durch eine schrille, grelle und verrückte Welt, an der gerade einmal siebzig Zuschauer zugleich teilhaben dürfen. Mehr Plätze gibt es nicht.

Der alte Lastwagen mit dem Megafon auf dem Dach verwandelt sich unvermittelt in ein aus der Zeit gefallenes Theater. Eingeladen wird zu einer Reise ins Unbekannte, in eine auf den Kopf gestellte Welt ohne feste Regeln, die von skurrilen Figuren bevölkert wird, von Puppen aus Holz, Plastik, Pappmaschee; ein Feuerwerk faszinierender Einfälle, Komödie und Drama zugleich. Der Zirkus Brunette Bros. ist wechselhaft wie eine große Familie, stets bereit dazu, die Grenzen des Alltäglichen hinter sich zu lassen; gleich einem Labor der Träume oder einer Wunschmaschine wird alles auf der Bühne in Szene gesetzt. Sprechende Puppen, Akrobaten, Komödianten und Musiker entführen uns in ein Wunderland, innovativ, mutig und originell, voller Reminiszenzen an unsere Kindheit.

Eine wesentliche Rolle übernimmt die Musik. Sie ist Quell der Inspiration und unverzichtbar als tragende Erzählstimme der Inszenierung. Die Musiker spielen live, halten ihre exotischen Kompositionen und Hörabenteuer aber auch auf Tonträgern fest. Ein bis ins letzte Detail perfektioniertes Gesamtwerk, eine Mischung aus Explosivität, Kreativität und poetischen Passagen. Der Zuschauer wird in das Spektakel hineingesogen, er bleibt nie außen vor, sondern ist Teil des Ganzen. Und so verbinden sich Marionetten, Livemusik und Clownerie zu einer einzigartigen Stimme.

Die Brunette Bros. leben die Erfolgsgeschichte einer Großfamilie. Die Kinder der Akteure wachsen mit dem Zirkus auf in der unendlichen Freiheit der Straße. Sie reisen gemeinsam mit ihren Eltern und schnuppern den Duft der großen weiten Welt. Marias Sohn Marius ist sieben, Lisas und Manus Sohn Ernesto zwei – sie wachsen hinein in die Aufgaben und eine Verantwortung, die sie irgendwann einmal übernehmen werden. Um die Zukunft des größten kleinsten Zirkus der Welt braucht man nicht zu bangen, er wird weiter durch Raum und Zeit wandern und auf die Bühne bringen, dass der Mensch, poetisch und spirituell die Beschränkungen der Gegenwart überwinden kann – wie eine lebendige Erinnerung daran, wie wertvoll unsere Vielfalt und die Freiheit für uns sind.

Wir haben uns an die Annehmlichkeiten der Technik und der neuen Medien gewöhnt, ohne sie scheinen wir nicht mehr leben zu können. Ein Besuch bei The Brunette Bros. bringt diese Annahme ins Wanken. Denn der Zirkus basiert auf der Idee, dass wir stets Suchende sind, das Leben eine ständige Möglichkeit, uns selbst zu hinterfragen, um so dem Wesen des Glücks nachzuspüren.

Ein Wanderzirkus ist ein fortwährendes Abenteuer. Und der alltägliche Kontakt mit unterschiedlichen Kulturen und den wechselnden Landschaften, die bei einem Blick aus dem Wagenfenster an einem vorbeiziehen, bereichert. Wenn Sie irgendwann – wo und warum auch immer – ein kleines buntes Zelt sehen, aus dem Musik, Stimmengewirr, Lachen und Applaus dringen, könnte das die magische Welt der Brunette Bros. sein. Zögern Sie nicht und treten Sie ein! Danach wird nichts mehr so sein wie zuvor ... denn er ist wirklich der größte kleinste Zirkus der Welt.

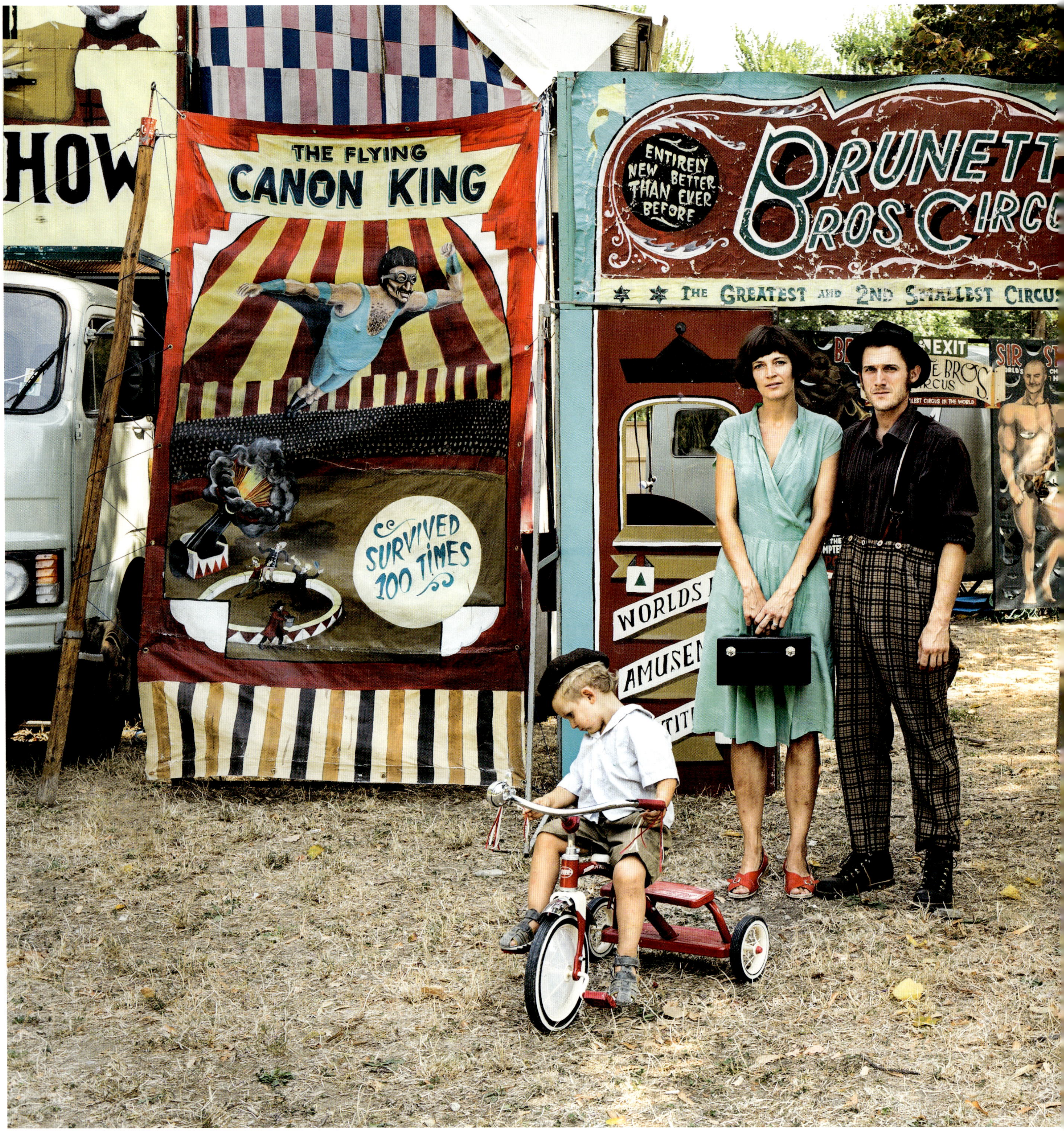
THE FLYING
CANON KING
SURVIVED
100 TIMES
ENTIRELY
NEW BETTER
THAN EVER
BEFORE
THE GREATEST AND 2ND SMALLEST
EXIT

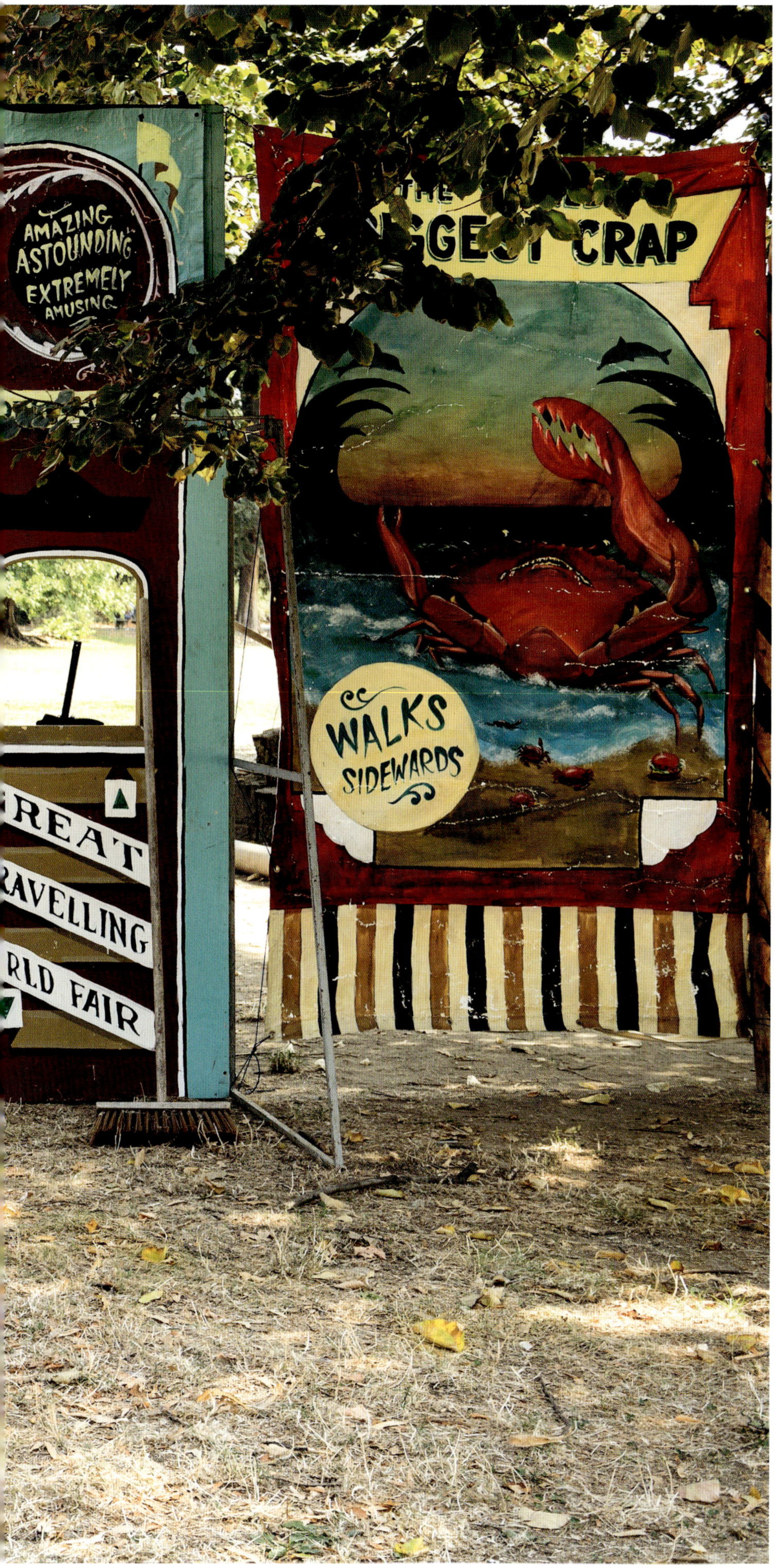

Der Italiener Manu, die Dänin Lisa und ihr Sohn Ernesto auf seinem roten Dreirad stellen sich für ein Familienfoto vor dem eindrucksvollen Vintageschild in Positur.

Der siebenjährige Marius umarmt und küsst seine Mutter vor dem geschlossenen Vorhang. Die Spanierin Maria zieht ihren Sohn alleine groß. Sie hat den Zirkus The Brunette Bros. zusammen mit ihrer dänischen Freundin Lisa gegründet.

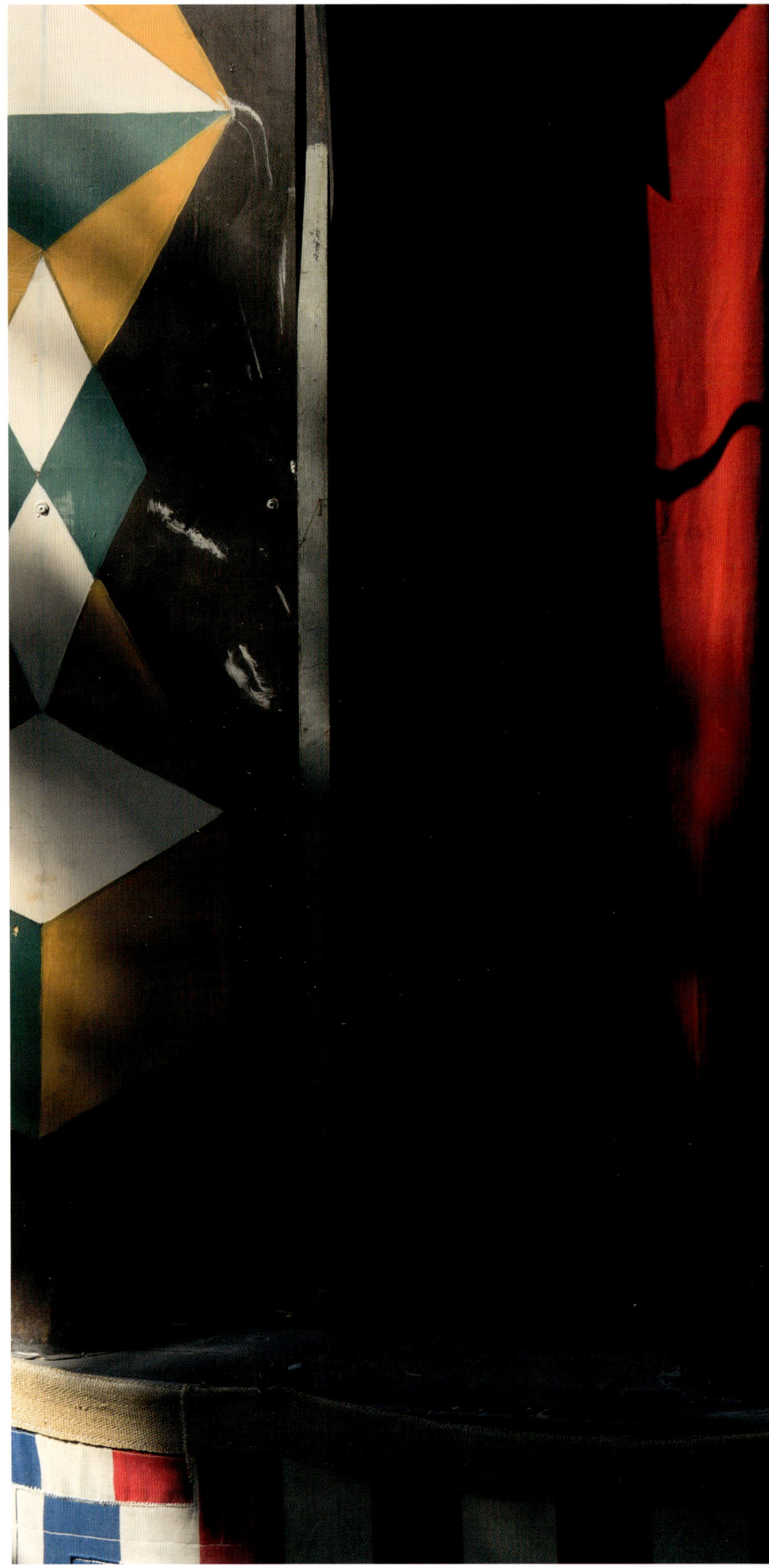

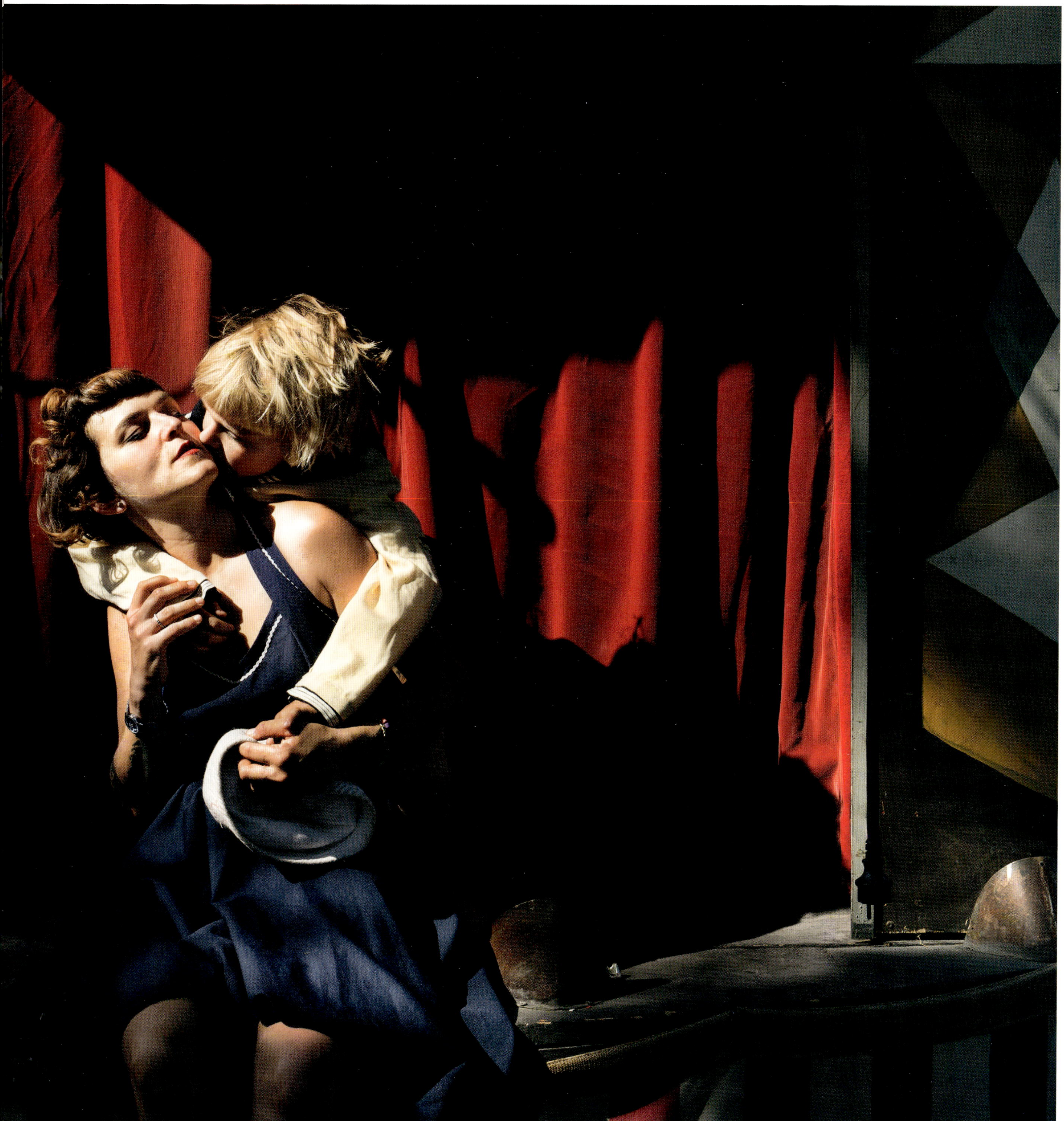

Die Brunette Bros. reisen durch Italien und zeigen ihre Show auf verschiedenen Zirkusfestivals. Marius, der siebenjährige Sohn Marias, und der zweijährige Ernesto, der Sohn von Lisa und Manu, posieren mit spielerischer Leichtigkeit für ein Foto. Die beiden sind Zirkuskinder, eine hoffnungsvolle zweite Generation, die von Anfang an in das ungebundene und abenteuerliche Zirkusleben integriert ist.

Marius klettert ins Zirkuszelt, das einige Tage im Innenhof einer Bank aufgebaut ist, bevor es weitergeht. Der Zirkus ist sein eigener Vergnügungspark, eine verzauberte Welt, in der er alle Träume erlebt, die sich ein Kind nur wünschen kann. ▽▽

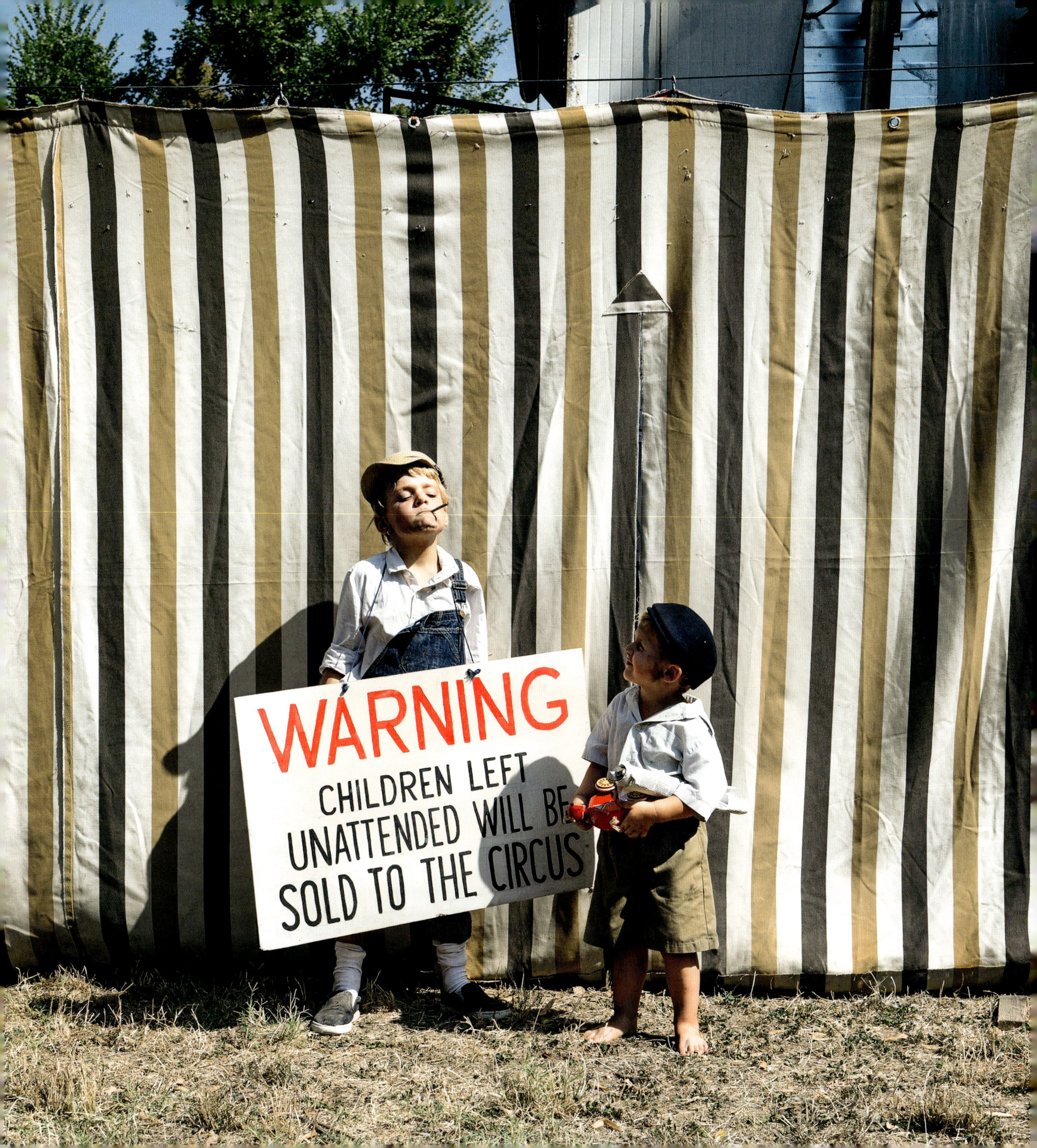
WARNING
CHILDREN LEFT
UNATTENDED WILL BE
SOLD TO THE CIRCUS

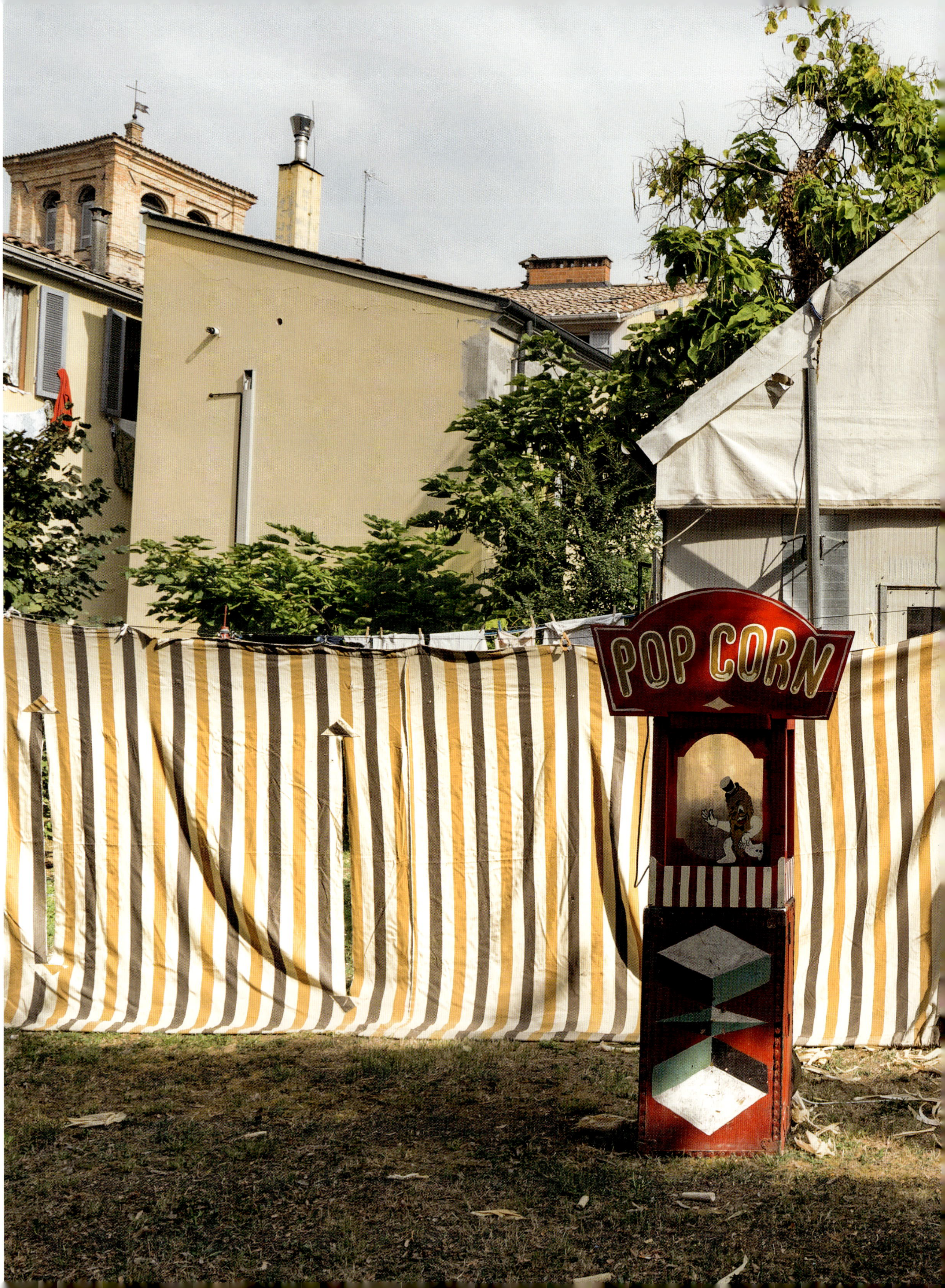
POP CORN

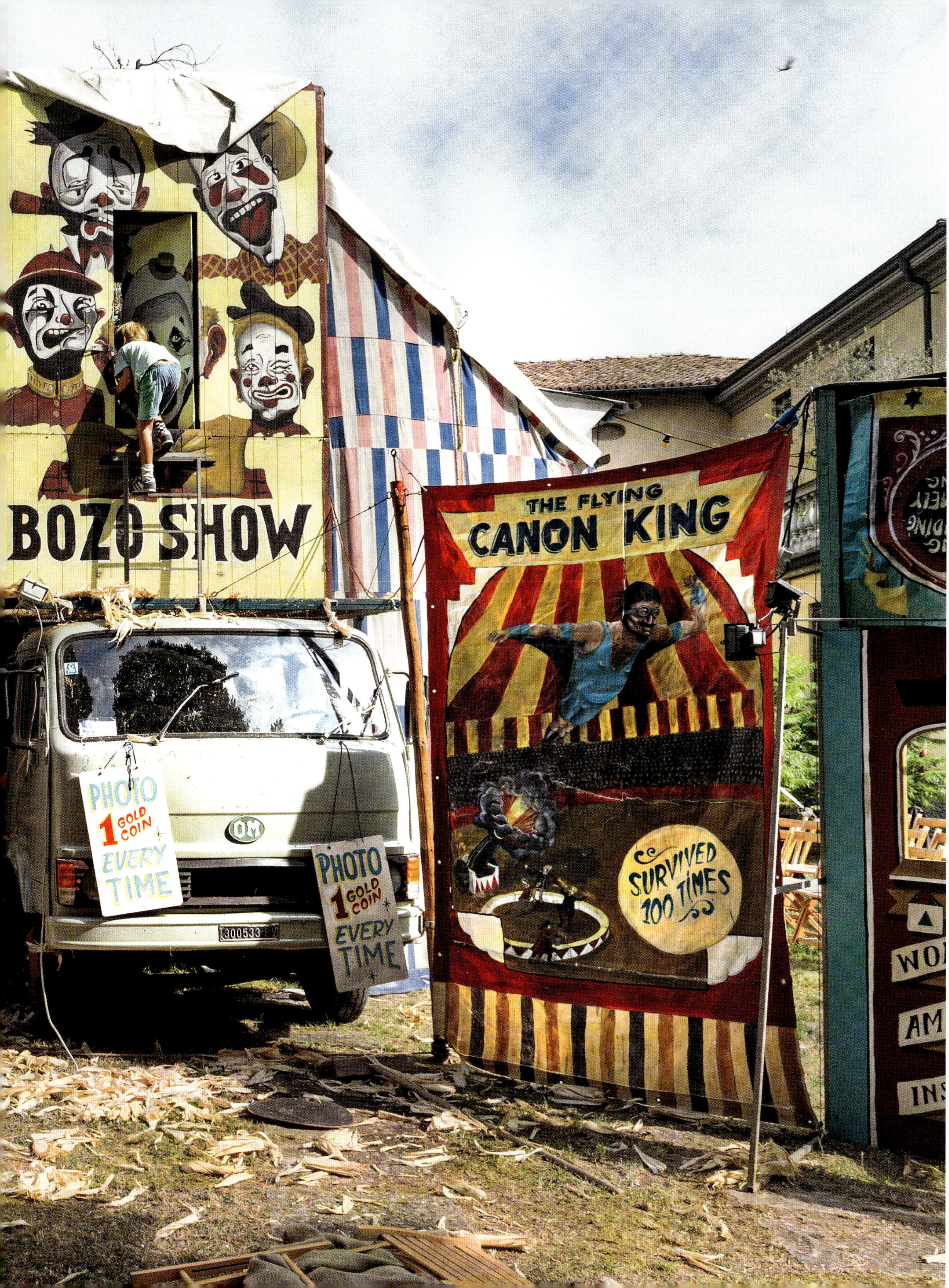
BOZO SHOW
THE FLYING
CANON KING
SURVIVED
100 TIMES
PHOTO
1 GOLD COIN
EVERY
TIME
PHOTO
1 GOLD COIN
EVERY
TIME

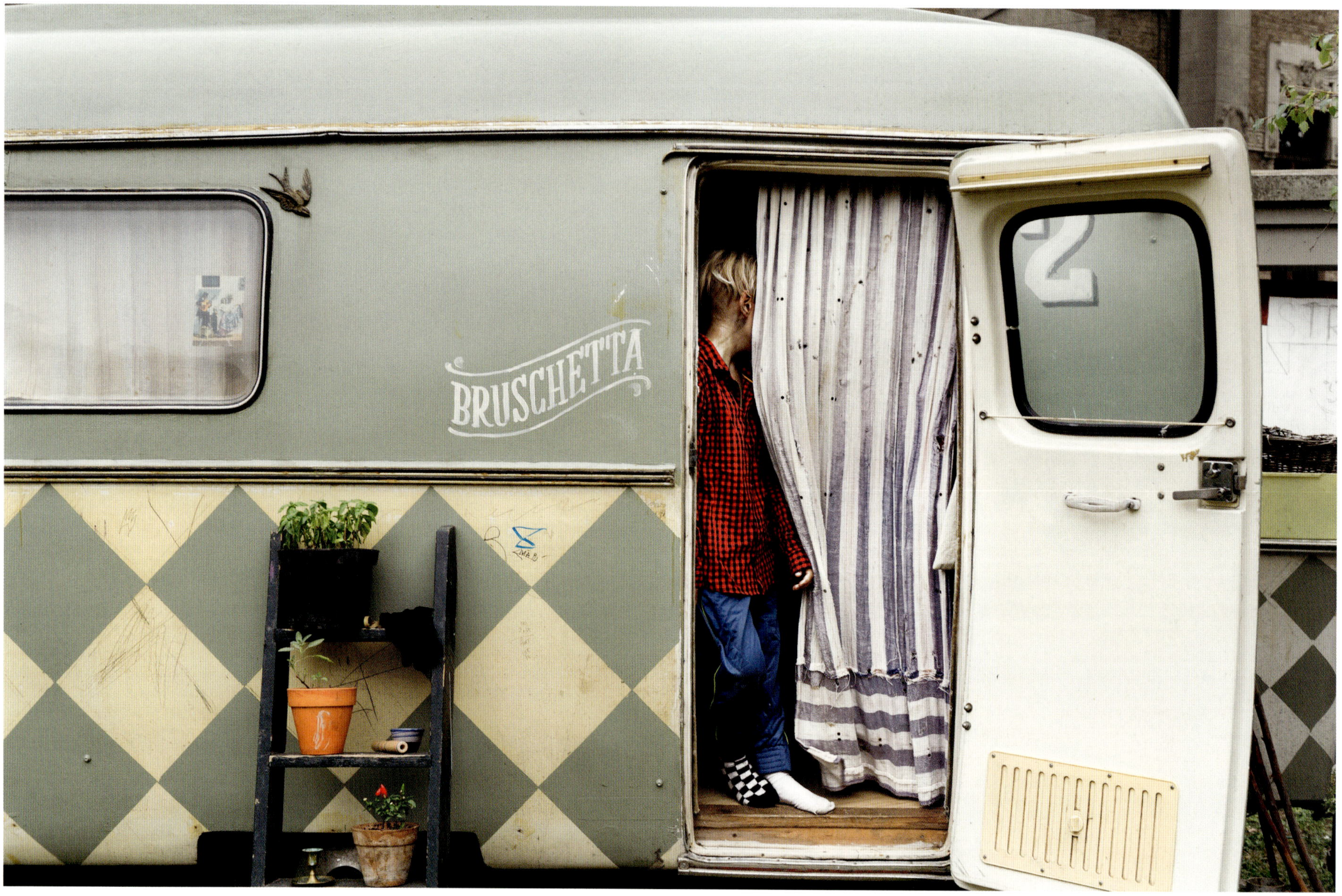

Marius steht im Eingang des Wohnwagens, Maria ist durch den Vorhang verdeckt, sie hat noch zu tun.

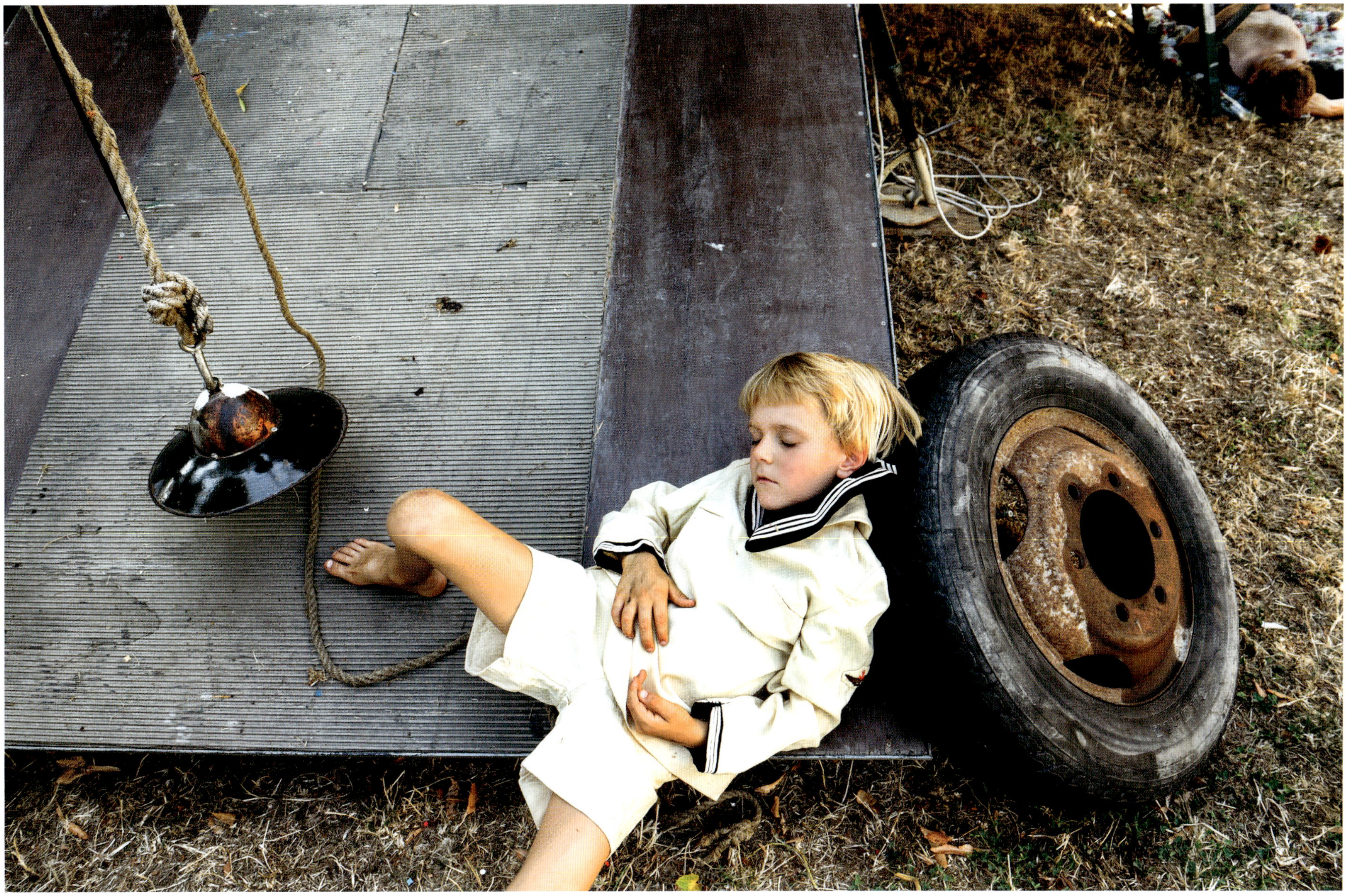

Der siebenjährige Marius bettet den Kopf auf einen alten Autoreifen und macht ein Nachmittagsnickerchen, im Hintergrund döst ein Freund auf der ausgedörrten Wiese.

Lisa und Manu wachen auf; im Wohnwagen ist es bereits unerträglich heiß, sodass sie nackt schlafen. Der kleine Ernesto sitzt schon auf dem Bett und betrachtet das Geschehen vor dem Fenster.

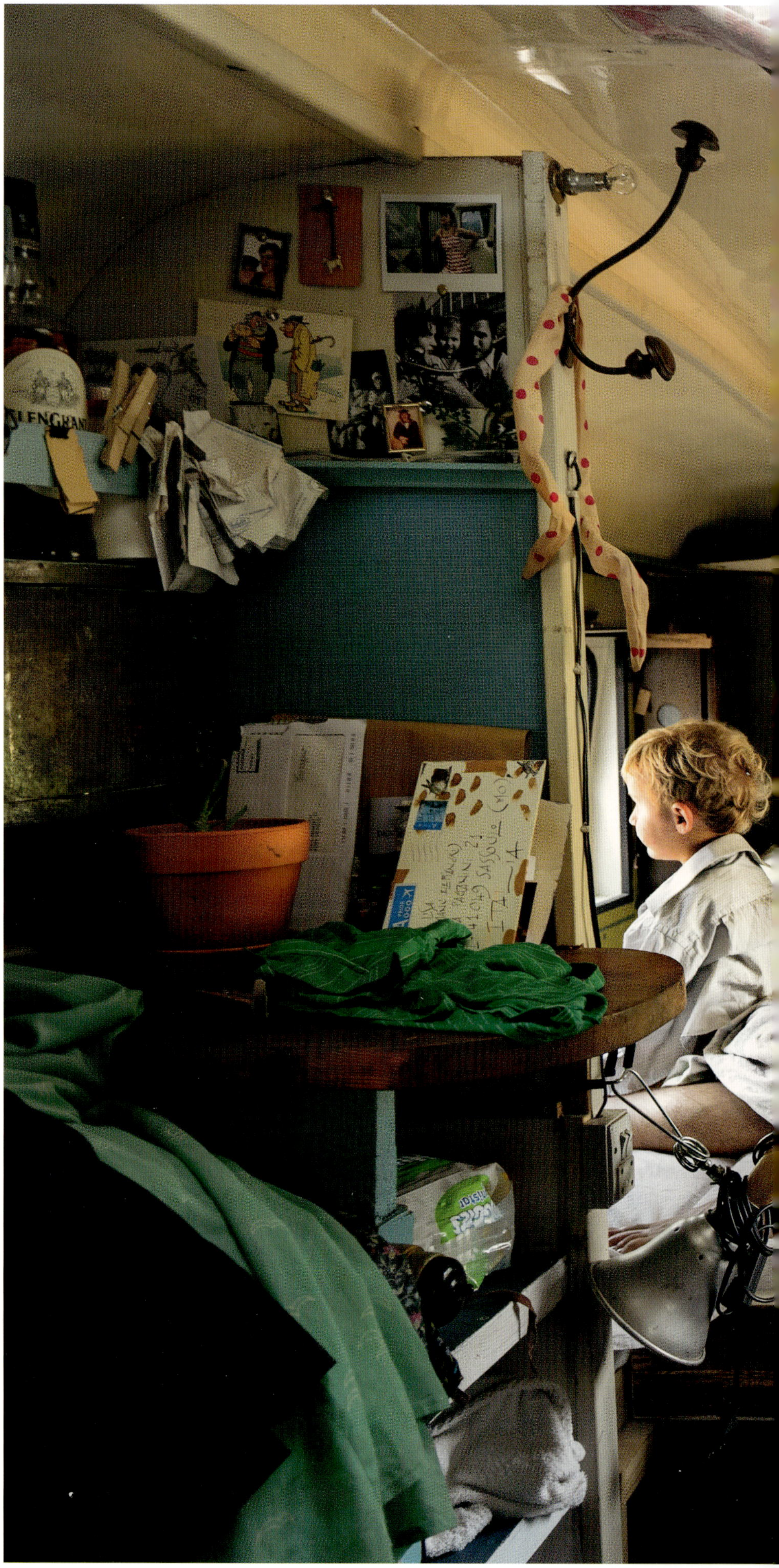

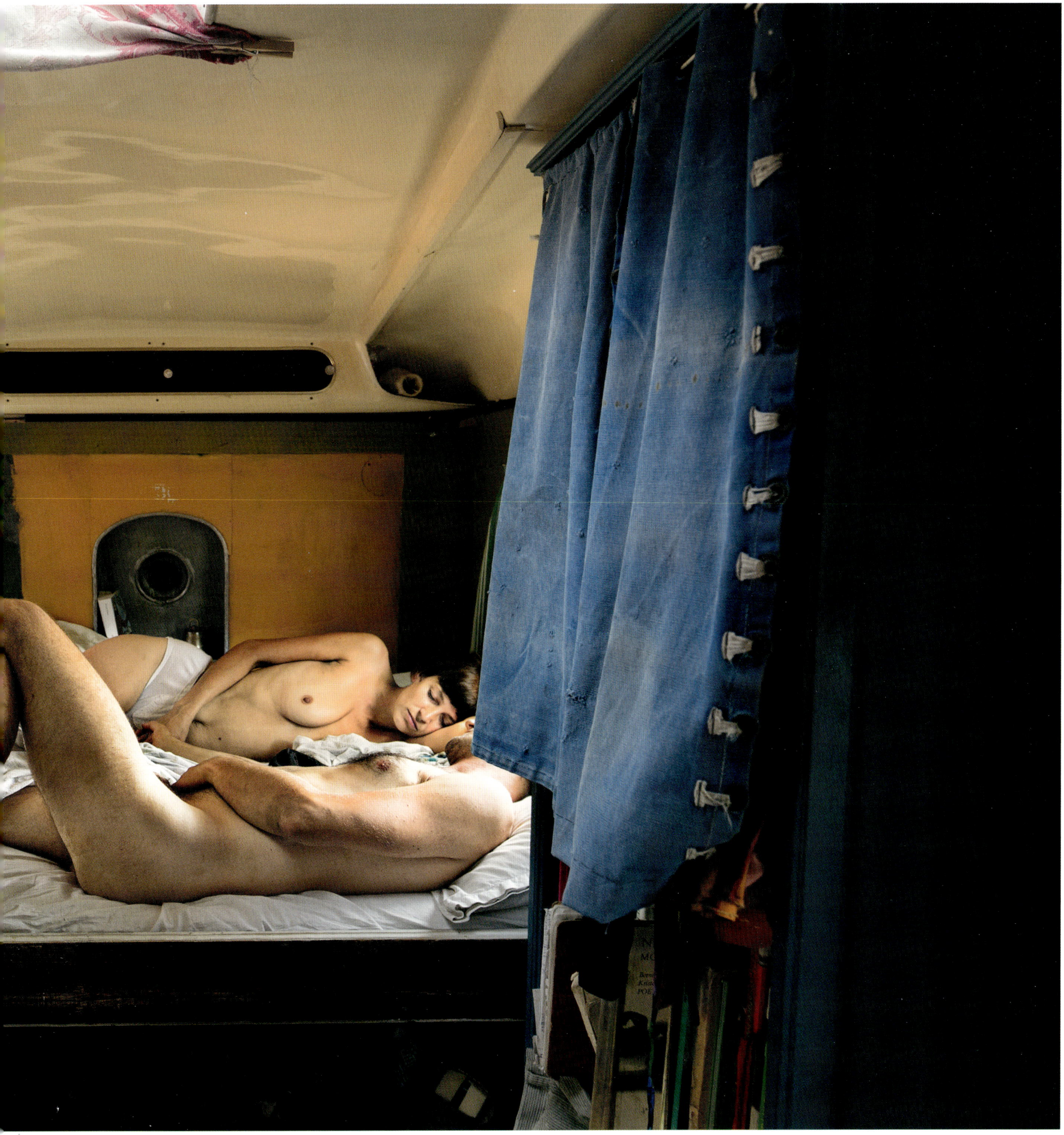

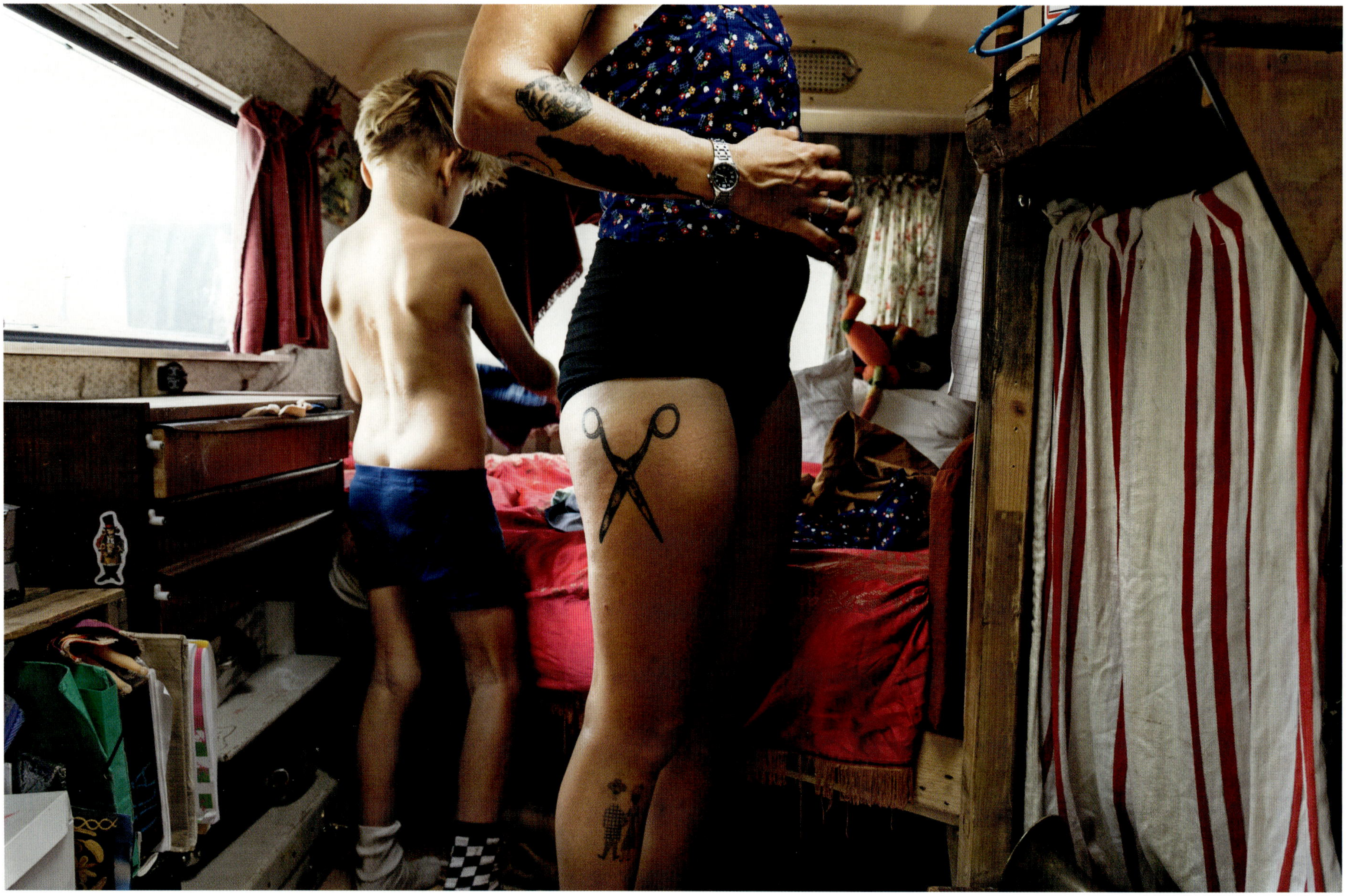

Familienalltag von Maria und Marius: das morgendliche Anziehen nach dem Aufstehen.

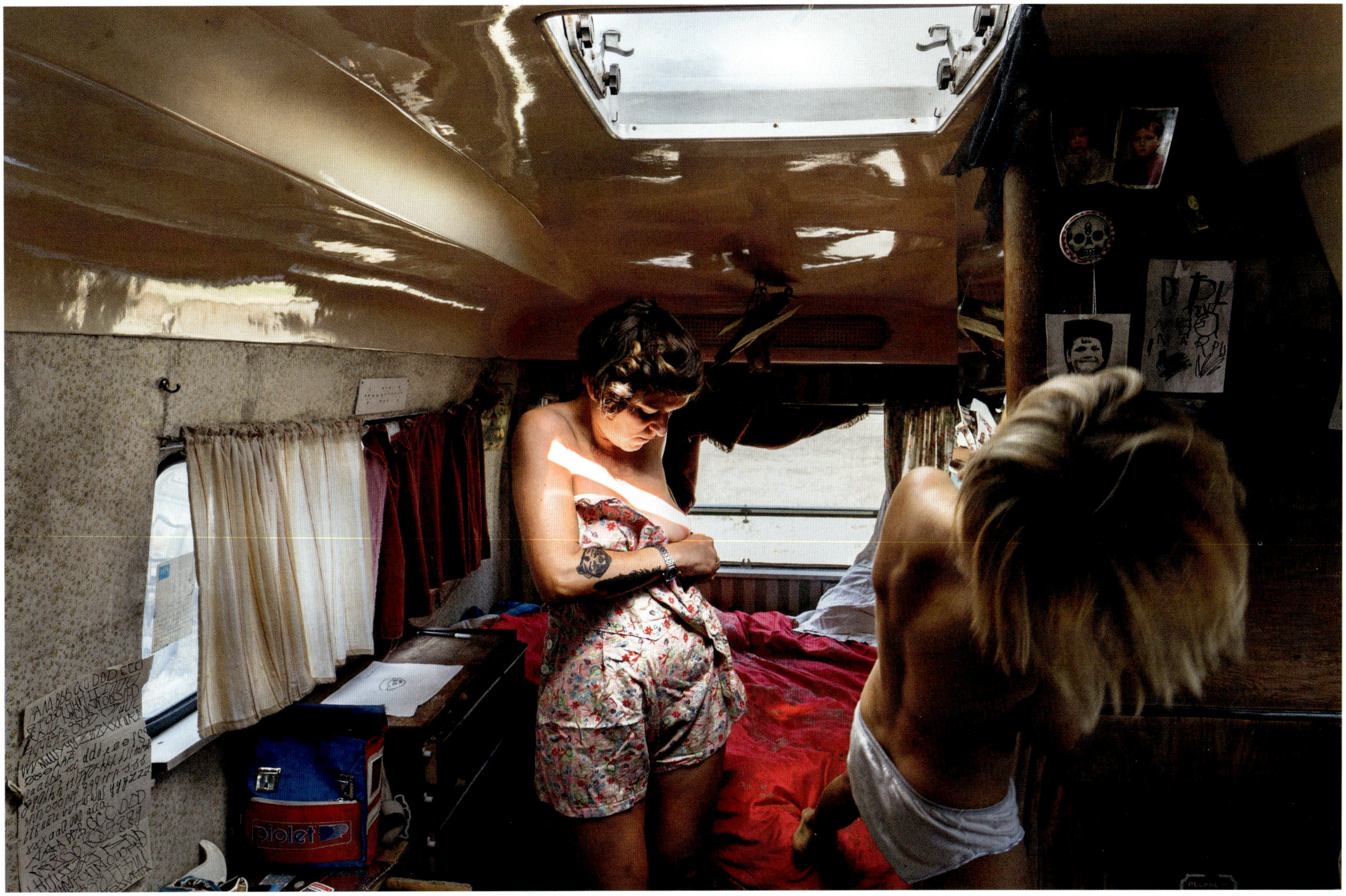

Die gleißende Morgensonne verspricht Maria und Marius einen glühend heißen Sommertag.

Der Tag hat für Lisa kaum begonnen, aber Ernesto ist schon voller Tatendrang.

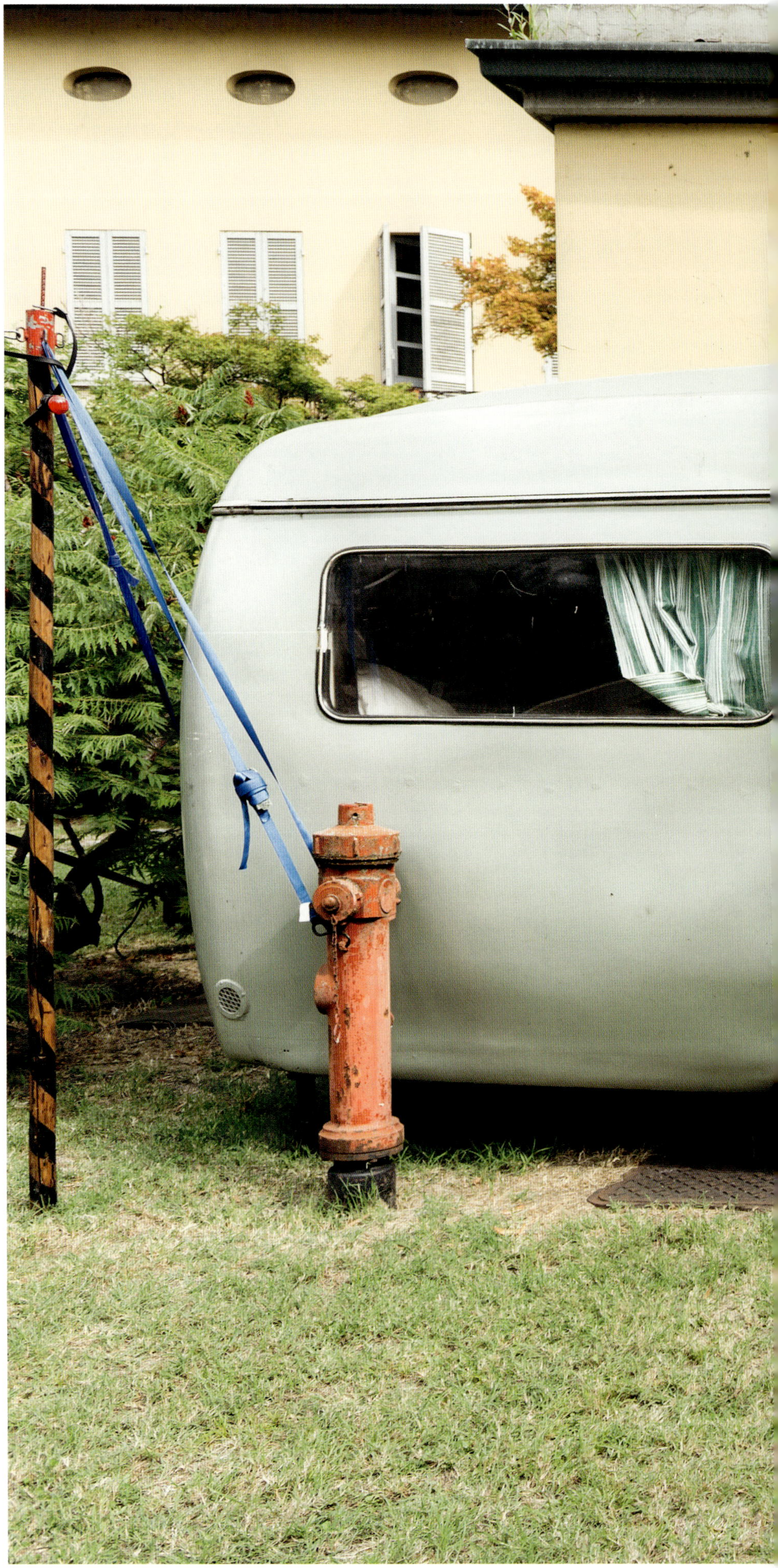

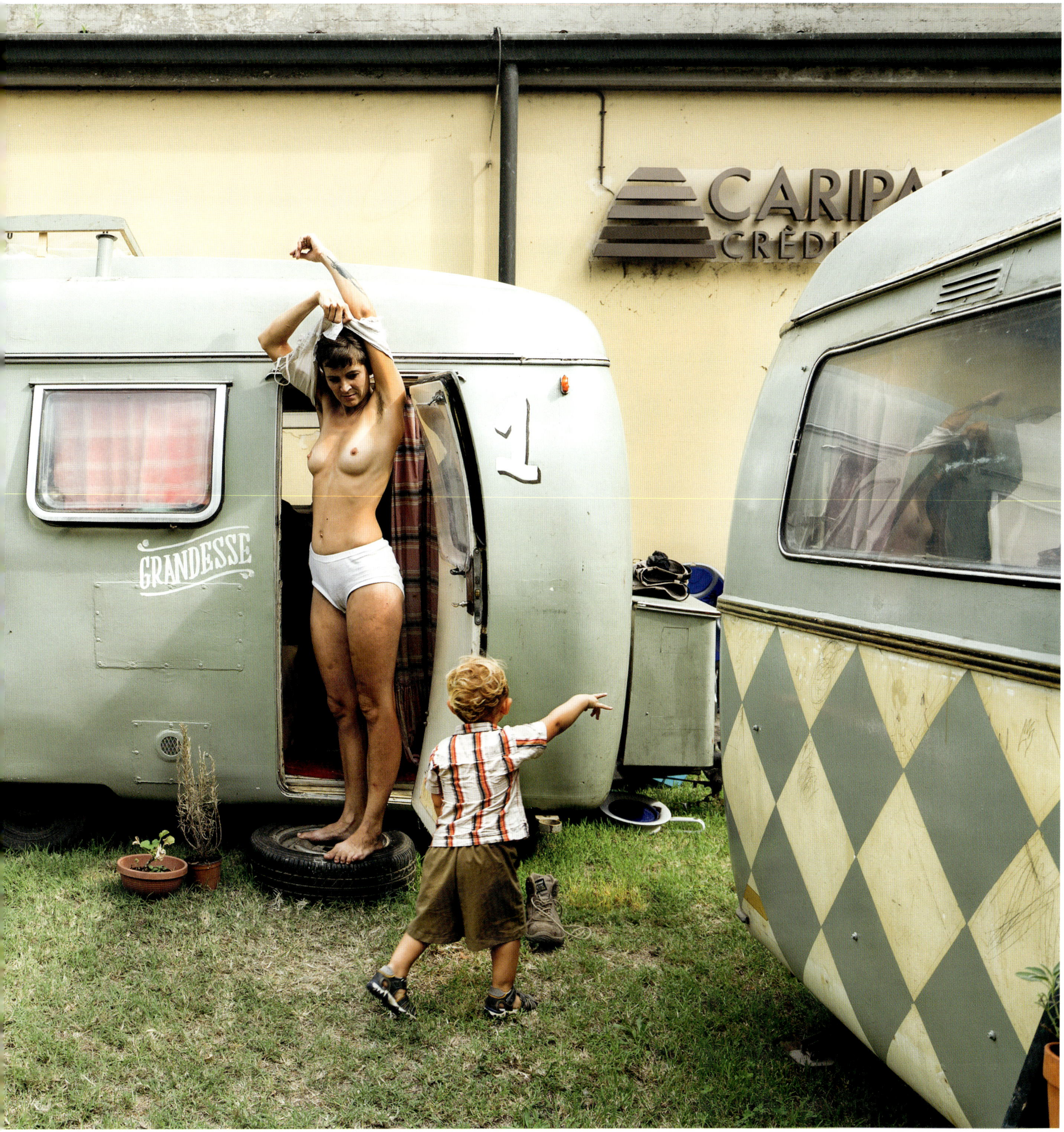
GRANDESSE

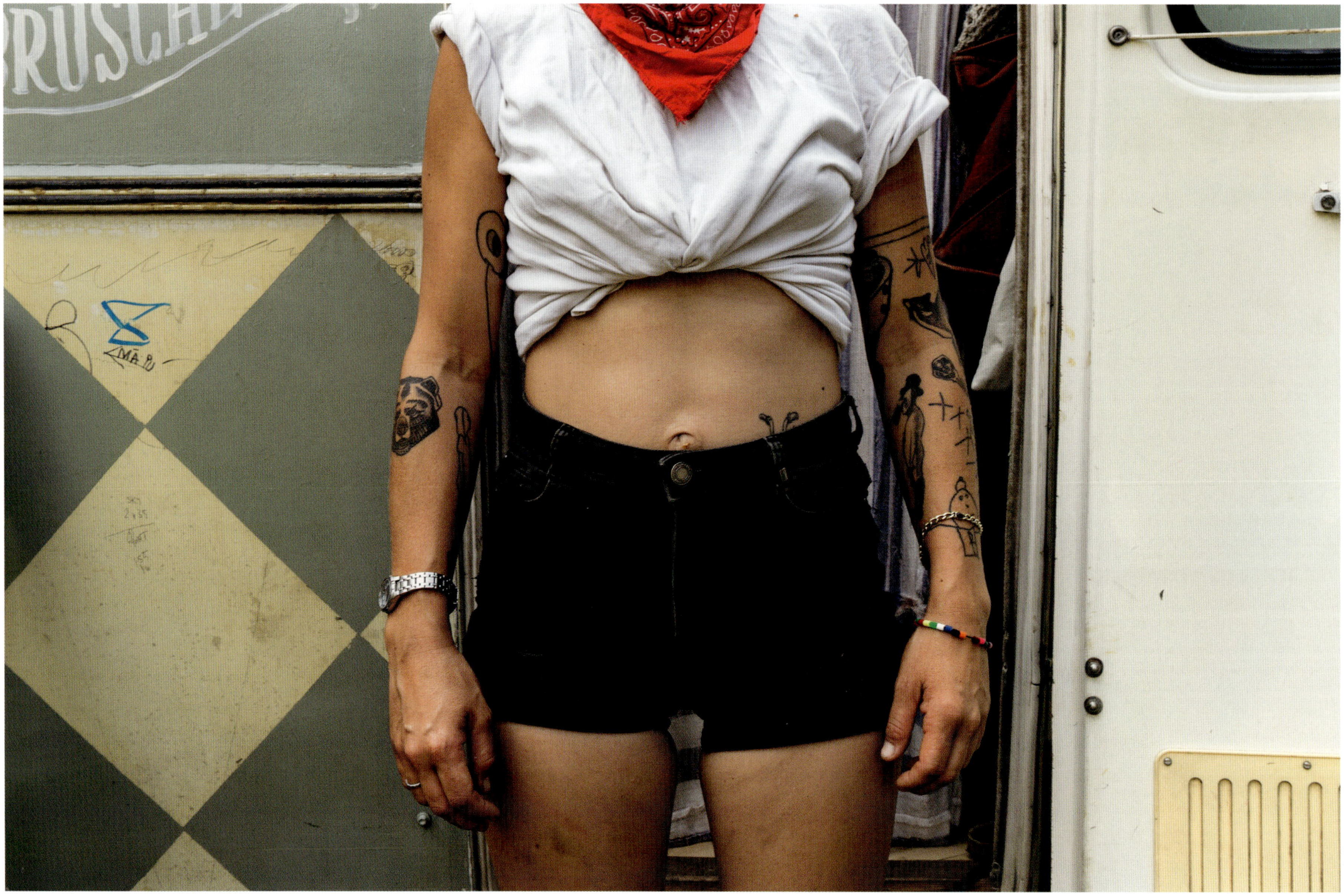

Maria vor dem Wohnwagen. Sie beginnen gleich, das Zelt abzubauen.
Der Zirkus zieht weiter, auf zu neuen Abenteuern.

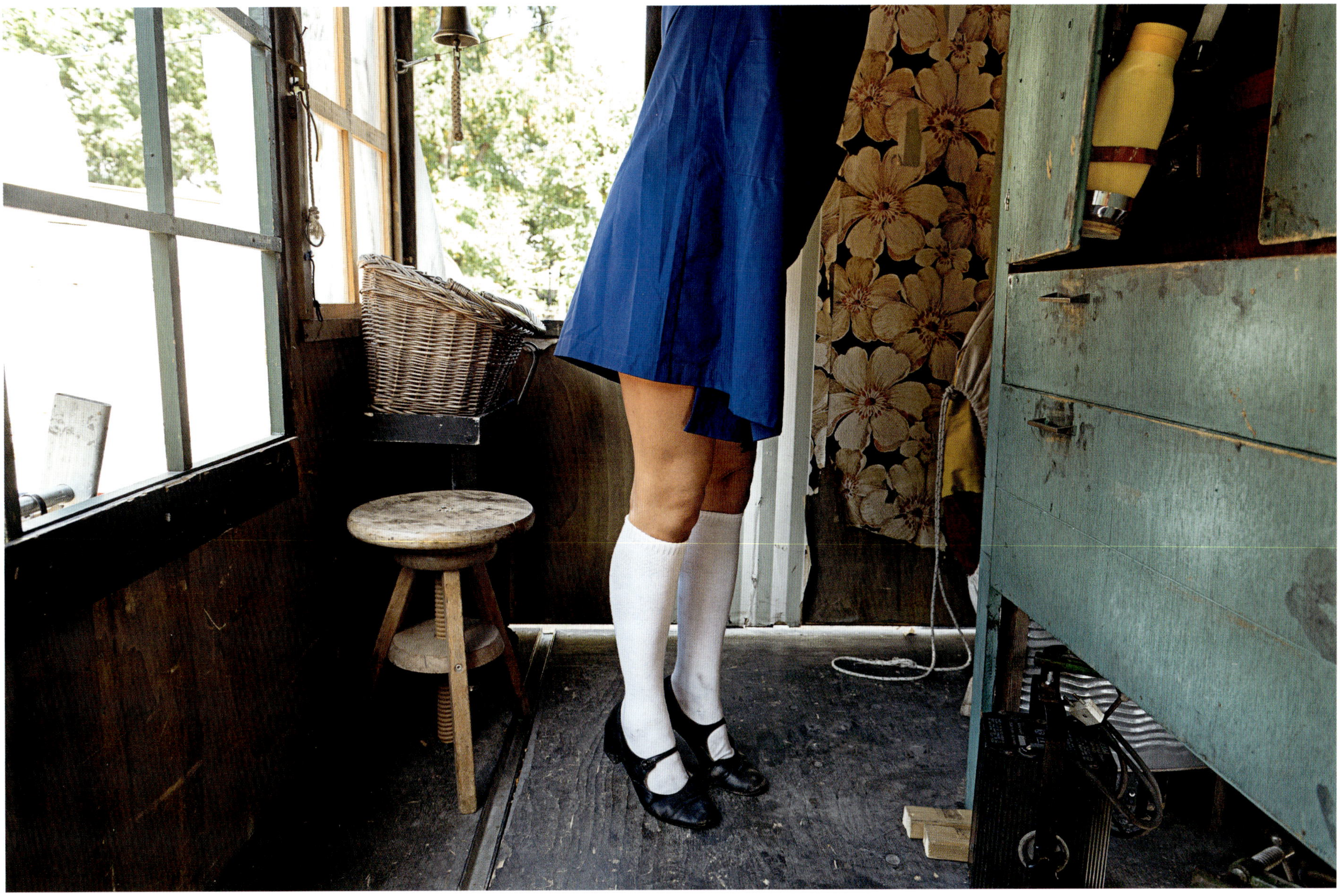

Maria steht auf den Zehenspitzen und probiert im Bühnenwagen Kostüme an.

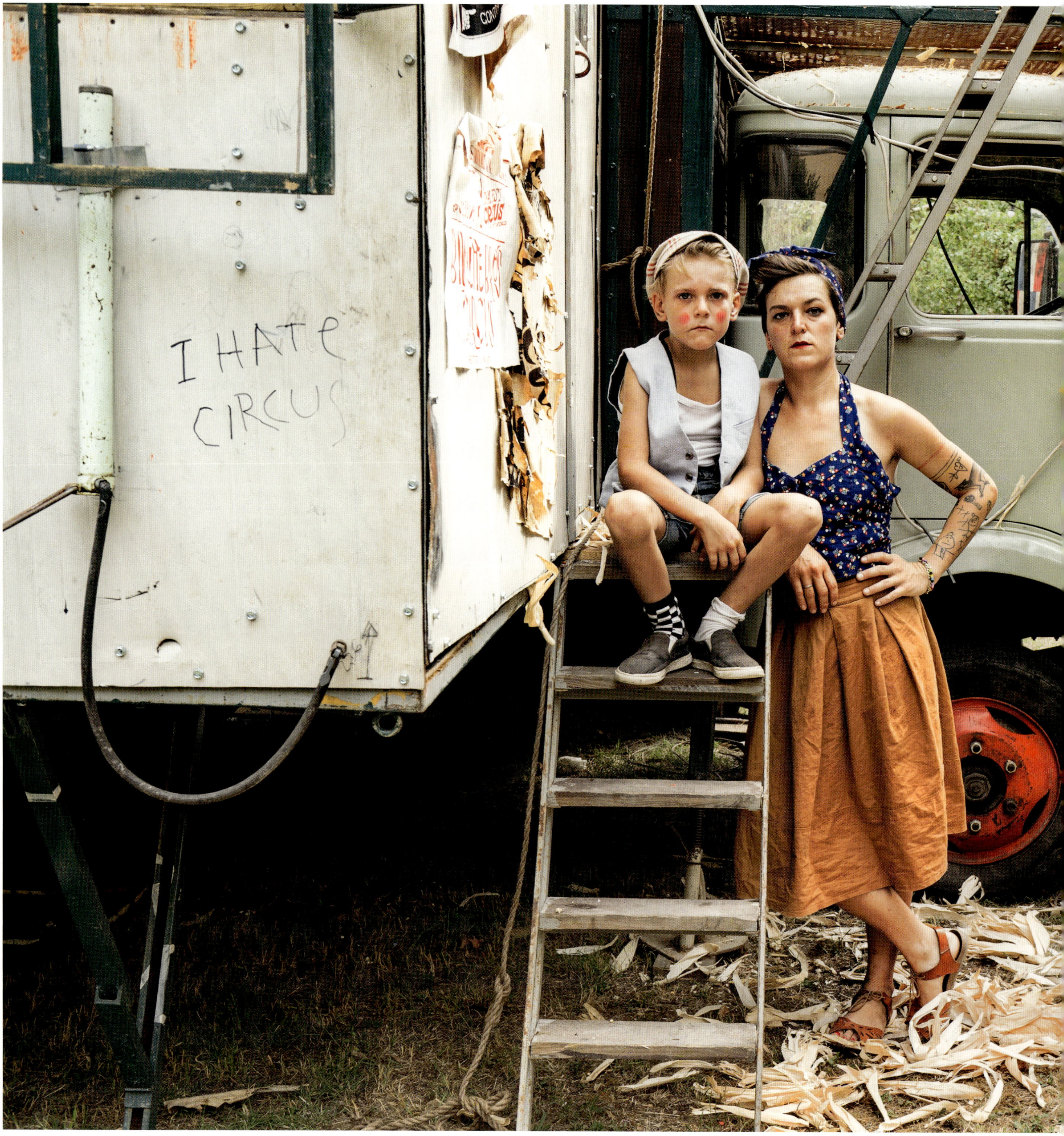
I HATE
CIRCUS

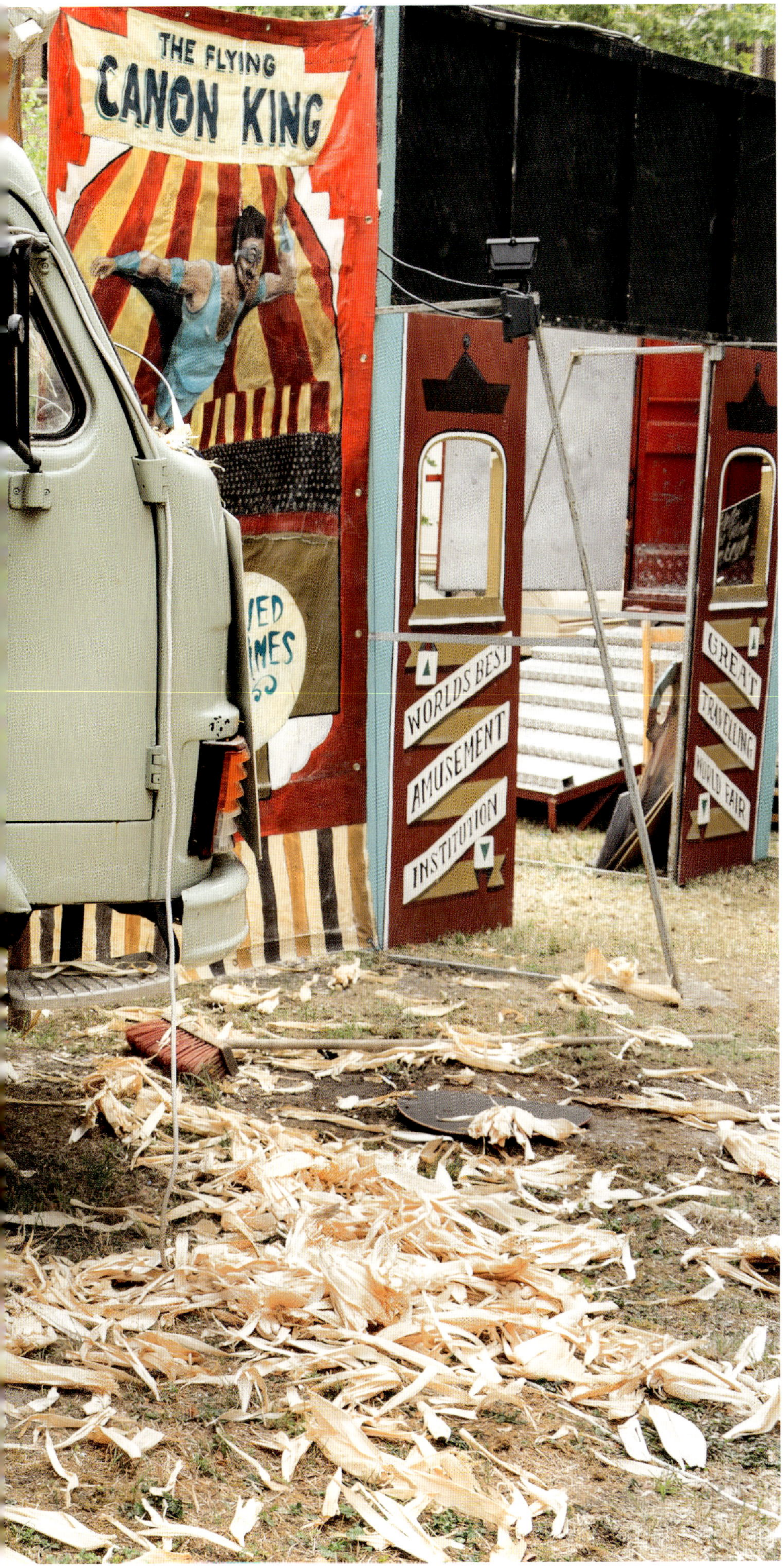

Ein Familienbild vor dem Transporter: Maria und Marius tragen altmodische Kleidung, die an das neorealistische Kino und Filme wie *La Strada* von Fellini erinnern.

Manu, Lisa, Luca und Maria posieren in ihren Kostümen für ein Foto. Die Clownnummer der Brunette Bros. ist ein Höhepunkt des Programms und nimmt das Publikum mit auf eine Reise durch menschliche Abgründe. ▽▽

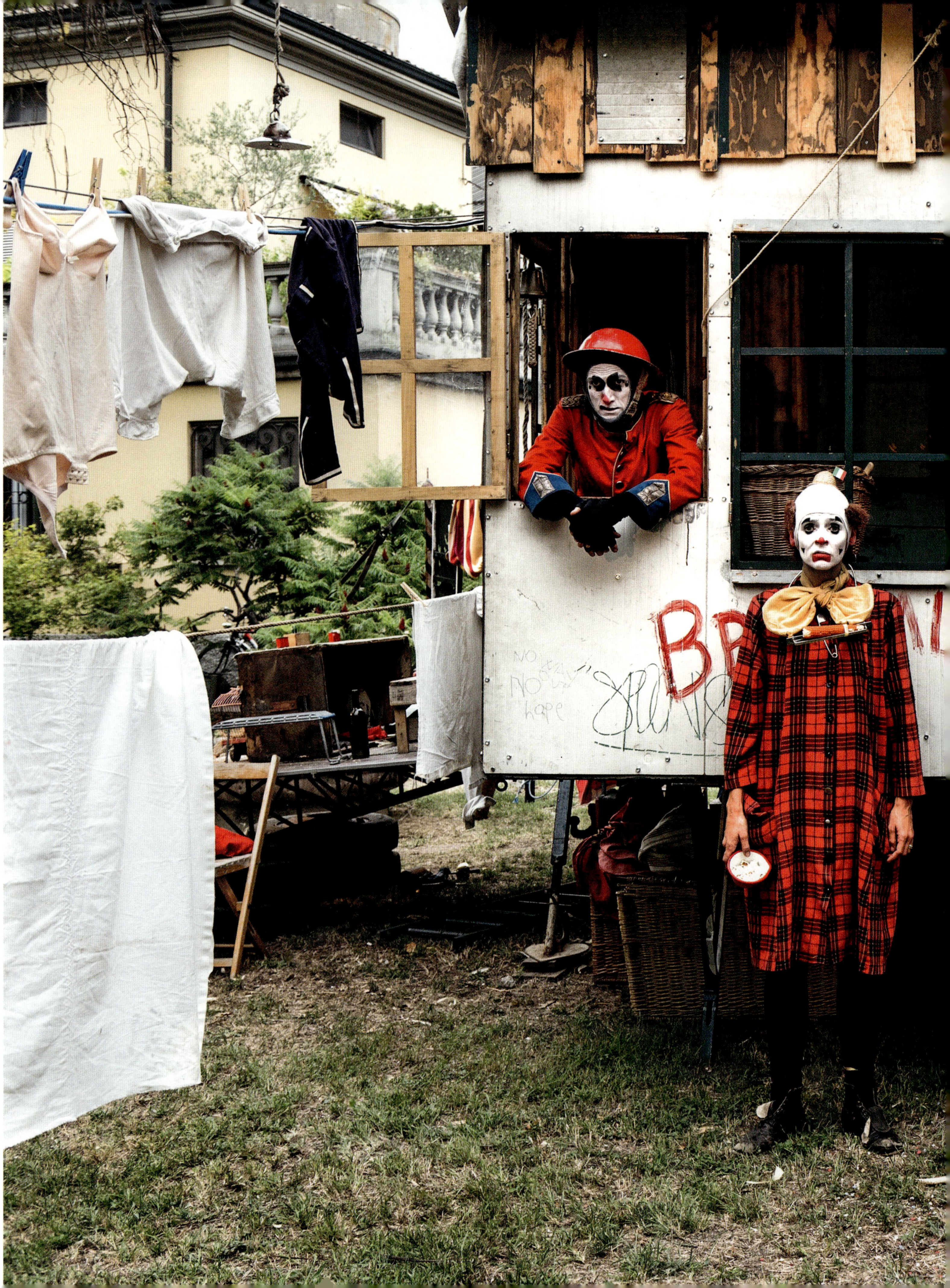

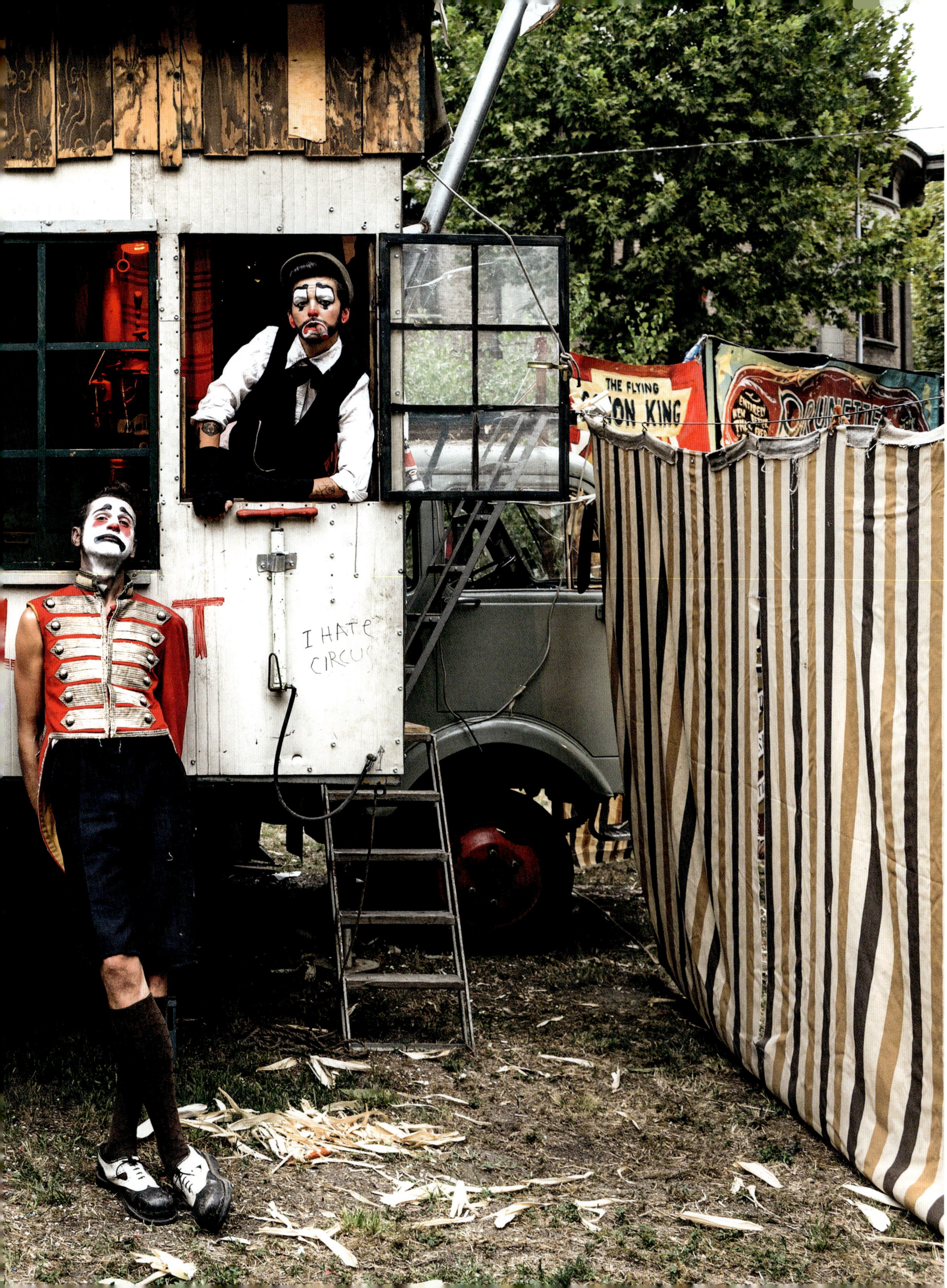
THE FLYING
KING
I HATE

EIN WOHNWAGEN VERWANDELT SICH IN EIN WUNDERLAND AUS GLITZERNDEN FARBEN, SO BUNT WIE DAS BONBONPAPIER IM SÜSSWARENLADEN.

★

Marius sitzt nach seiner Vorstellung zwischen den Requisiten und schminkt sich ab. Es war so unerträglich heiß, dass ein Familienmitglied während der Show fast ohnmächtig geworden wäre.

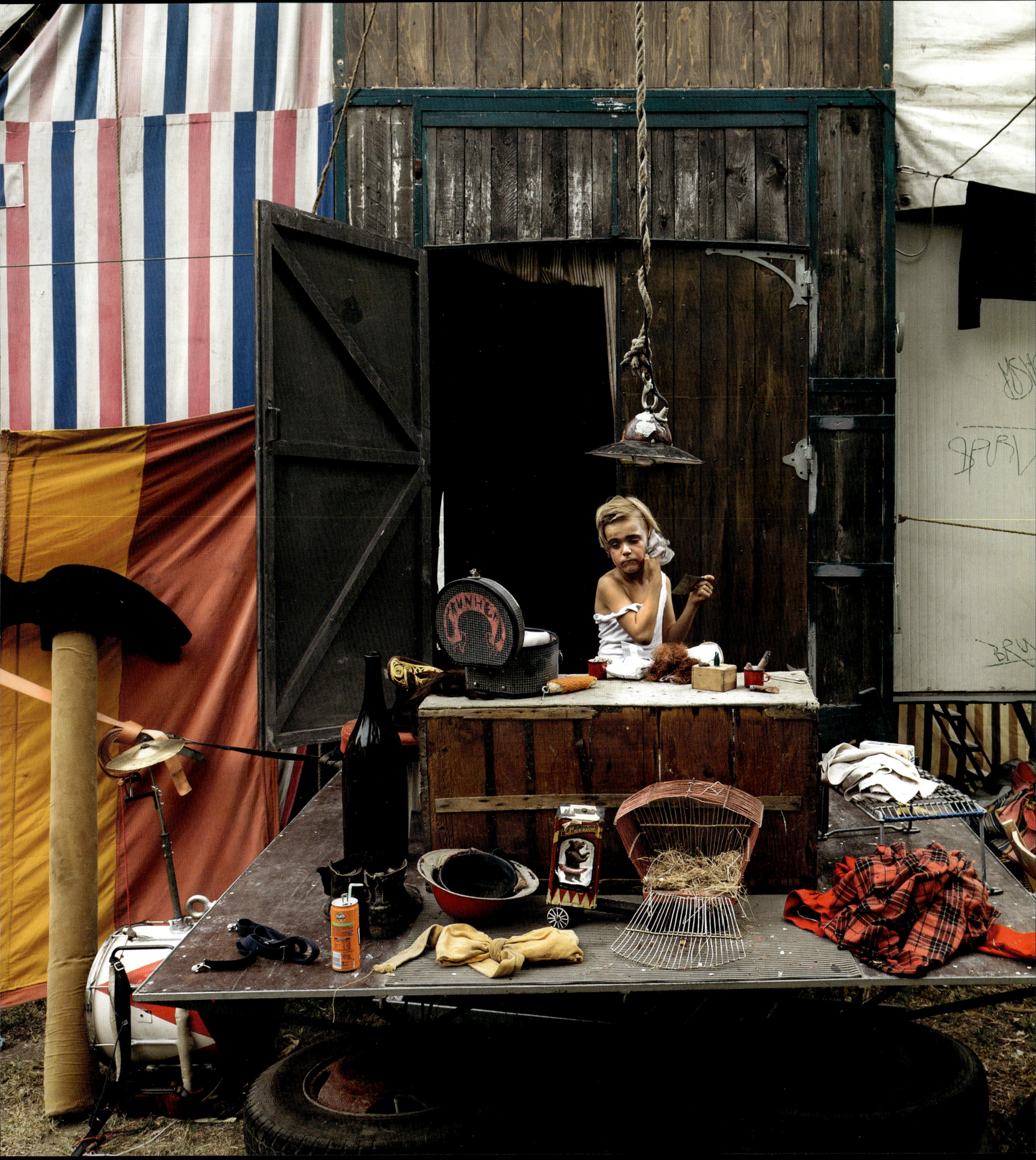

Das Publikum sitzt im Halbkreis und betrachtet amüsiert die Clownszene. Im Gegensatz zu einem traditionellen Zirkus bewegen sich die Akteure auf eng begrenztem Raum, das Podium auf Autoreifen ist ihre Bühne.

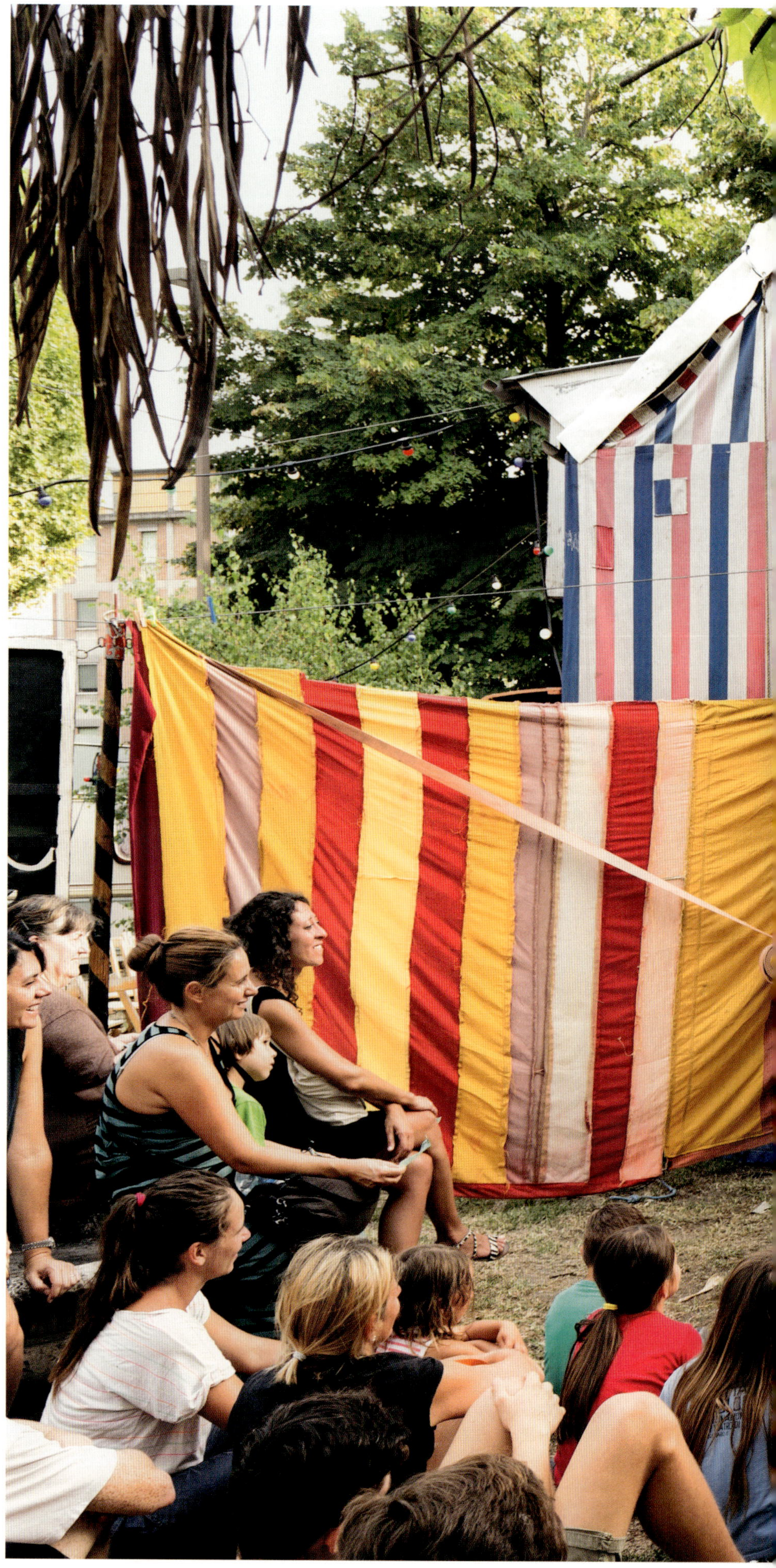

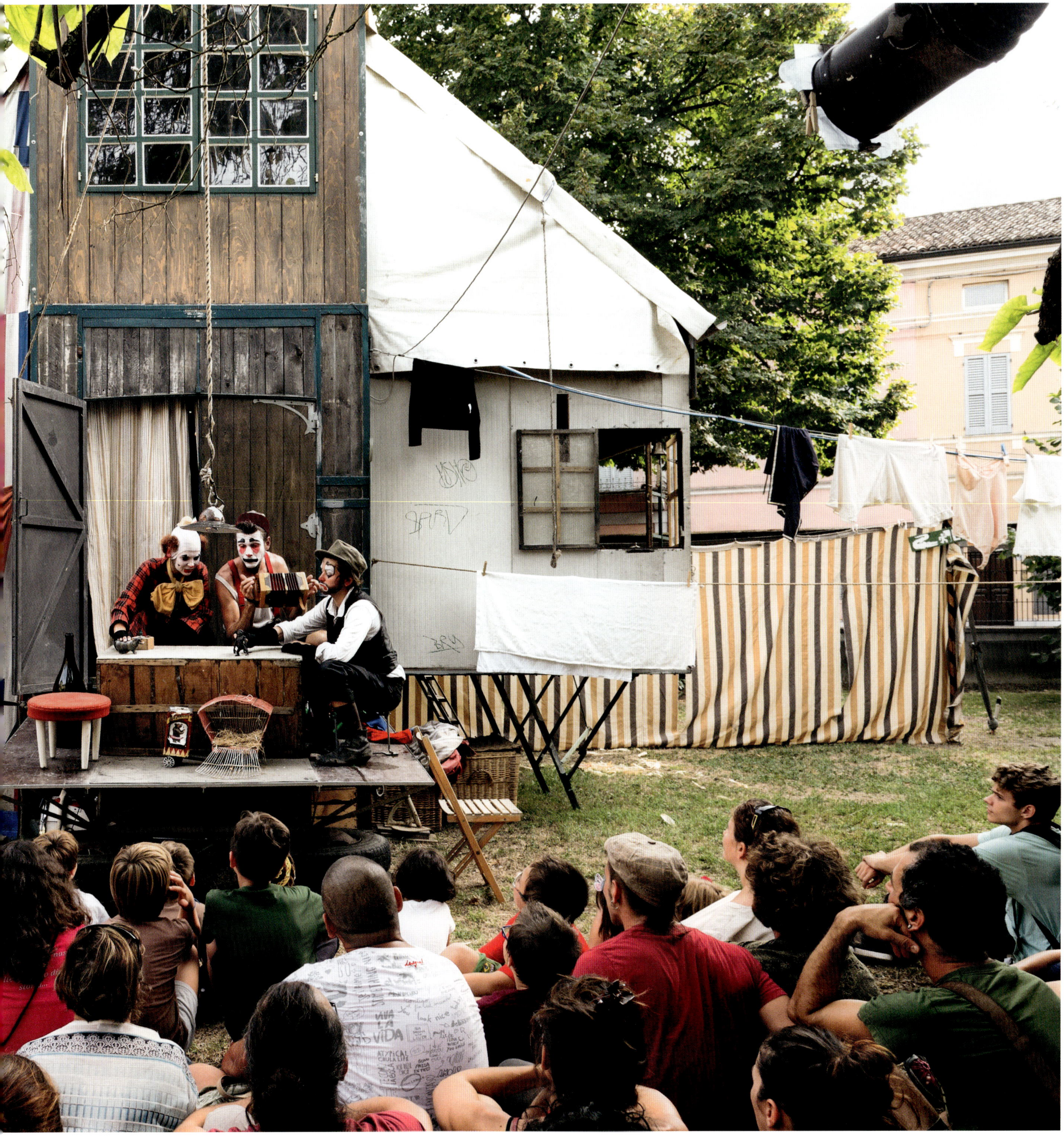

LES PÊCHEURS DE RÊVES

★

DIE »TRAUMFISCHER« FLORENCE UND VINCENT
PARODIEREN ALS VERHEIRATETE CLOWNS
IHR EIGENES LEBEN. SIE SIND GLÜCKLICHE SEELEN,
DIE SICH DIE FÄHIGKEIT BEWAHRT HABEN,
MUTIG IHRE TRÄUME ZU LEBEN.

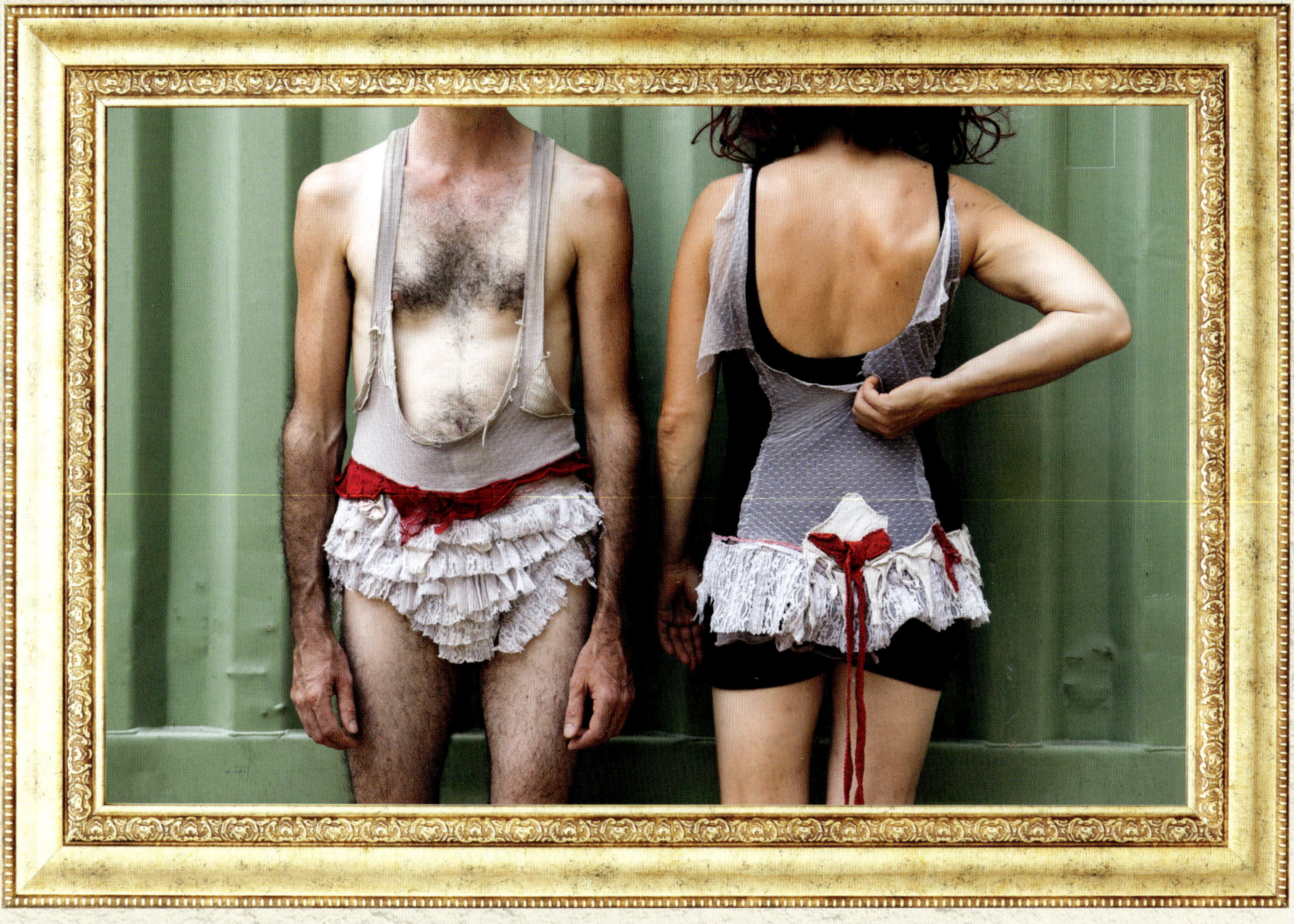

DIE PHILOSOPHIE MODERNER CLOWNERIE

Ein gelbes Zelt wie aus einem Zeichentrickfilm lädt ein zum Eintreten. Es gehört dem französischen Zirkus Les Pêcheurs de Rêves. Die anfangs menschenleere Wiese füllt sich mit dem bunten Leben und den leuchtenden Farben einer naiven Malerei. Die Wohnwagen bilden die Grenze zwischen der Realität und der schillernden Comic-Sprechblase der lärmenden Welt der Clowns, die ihr den Spiegel vorhält. Mit ihren kirschroten Nasen und den weiß geschminkten Gesichtern, den breiten Hosenträgern und den viel zu großen geflickten Hosen erzählen sie uns von der witzigen Seite unserer Existenz, immer wieder unterbrochen von Akrobatik, Clownerie und Seiltanz.

★

Die Pêcheurs de Rêves entstanden 1998 im französischen Illkirch aus einem kleinen Wanderzirkus mit einer großen Liebe für den Cirque Nouveau. Vincent und Florence spielen ihre Alter Egos Za und Krapote, zwei verheiratete Clowns. Er ist schüchtern und freundlich, sie launisch und distanziert, aber die Szenen enden liebevoll und mit einem Happy End. In ihrer Parodie auf die Paarbeziehung wechseln sich Streit und Versöhnung, bis die Mär vom ewigen Eheglück in diesem Feuerwerk genialer Gags endgültig entlarvt ist. Mit einem treffsicheren Gespür für den richtigen Moment beziehen Vincent und Florence die Zuschauer in ihre Show mit ein, bis diese vor lauter Lachen kaum mehr zu Atem kommen. Die Kinder Zia und Zoran, dreizehn und zehn Jahre alt, sind mit von der Partie, weshalb der Zirkus vor allem in den Sommerferien auf die Reise geht.

Um die Technik kümmert sich Marco, der alleinerziehende Vater von Luna (sechs Jahre). Die Kinder wuseln frei zwischen den Wohnwagen herum, sie rennen über die Felder und erforschen die Umgebung. Und so erfahren sie auf spielerische Weise die Natur, den Geruch der Erde, den Wind und die Weite des Himmels. Geschlafen wird im Zelt, ein Paradies für jedes Kind.

Vincent und Florence verkörpern die neue Philosophie moderner Clownerie, unangepasst schwimmen sie gern gegen den Strom, mischen Tradition und Moderne. Das Fundament der Pêcheurs de Rêves bildet die Tradition des Cirque Plume, wo Vincent und Florence die Inspiration für ihre willentlich surrealen und poetischen Dialoge fanden, das grundlegende Element ihrer Programme. Ohne festes Drehbuch, geleitet von der Kunst der Improvisation, aber mit einem Gefühl für die perfekte Darstellung der fiktiven Personen, wagten sie die ersten Vorstellungen in Straßburg und beim Zirkusfestival Pisteurs d'Étoiles des Cirque Nouveau in Obernai. Sie wollten ausloten, ob ihre Idee auch stimmig und glaubhaft auf die Straße gebracht werden konnte. Das waren die ersten Gehversuche der »Traumfischer«, als die sich Vincent und Florence gerne bezeichnen. Immer wieder treten sie in Alters- und Behindertenheimen auf, um Menschen zu begeistern, denen der Weg in den Zirkus versperrt ist; so spielen sie auch in Schulen und in sozial benachteiligten Stadtteilen. Die Pêcheurs de Rêves integrieren all diese Erfahrungen in ihr Programm, das sich auf diese Weise ständig weiterentwickelt zu einem stimmigen Gesamtkunstwerk.

△△ Der Zirkus gastiert einen Monat lang auf dem Festival von Avignon. Hier ziehen sich Florence und Vincent für ihre Nummer »Nez pour s'aimer« um. Geheiratet haben die beiden nach alter Clown-Tradition; durch ihre Alter Egos Za und Krapote, in die sie sich während der Vorstellung verwandeln, präsentieren sie ihre große Liebe.

Bei ihnen sind Clowns nicht einfach Teil des Programms, sie sind das Programm: Als Handlungsträger, Helden und Opfer führen sie die ganze Bandbreite des menschlichen Daseins vor.

Die »Traumfischer« scheuen keine radikalen Veränderungen: Der junge Vincent brach sein Architekturstudium ab, um sein Talent und seine Leidenschaft für das Jonglieren im Zirkus auszuleben; Florence besuchte die Schauspielschule und entwickelte gleichzeitig ein Faible für Malerei und Bildhauerei. Die Summe ihrer Fähigkeiten ermöglichte es ihnen, ein »chapiteau« zu konstruieren, ein auf sie zugeschnittenes Zirkuszelt, und so gestalten sie auch persönlich die Kulissen für ihre geheimnisvolle und visionäre Show. Ihre Liebe zueinander wurzelt in einer tiefen Seelenverwandtschaft, pulsierend zwischen politischem Straßentheater und der romantischen Intimität eines Wohnwagens, im gegenseitigen Einverständnis, sich von der Enge gesellschaftlicher Regeln zu befreien. »Es gab nie eine andere, Florence ist für immer die Frau an meiner Seite«, sagt Vincent. Florence hingegen brauchte länger, ihre Liebe wuchs allmählich bis zu ihrem persönlichen Happy End: dem Epilog eines modernen Märchens.

Mehr als zehn Jahre nach ihrem ersten Zusammentreffen entschlossen sich die beiden, am 11. September 2010 zu heiraten. Das historische Datum war kein Zufall, sie wollten Trauer in Freude verwandeln an einem Tag, an dem die Liebe wiedergeboren wird. Ihre Hochzeit war eine Zeremonie im Zirkusstil, sie feierten die »Herrschaft der Clowns« (wie sie es gerne nennen), mit Kollegen und Freunden, Zeugen ihrer wunderbaren Liebesgeschichte. Unter den Gästen waren auch die beiden bekannten Clowns Les Rois Vagabonds, die diesen besonderen Moment mit ihrer ganz eigenen Musik bereichert haben. Zelebriert wurde die Hochzeit von einem Freund im Clownskostüm, glanzvoller Höhepunkt war der »Federtanz«. Zu diesem Zweck waren dreiunddreißig Kilo Federn in Säcken an der Decke aufgehängt worden, die auf Kommando aufgestochen wurden. Es »regnete« Federn, ein eindrucksvolles und poetisches Finale für die Feier einer ungewöhnlichen und dauerhaften Beziehung.

Im Winter kehrt Ruhe ein, das Tourleben pausiert. Vincent und Florence ziehen sich in ihr Landhaus zurück. Auf dem weitläufigen Grundstück und in einem Trainingsraum haben sie alle Möglichkeiten, die nächste Spielzeit vorzubereiten.

Doch schon bald geht es wieder los: zwei Zelte, viele Plätze, viele Festivals. Ein nicht immer einfaches Leben, wenn die Kälte durch die Ritzen der Wohnwagen dringt, wenn der Boden so festgefroren ist, dass man keine Spannnägel einschlagen kann, um das Zelt zu befestigen. Manchmal fehlt es an Geld, dann gilt es, Opfer zu bringen, aber das alles gehört dazu, wenn man der Leidenschaft für ein Leben beim Zirkus folgt.

Vincent und Florence haben ihr Glück gefunden. Ihre Programme zeugen vom Staunen an der Welt, erzählen von der Freiheit und Schönheit eines Lächelns im Gegensatz zur Kälte unserer so lächerlich am Profit orientierten Welt.

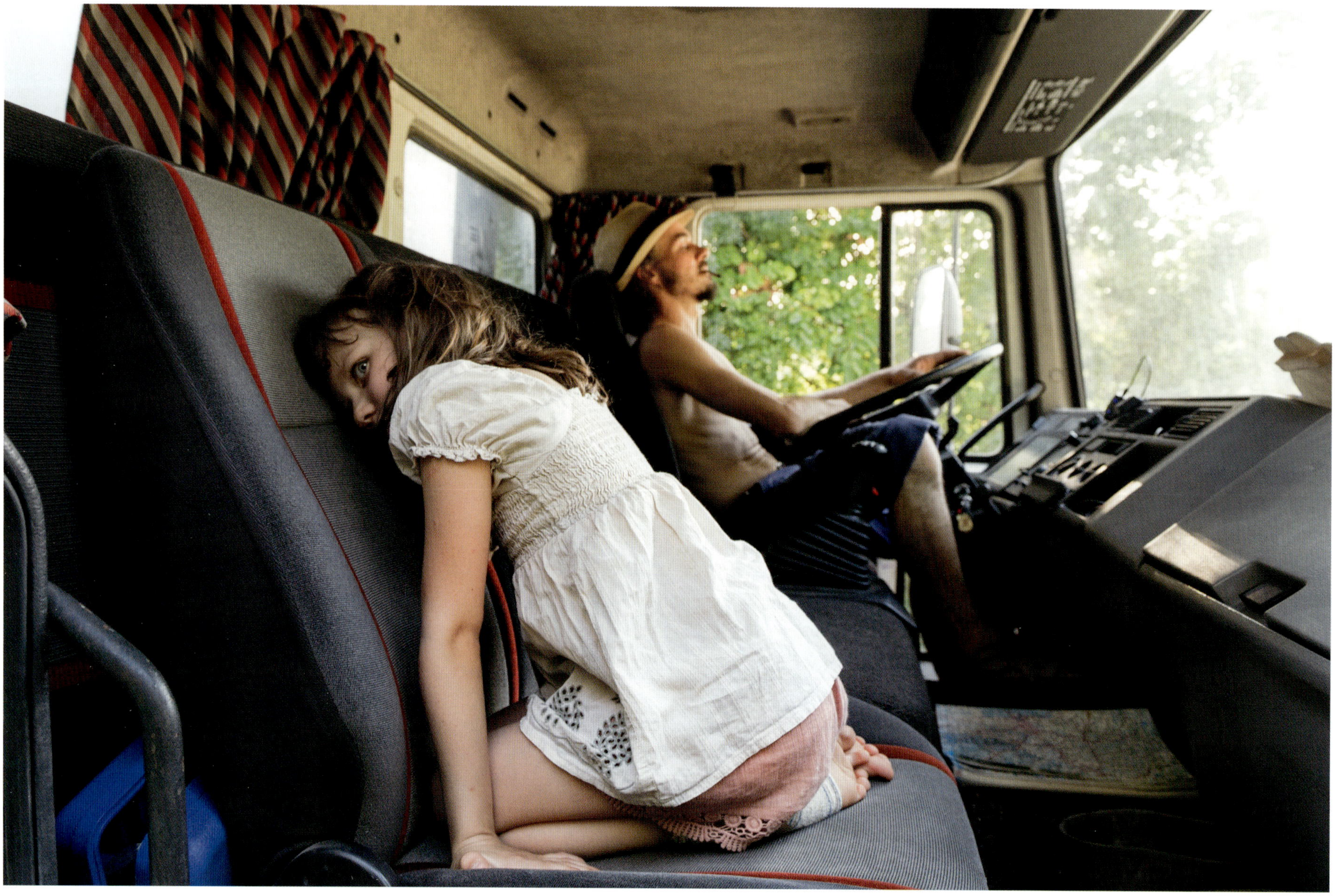

Marco und seine Tochter Luna ruhen sich im Lastwagen aus, bevor die Reise weitergeht. Marco ist der Techniker des Zirkus und alleinerziehender Vater.

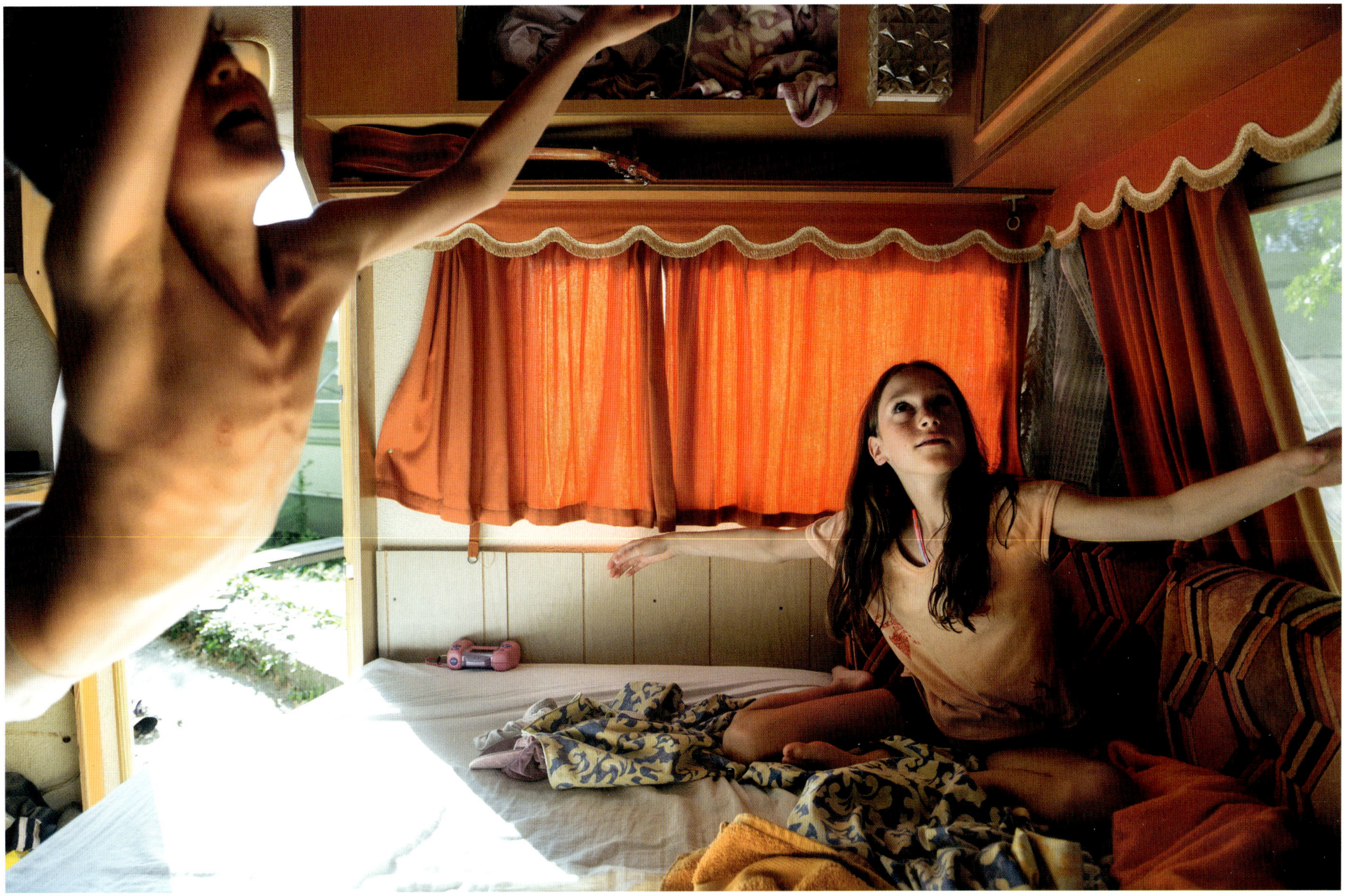

Der zehnjährige Zoran und die dreizehnjährige Zia reisen mit ihren Eltern Vincent und Florence während der Festivalsaison durch ganz Europa. Vincent und Florence gehört der kleine Zirkus Les Pêcheurs de Rêves. Hier üben Zoran und Zia im Wohnwagen.

Florence, Vincent, Zia, Zoran, Luna und Marco posieren für ein Foto vor ihrem Wohnwagen. Florence steht links, Vincent schaut aus dem Fenster, Zia sitzt im Wagenreifen, Zoran liegt auf dem Dach, Luna hockt auf der Treppe und Marco lehnt an einem alten Moped. Die »Traumfischer«-Familie auf einen Blick.

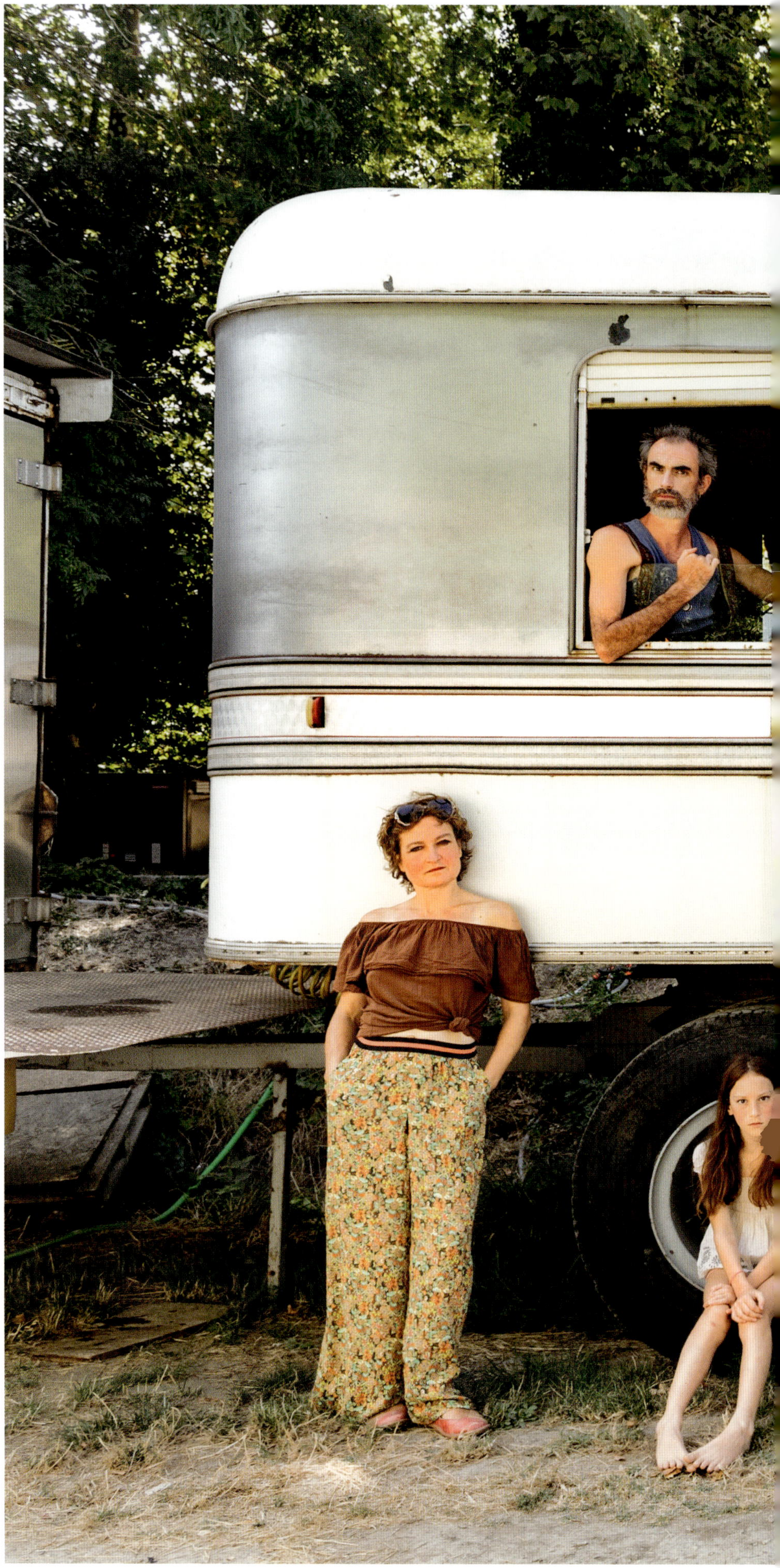

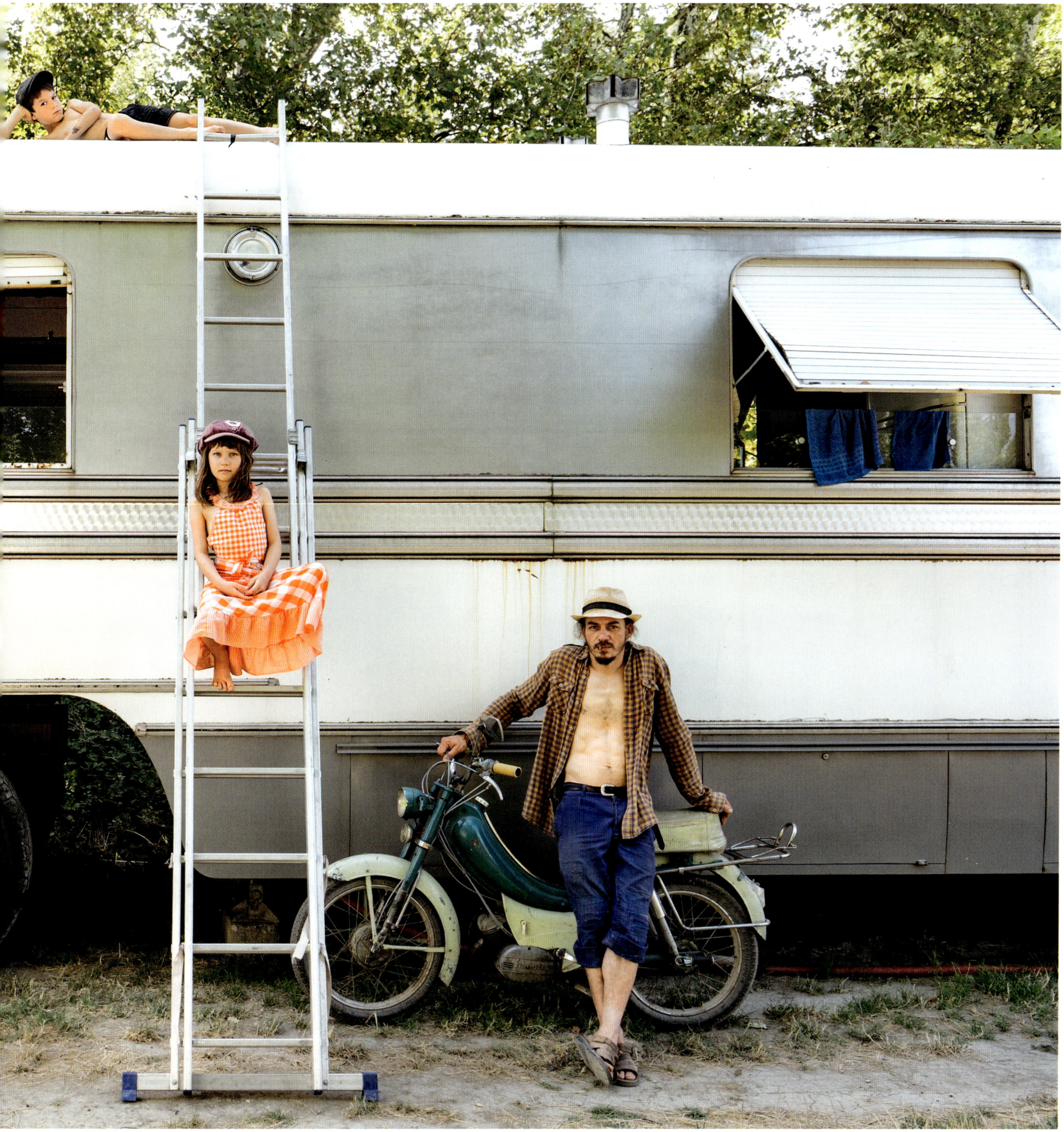

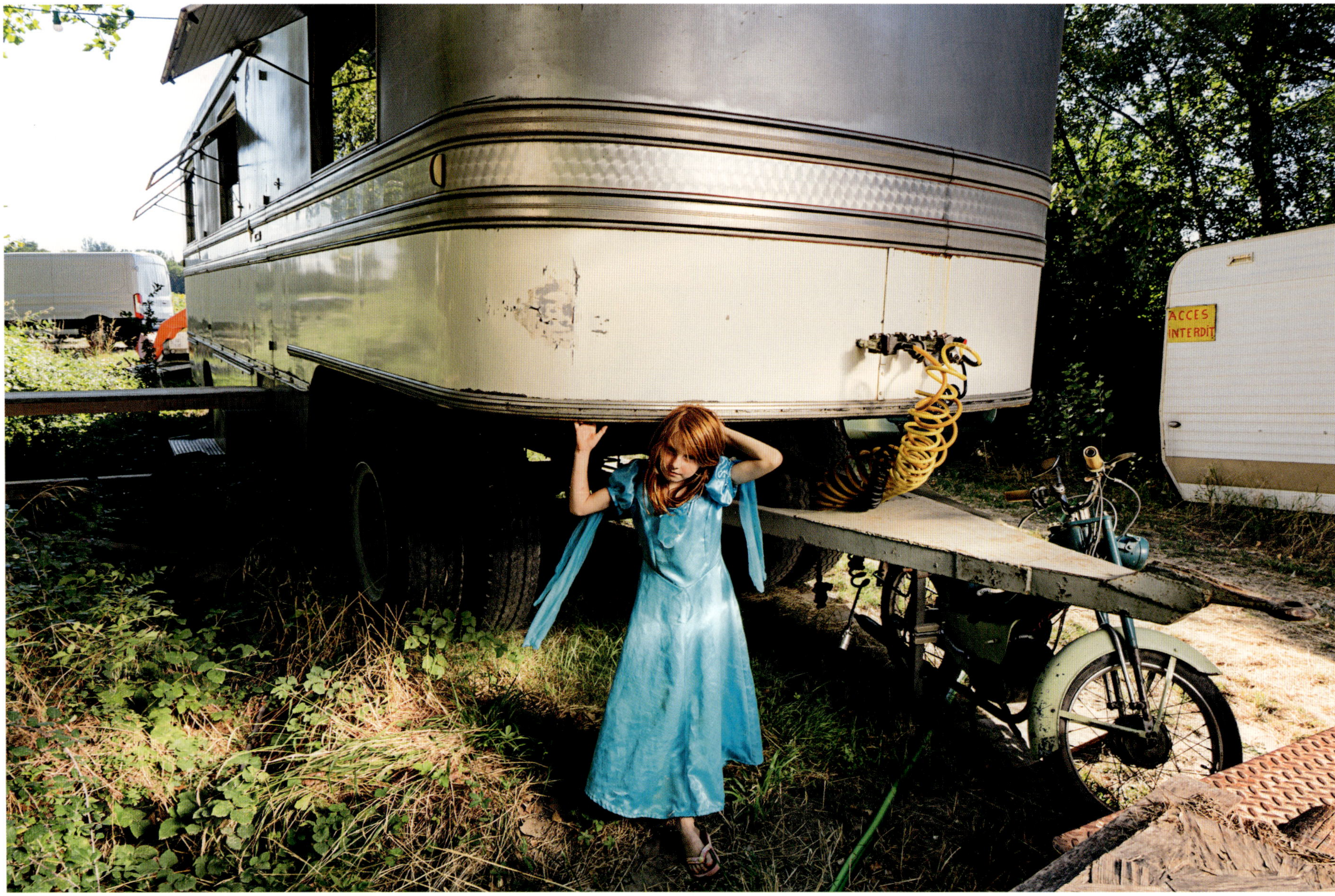

Ein Mädchen aus einem anderen Zirkus des Festivals. Mit ihren roten Haaren und dem feenhaften blauen Kleid posiert sie für ein Foto vor dem Wohnwagen ihrer neuen Freunde Zia und Zoran.

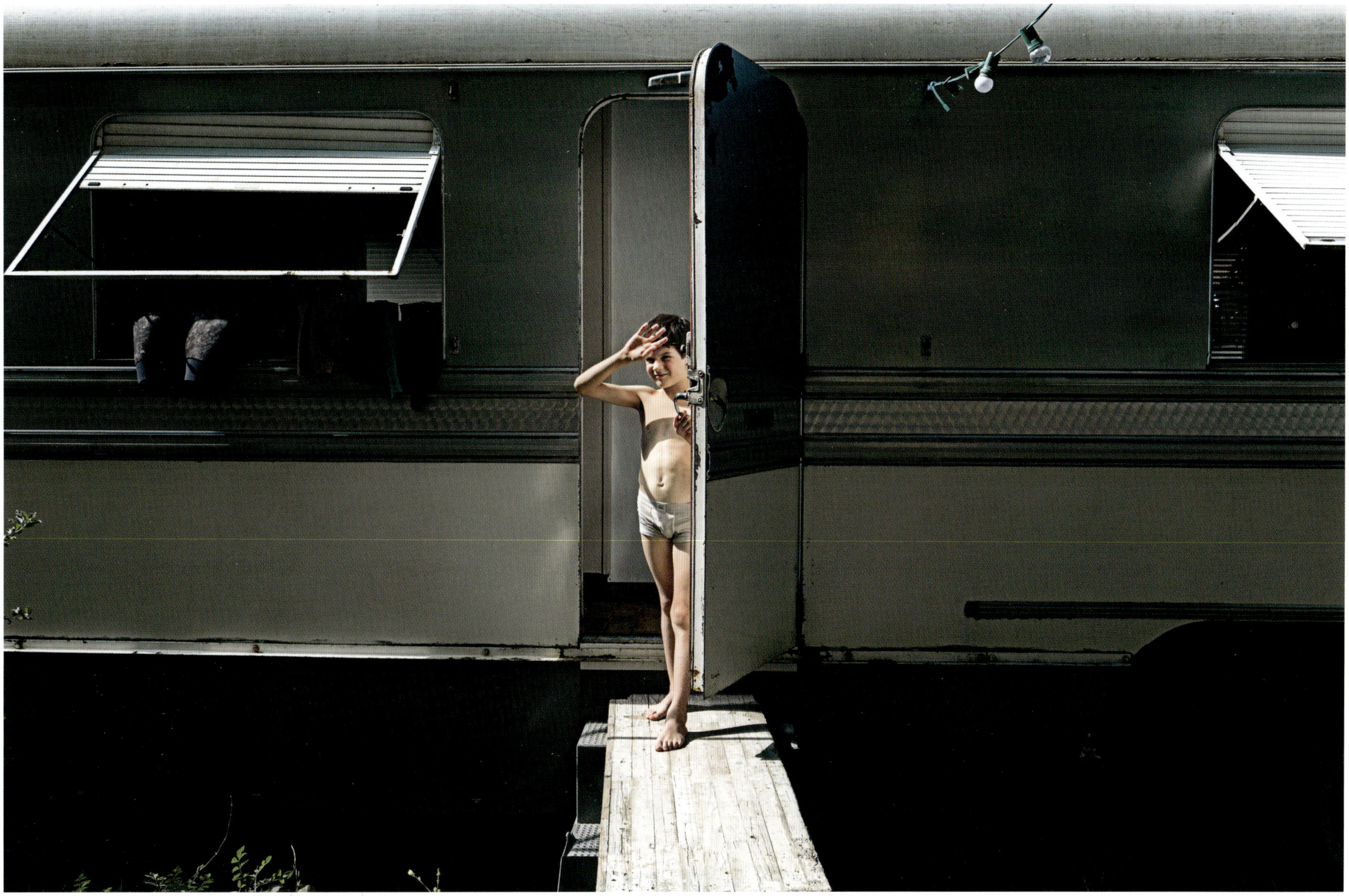

Zoran ist gerade aufgewacht und blinzelt in die grelle Sonne, während er auf die Rückkehr seiner Eltern wartet.

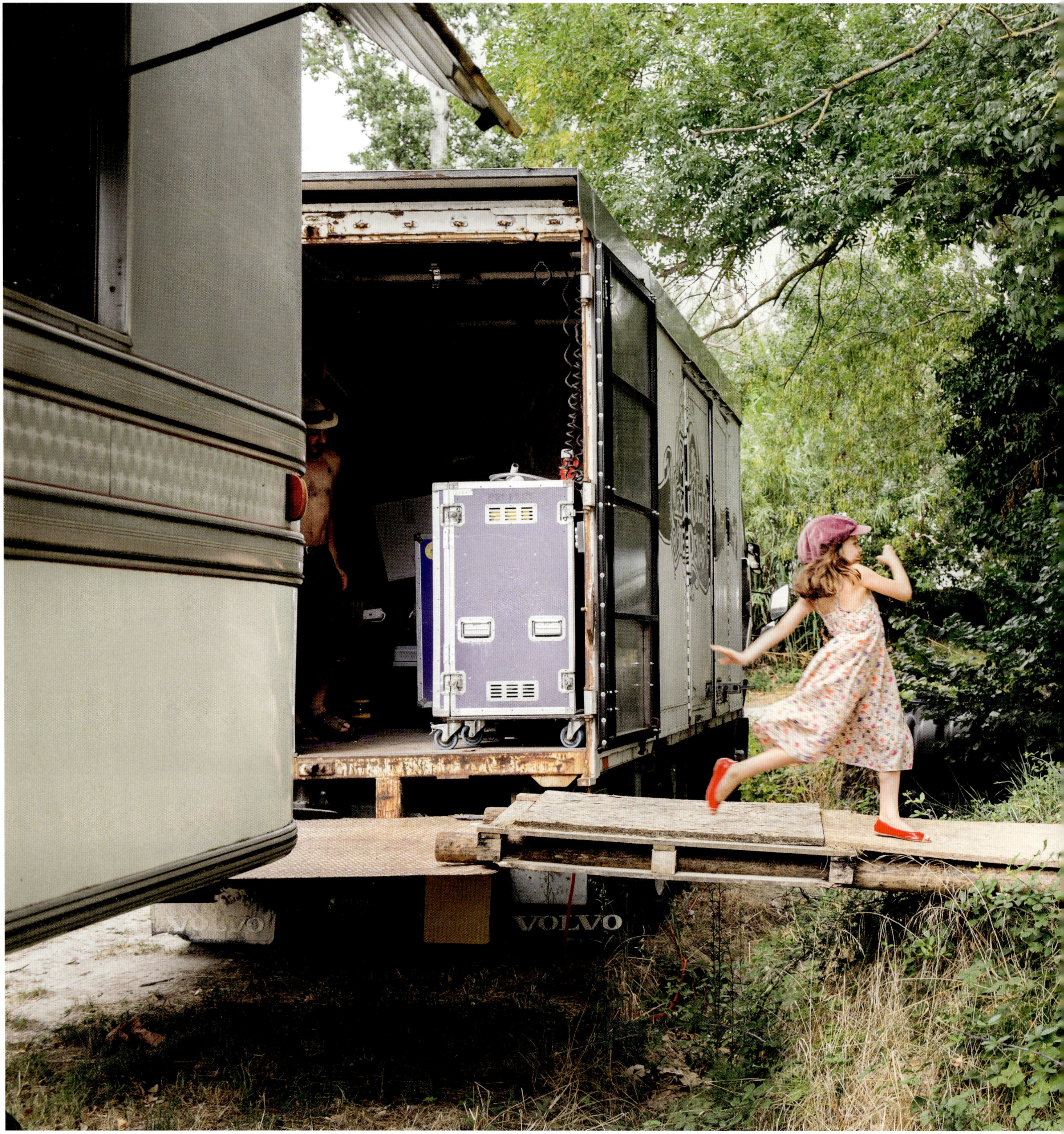
VOLVO

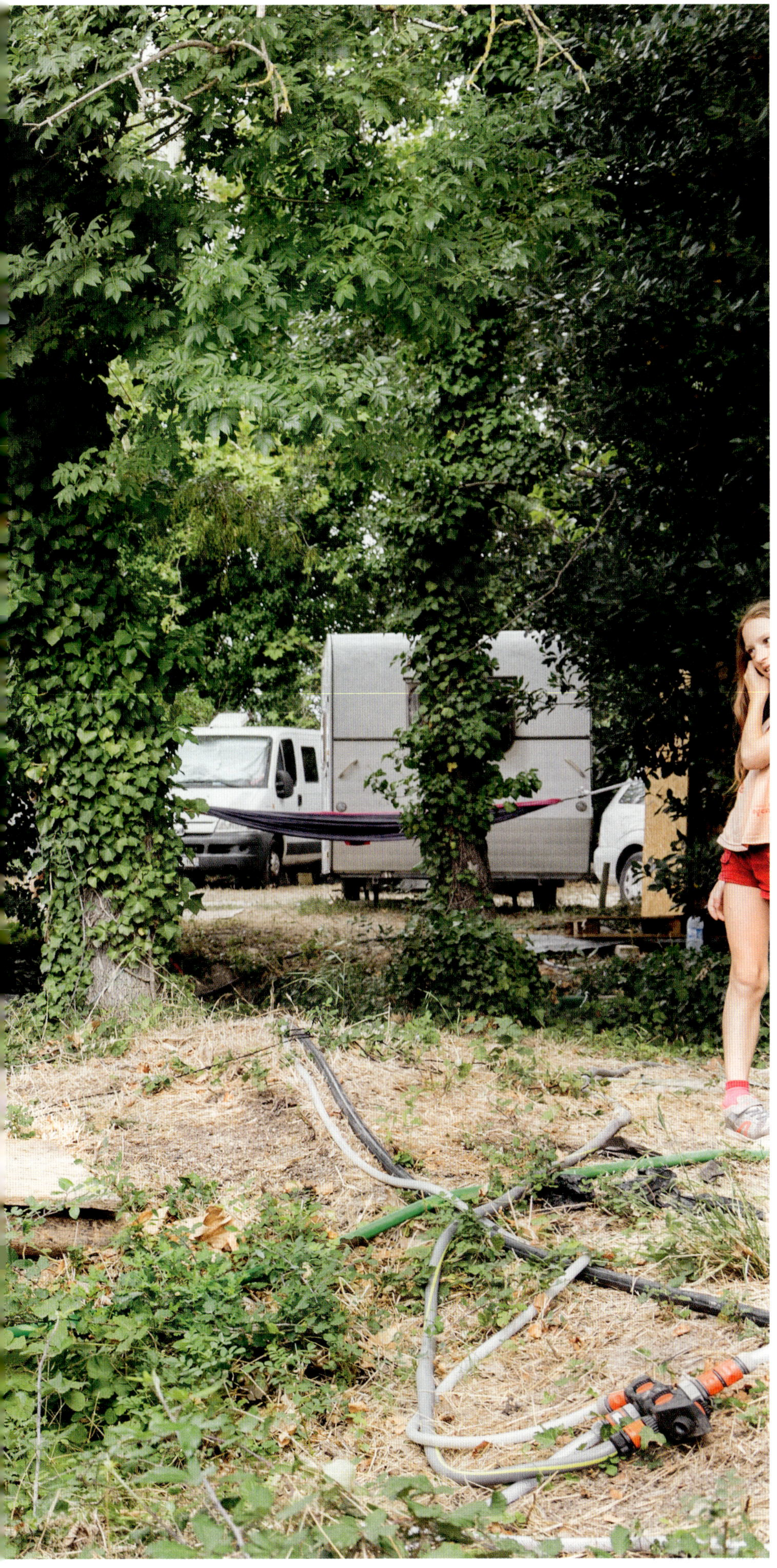

Luna spielt mit Zia, während ihr Vater Marco im Lastwagen arbeitet.

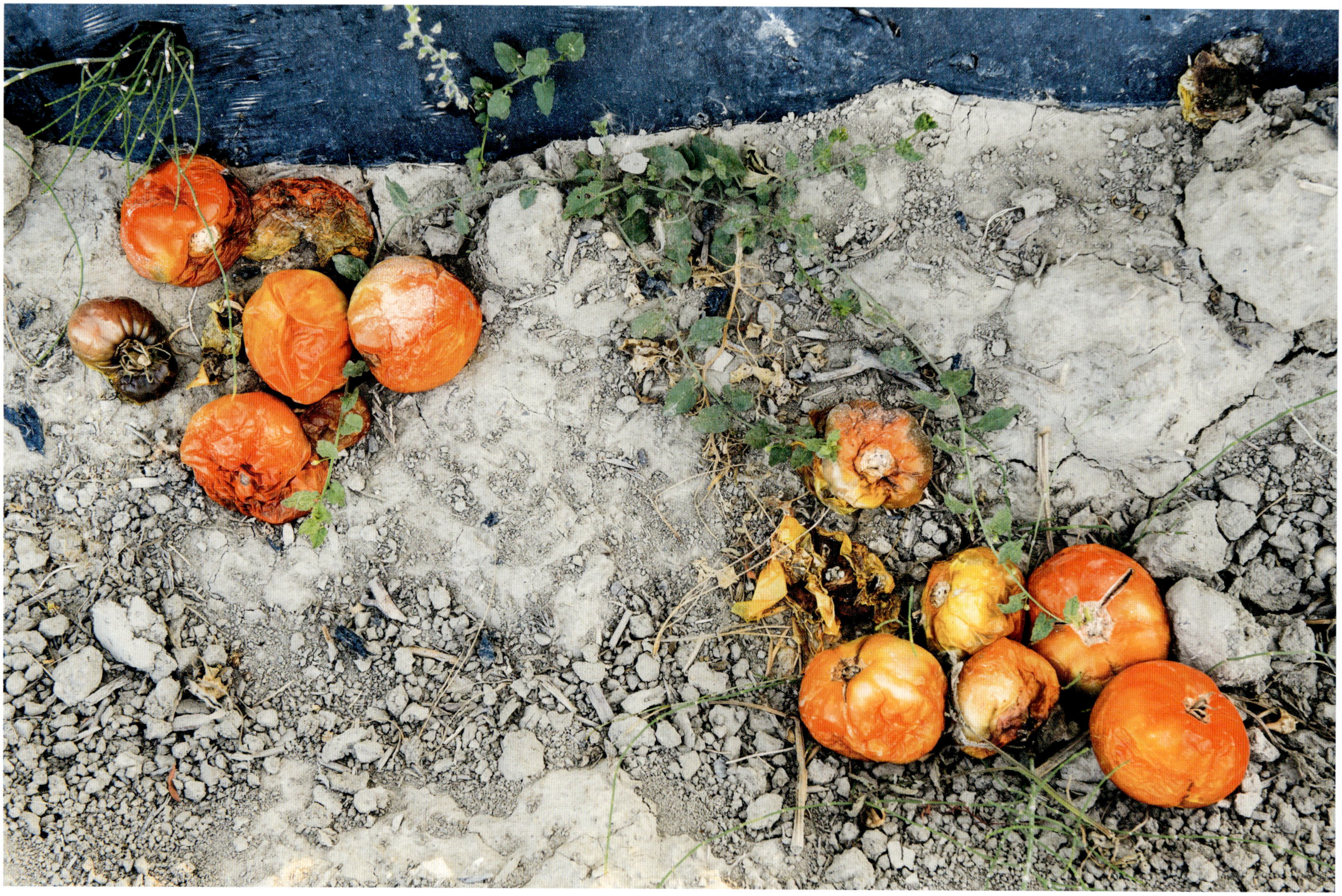

Wie ein Gemälde: Wo zuvor die Zirkuswagen standen, sind vertrocknete Tomaten liegen geblieben.

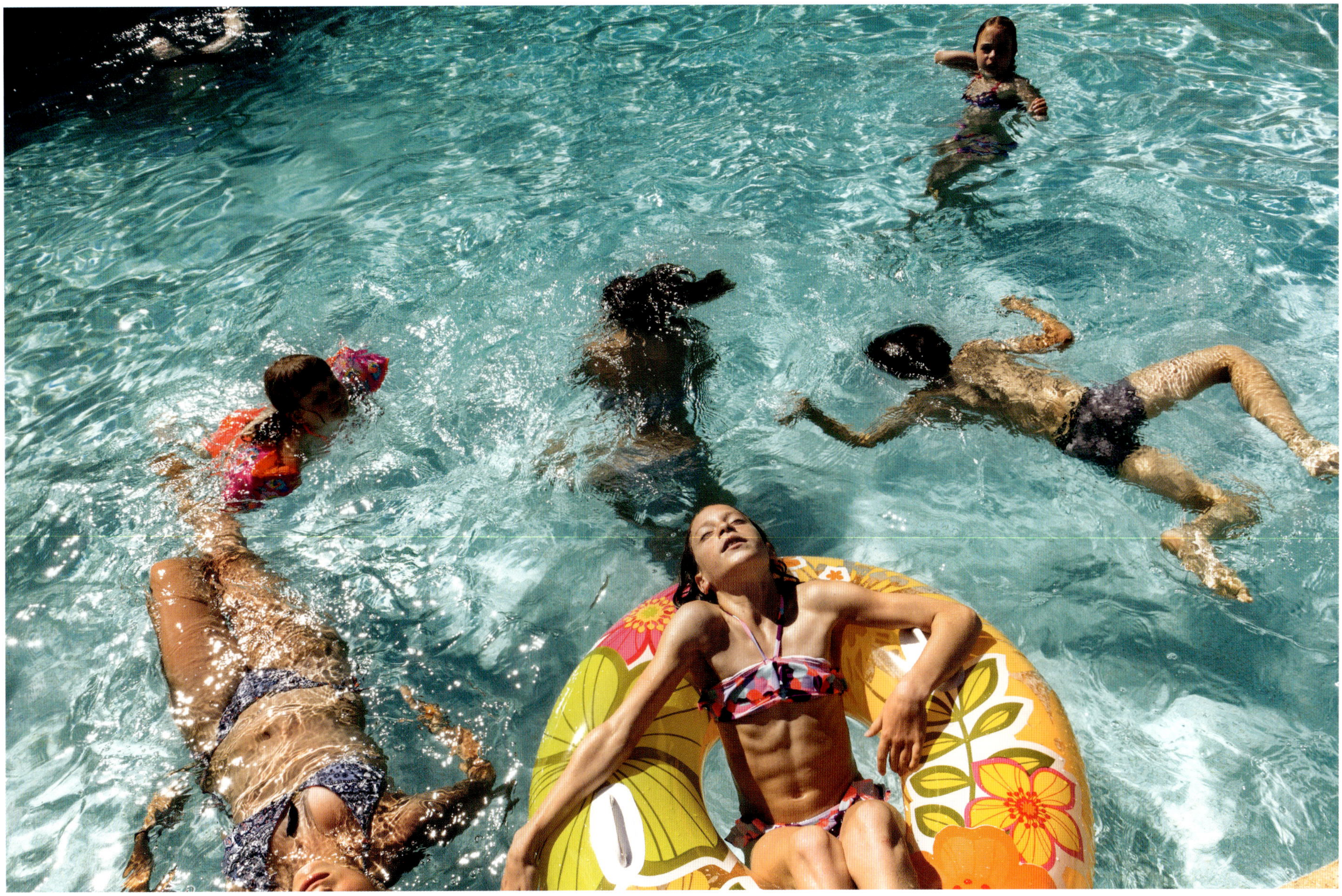

Zia und Zoran genießen ihre Freizeit. Während einer Vorstellung gehen sie mit Freunden ins Schwimmbad eines nahen Campingplatzes.

Glückseligkeit pur: Zoran, Zia und eine Freundin am Fluss. Die Szene lässt an die Welt Tom Sawyers denken, fernab unseres durchgetakteten Alltags. Zoran jongliert mit Orangen, während sich die beiden Mädchen dem Glucksen des Wassers und dem Rauschen der Blätter überlassen.

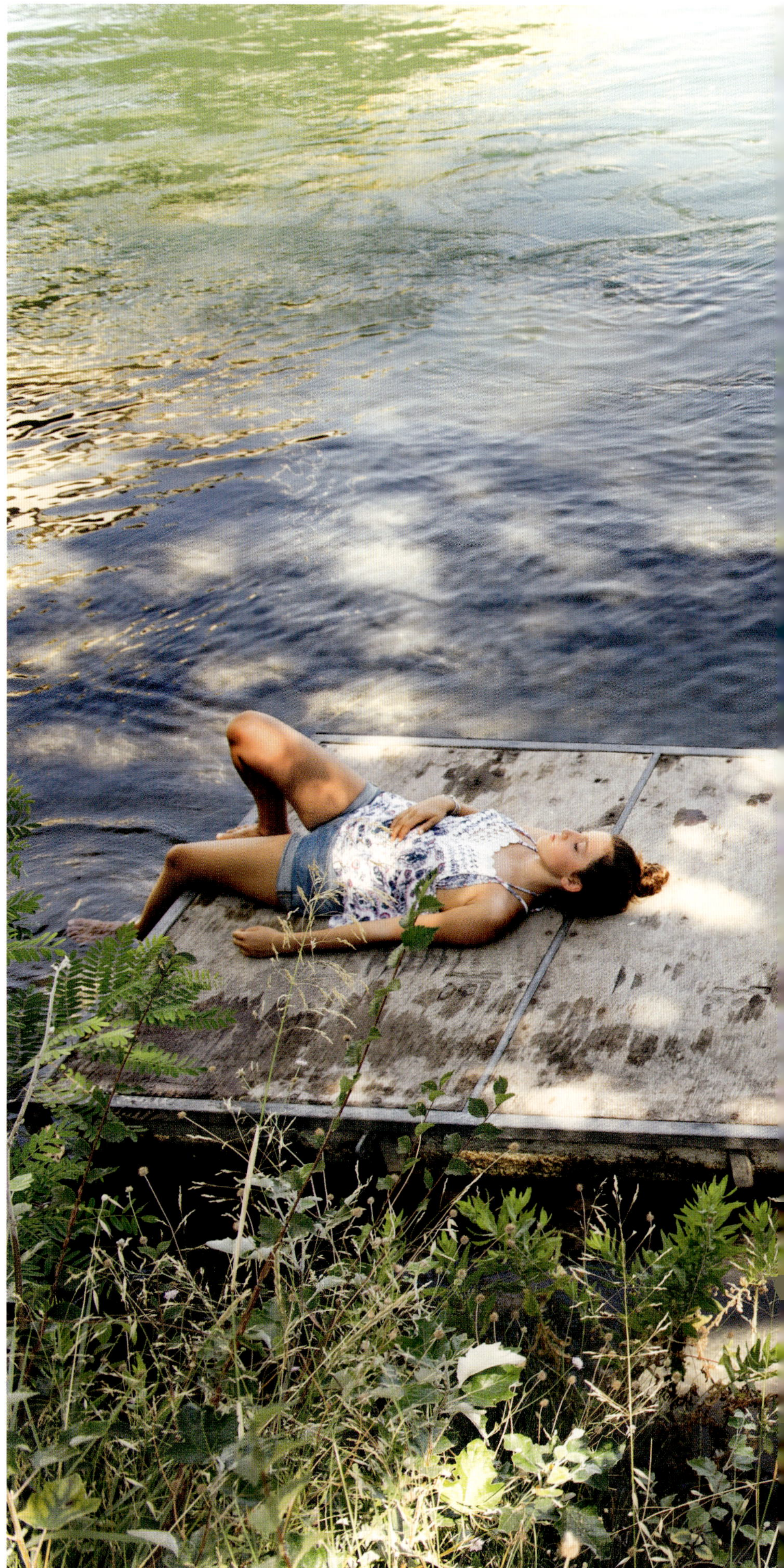

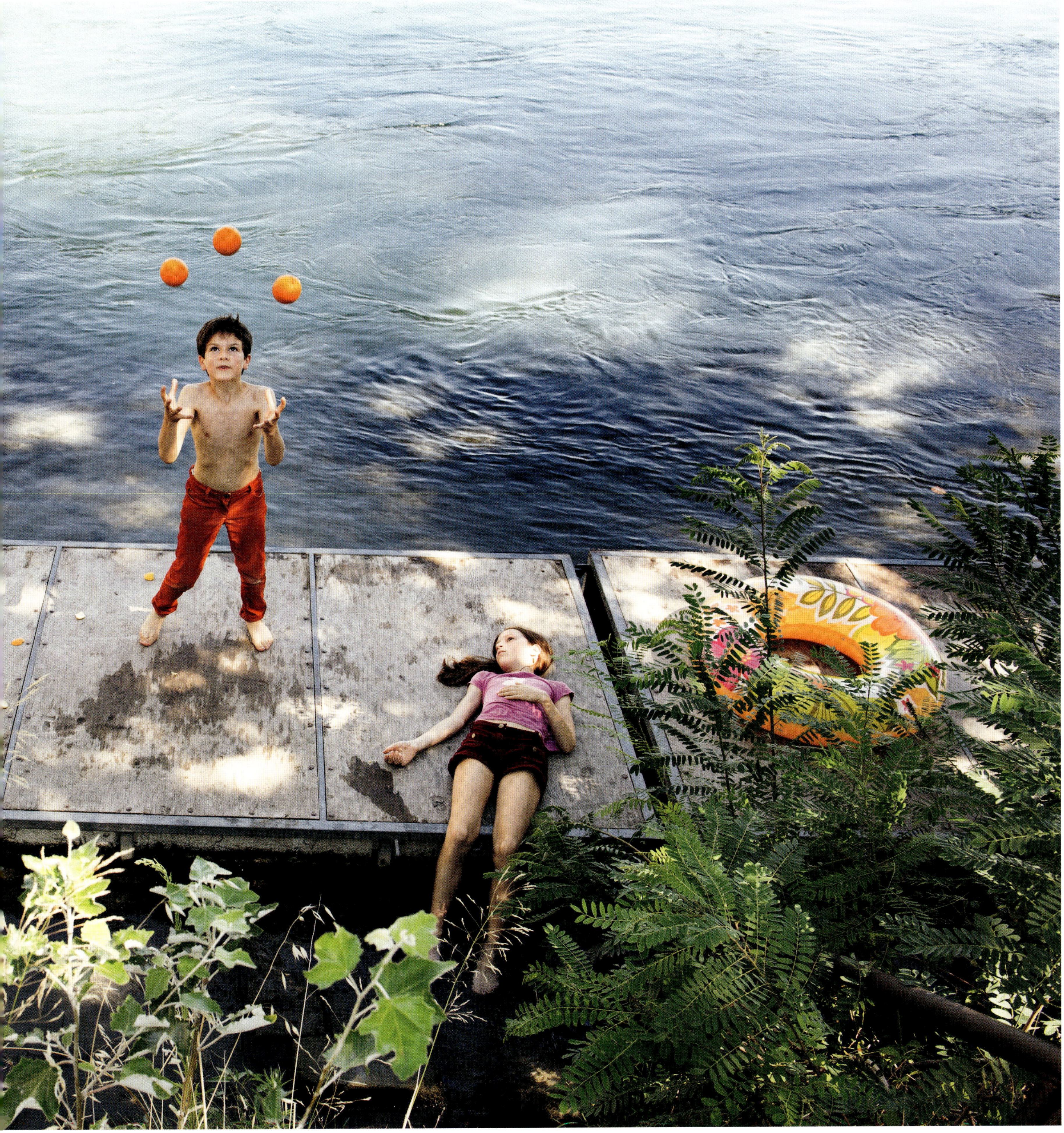

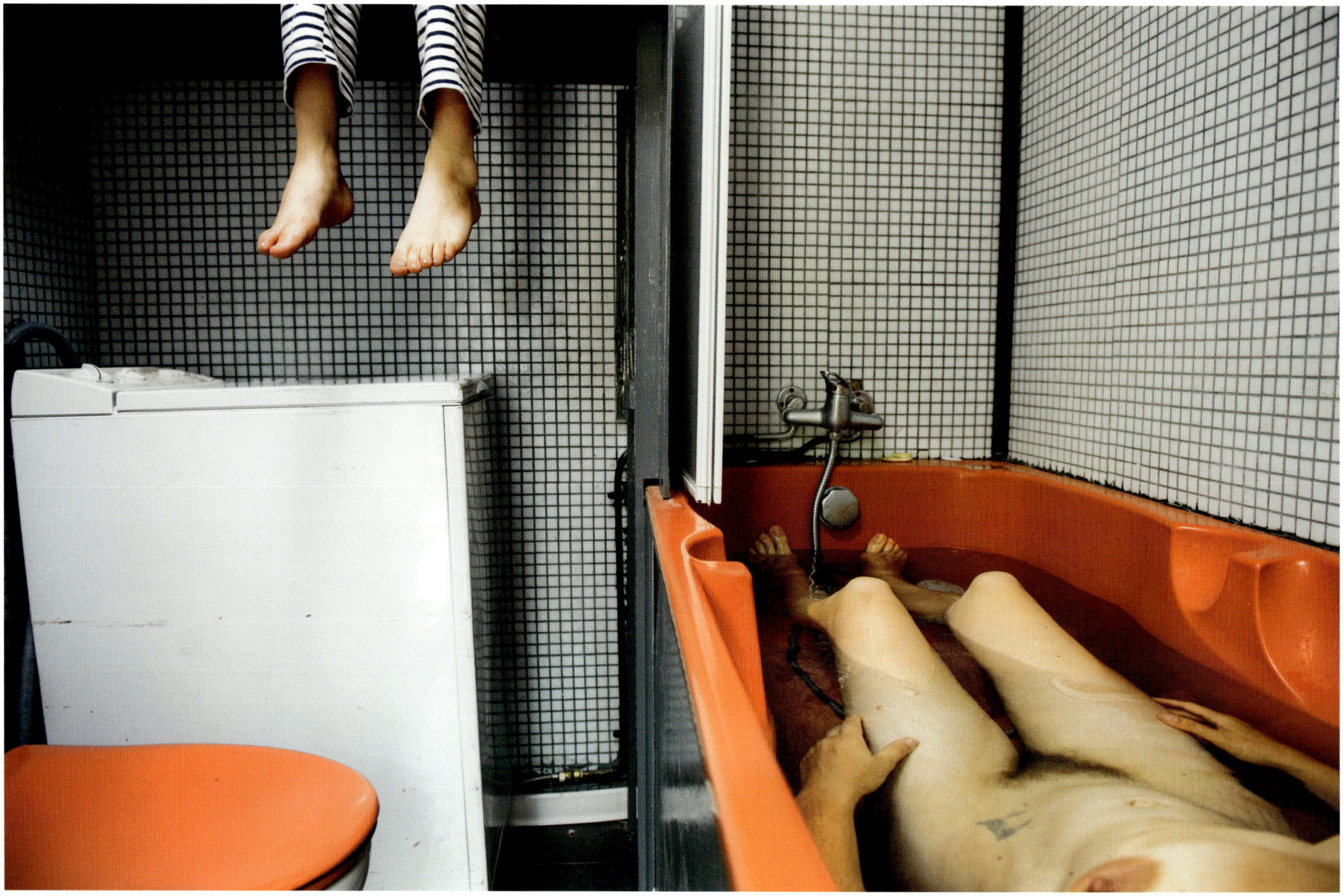

Intime Familienszene im Wohnwagen: Florence und Zoran im Bad.

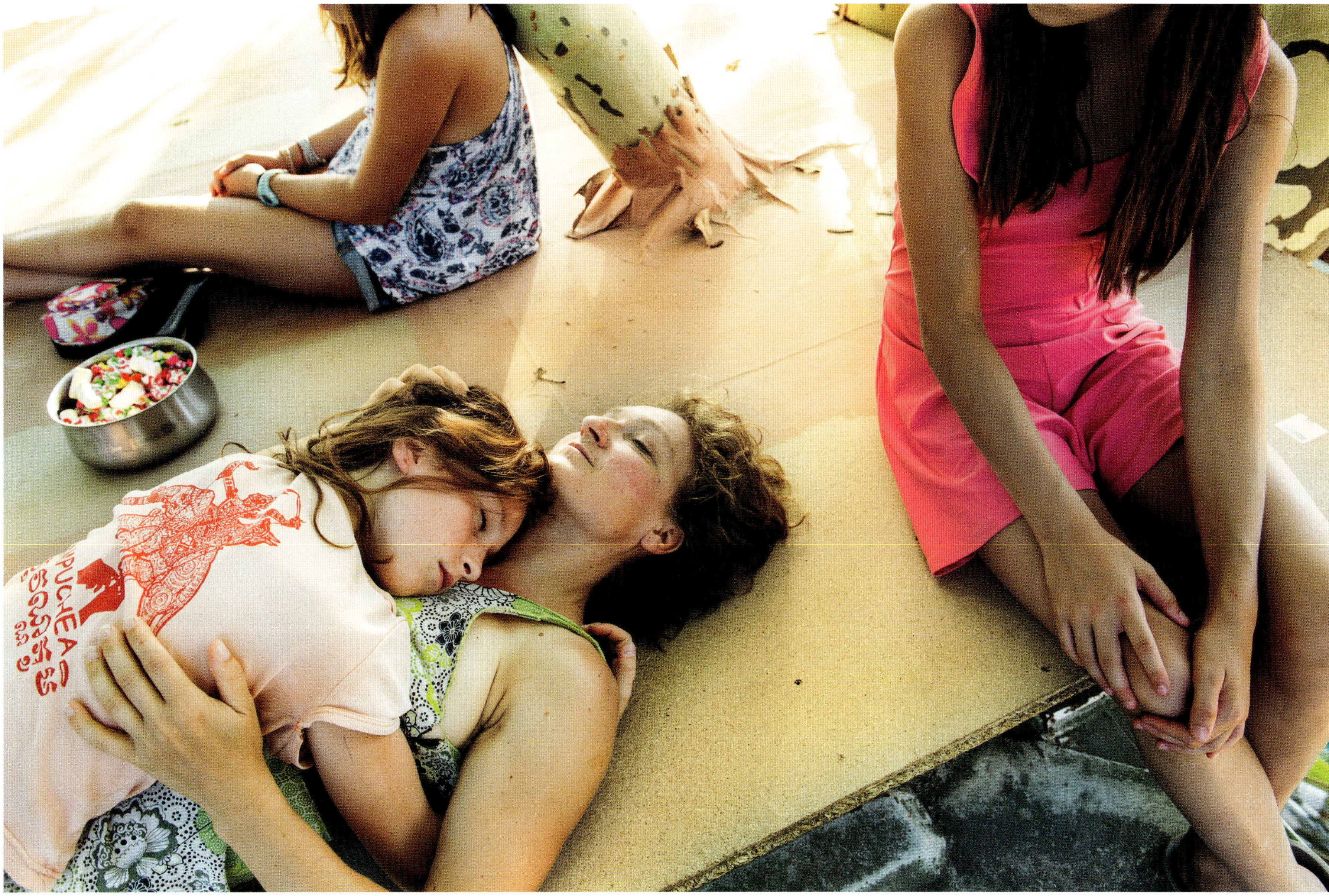

Florence gönnt sich eine Auszeit, ihre Tochter Zia liegt auf ihr und schläft.

Zia ruht sich aus. Um sie herum ist es dunkel, ein schmaler Streifen Licht fällt auf ihren Köper. Ein leichter Wind hebt den Vorhang und bringt ein wenig Frische in den Wohnwagen.

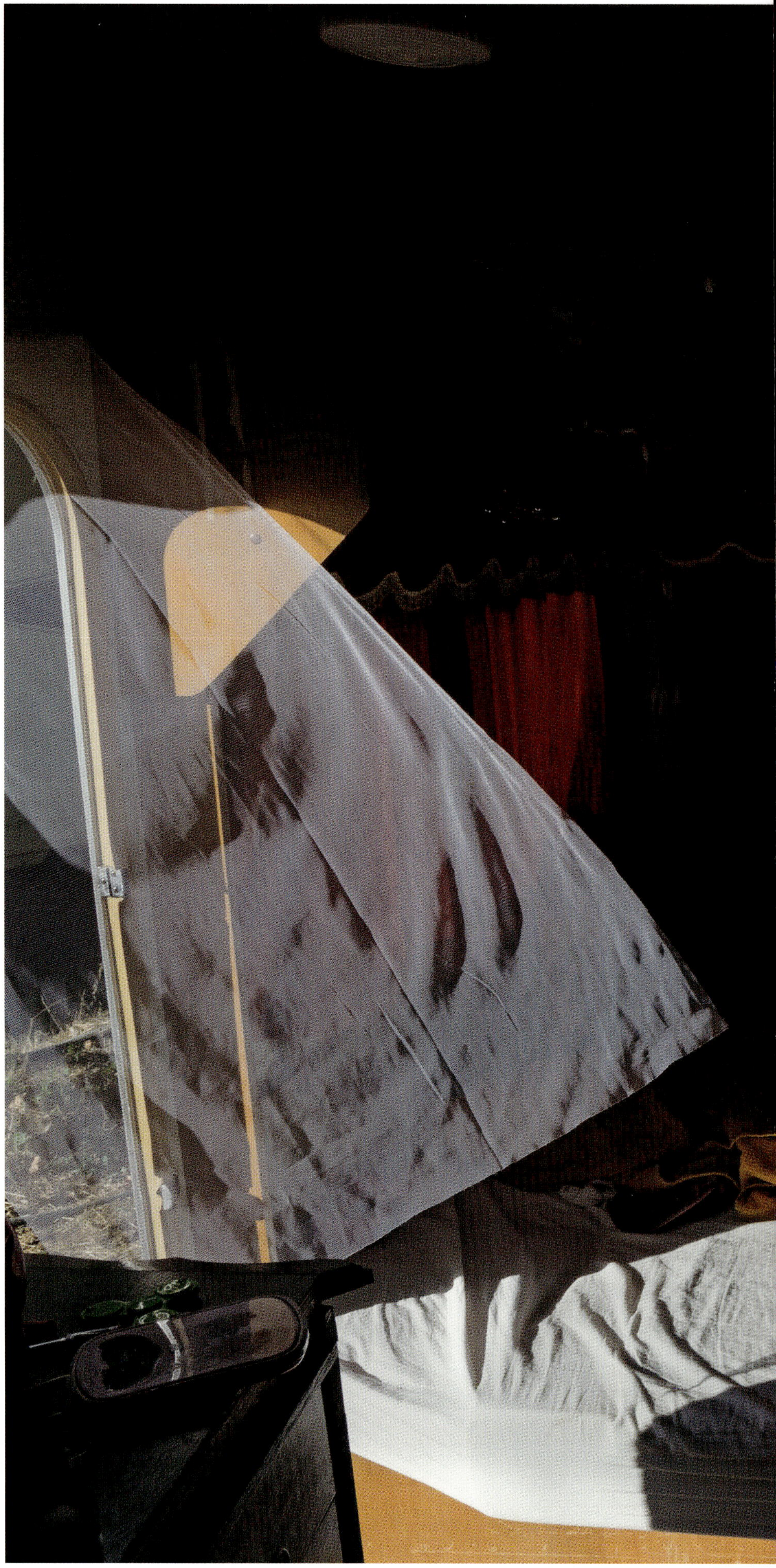

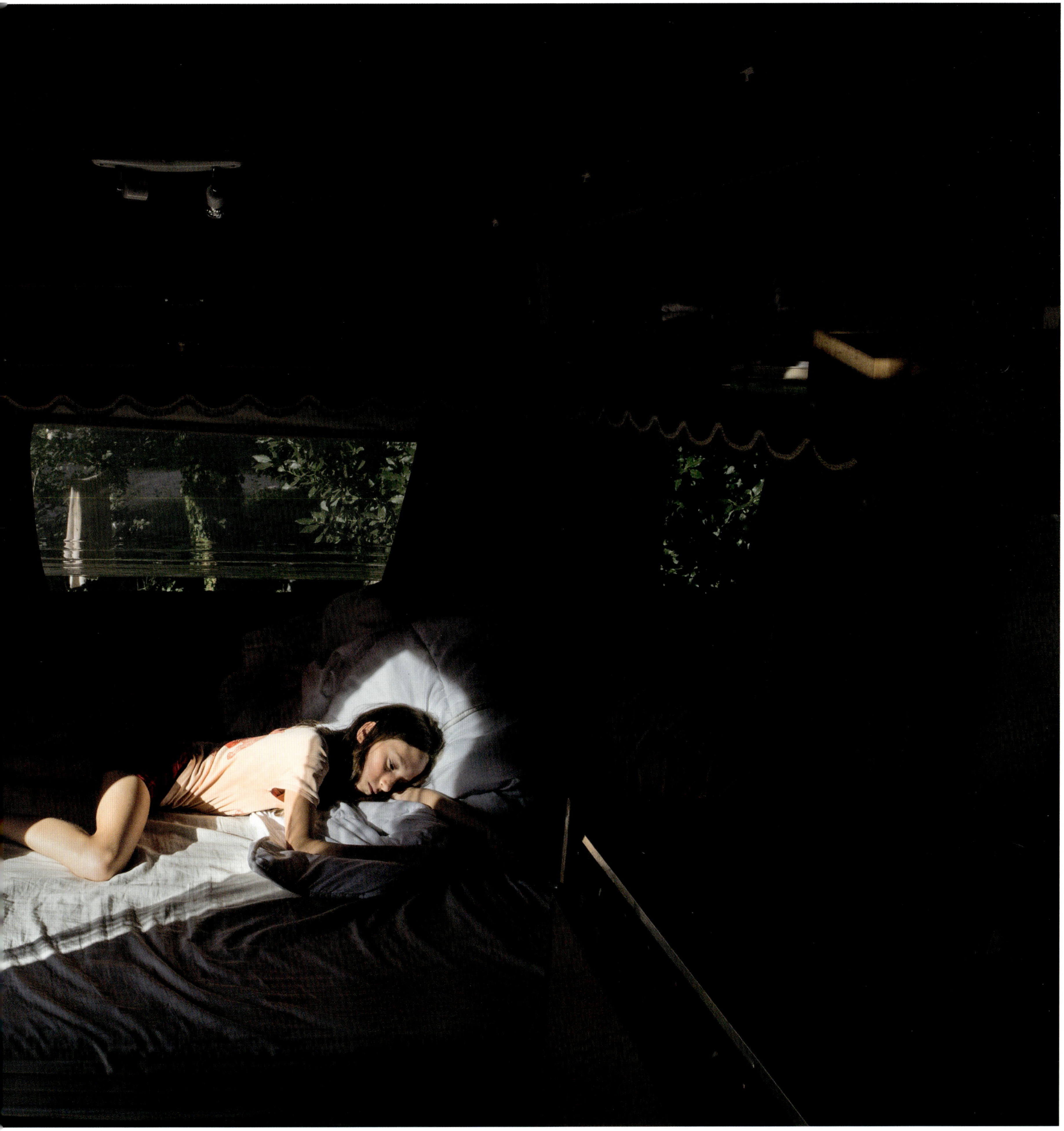

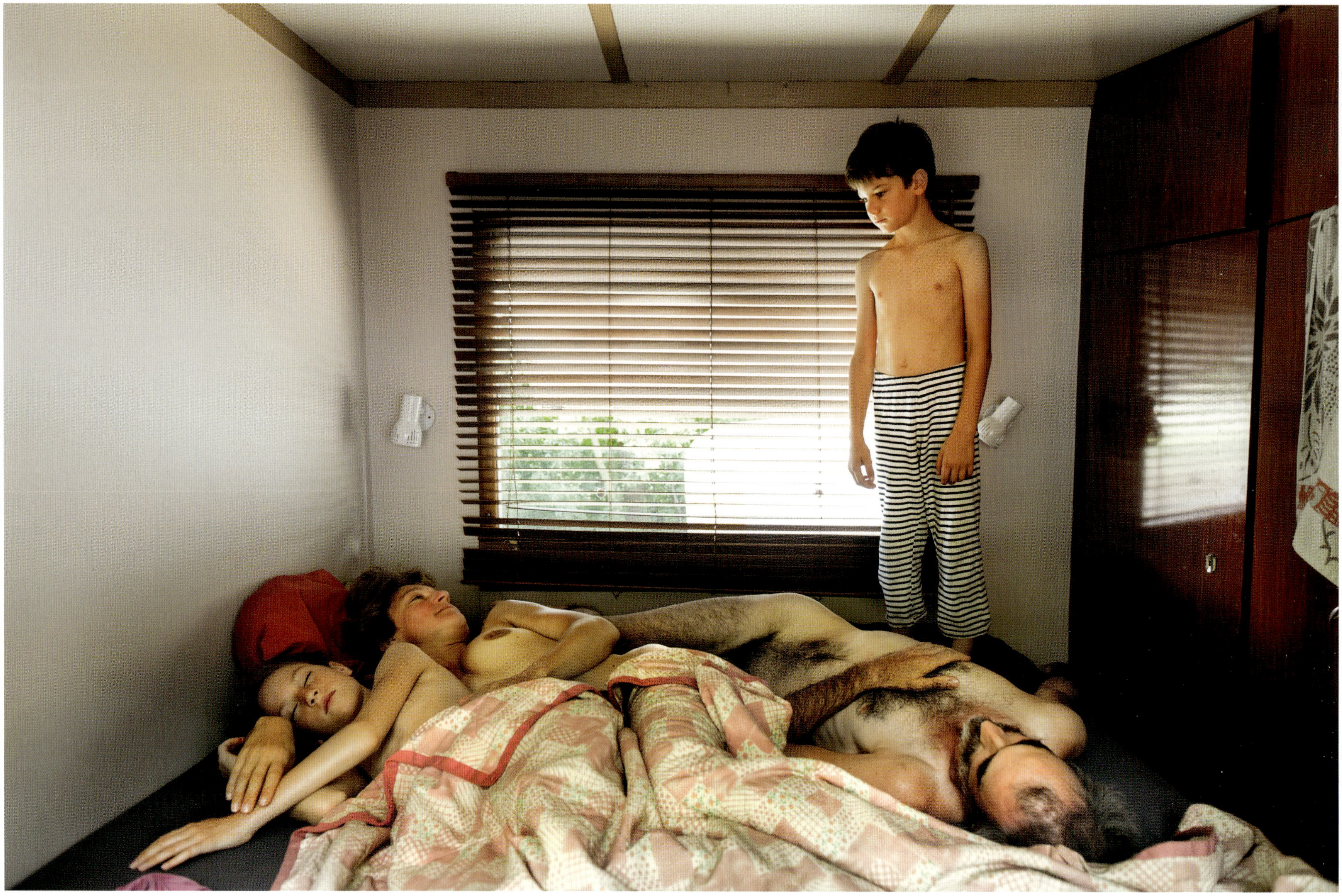

Familienleben im Wohnwagen: Zoran ist gerade aufgewacht und steht im Bett, seine Mutter Florence betrachtet ihn liebevoll, während Vincent und Zia noch schlafen.

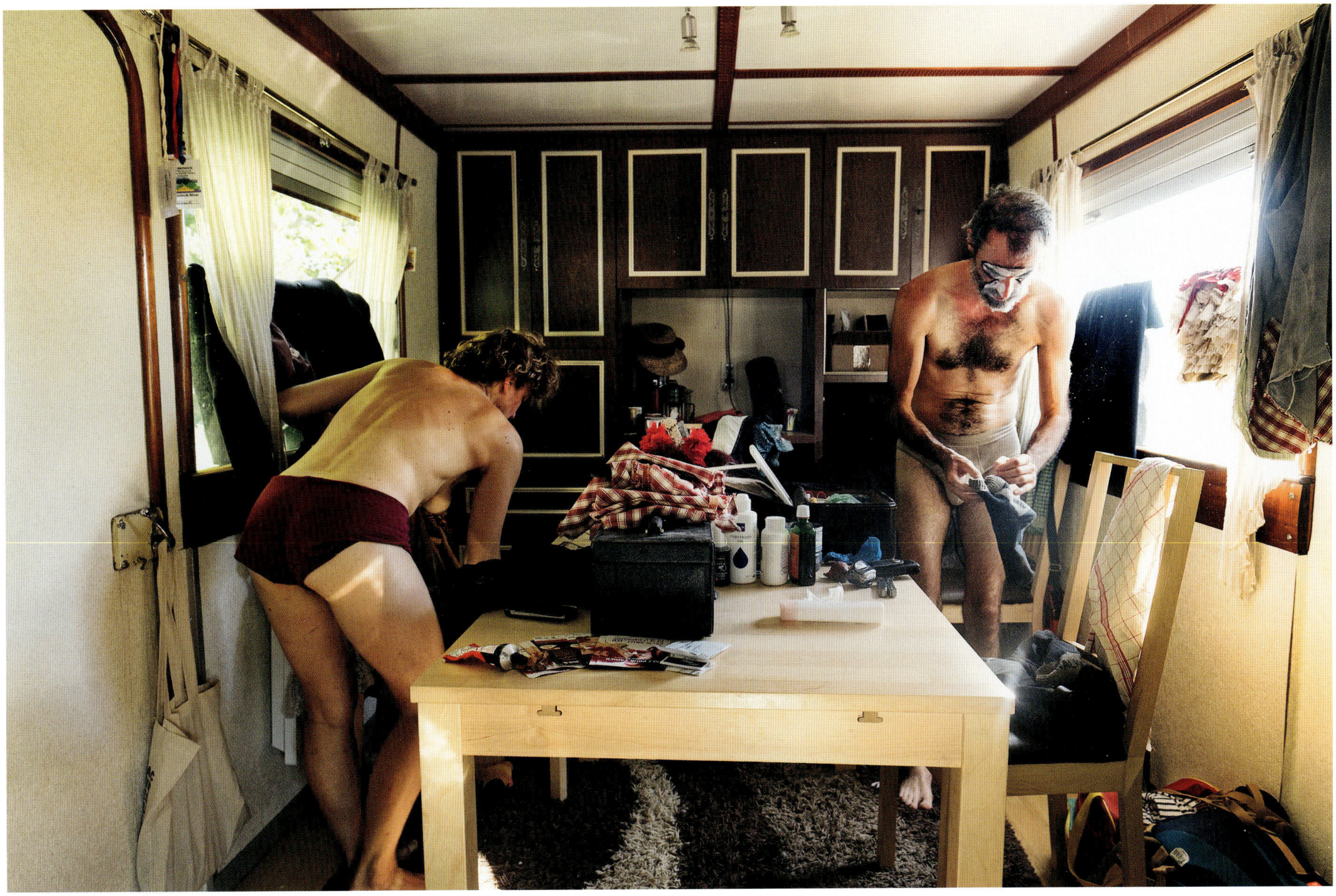

Vincent und Florence ziehen sich für ihre die Clownnummer um. Im Wohnwagen liegt alles kreuz und quer herum, ein Chaos aus Kostümen und Requisiten. Die Vorfreude ist förmlich zu spüren, gleich geht es auf die Bühne.

Der beleuchtete Eingang des Zirkuszelts der Pêcheurs de Rêves auf dem Festival in Avignon: die Tür zu einer Welt, in der von Menschen und deren Wünschen und Träumen erzählt wird. ▽▽

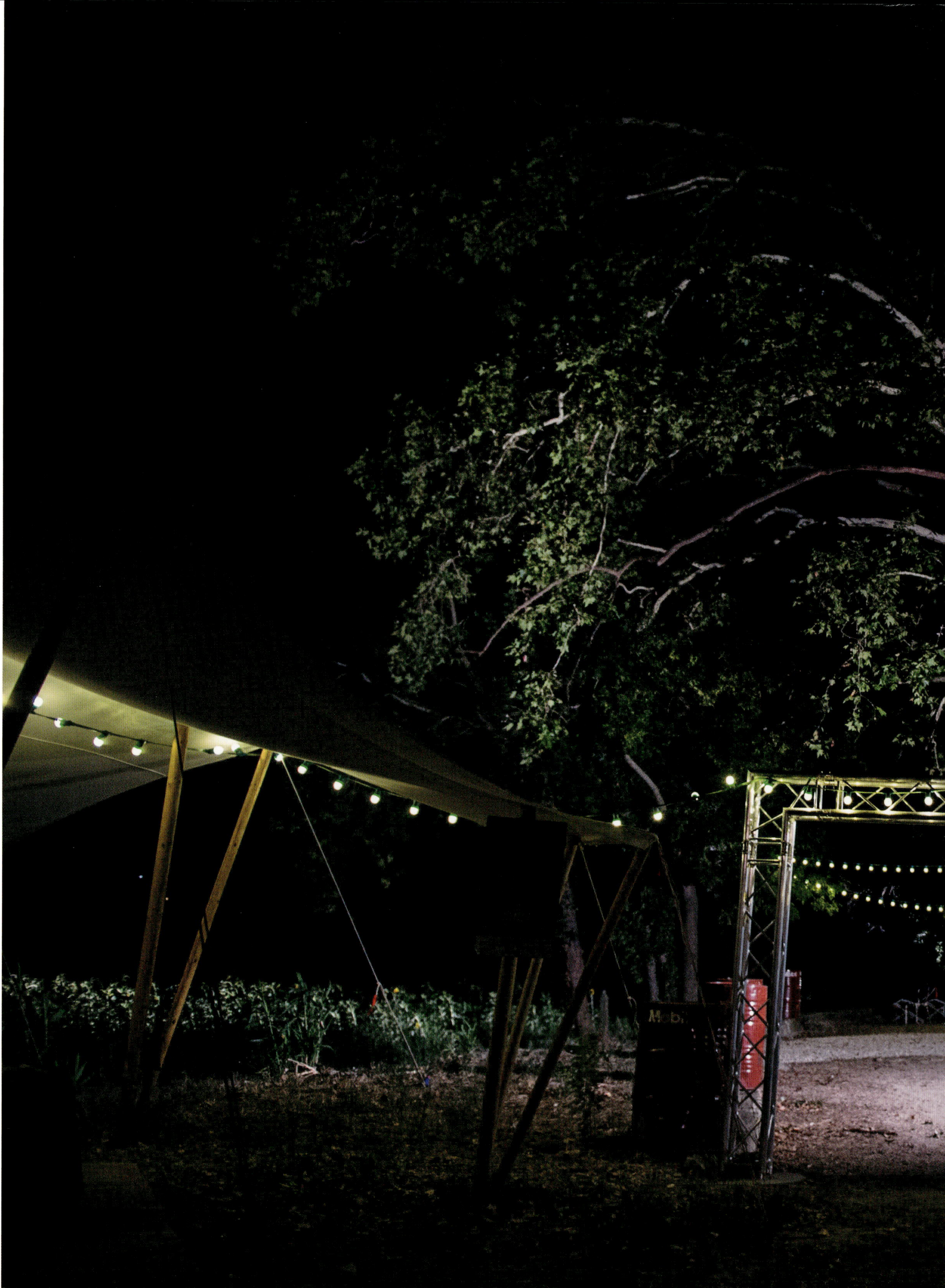

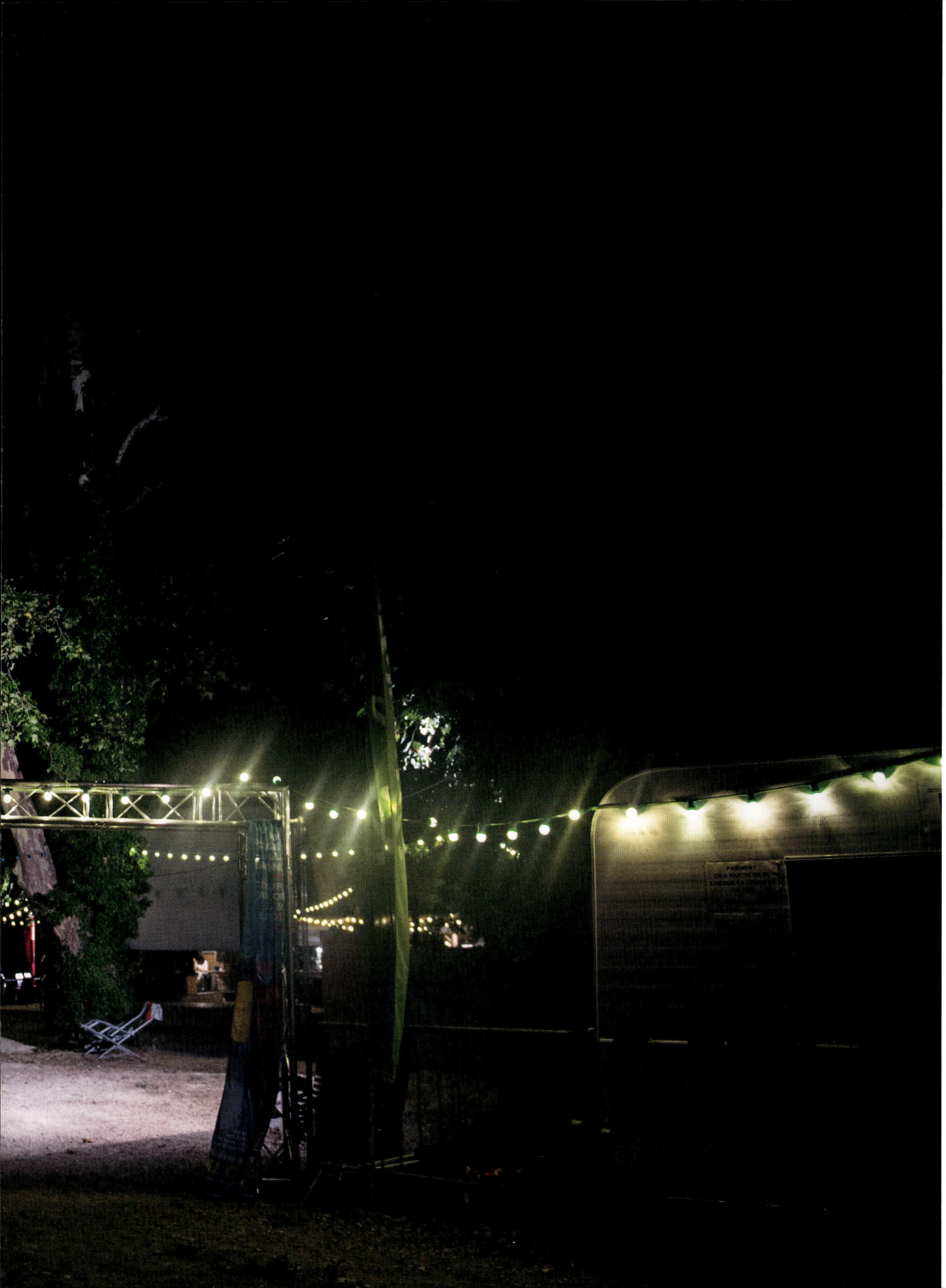

»FÜR MICH IST DIE ZIRKUSKUNST
DIE HÖCHSTE ALLER KÜNSTE ÜBERHAUPT.
DIE KRAFT IHRER MÖGLICHKEITEN
IST GERADEZU GRENZENLOS.«

Honoré de Balzac

★

Florence und Vincent alias Za und Krapote.

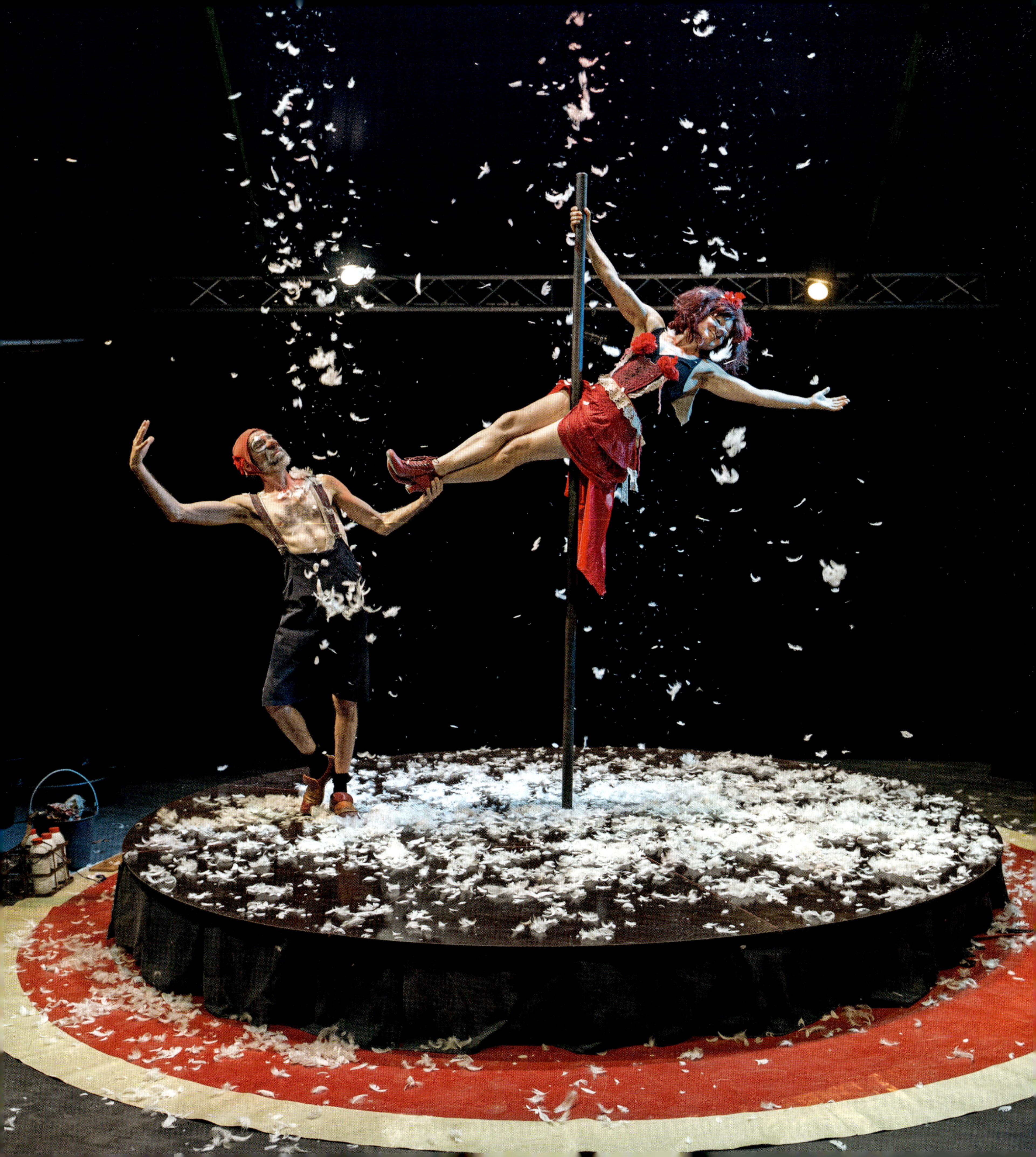

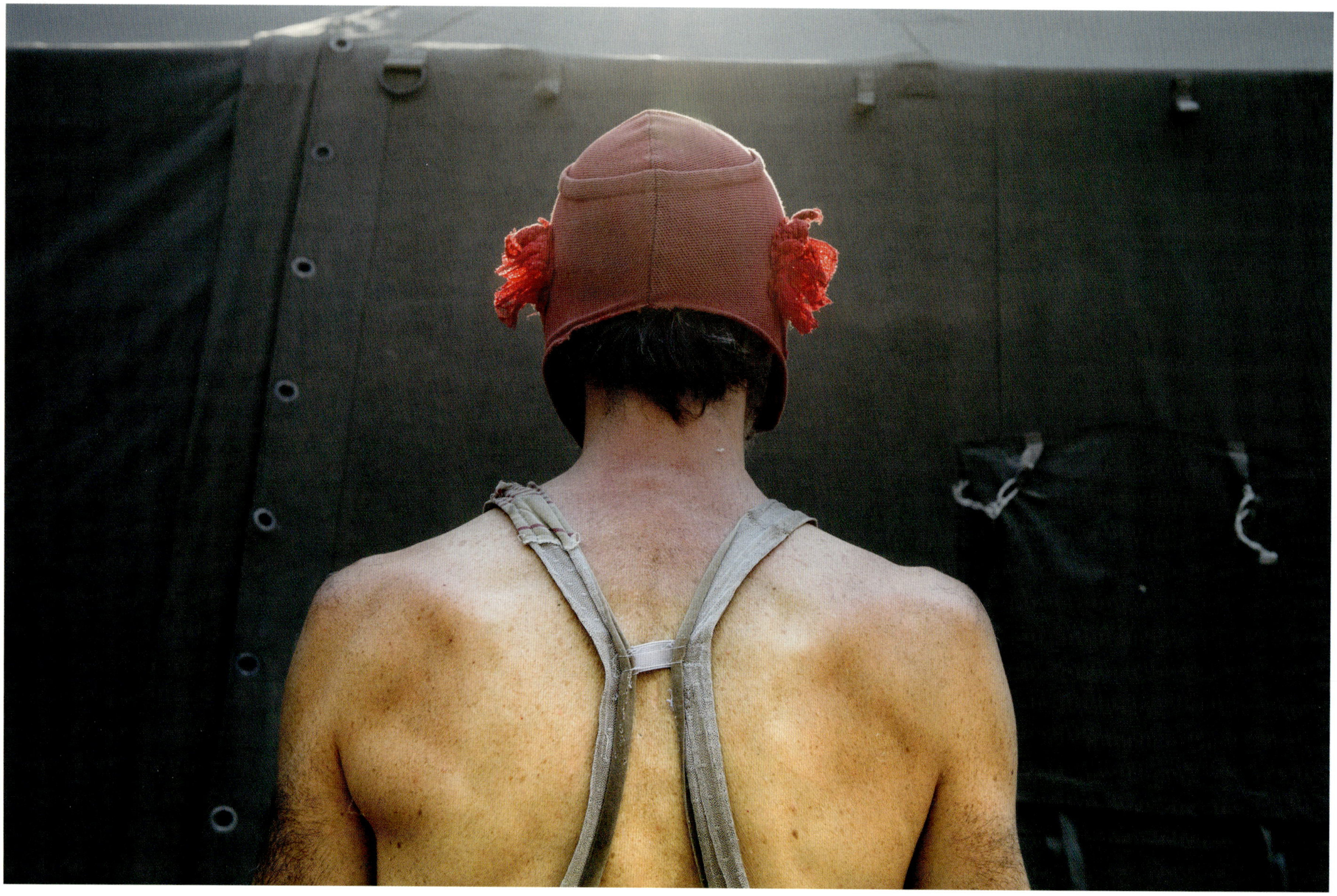

Der Moment unmittelbar vor dem Auftritt. Wie ein Kunstspringer auf dem Brett verharrt Vincent einen Augenblick, bevor er die Welt der Fantasie betritt.

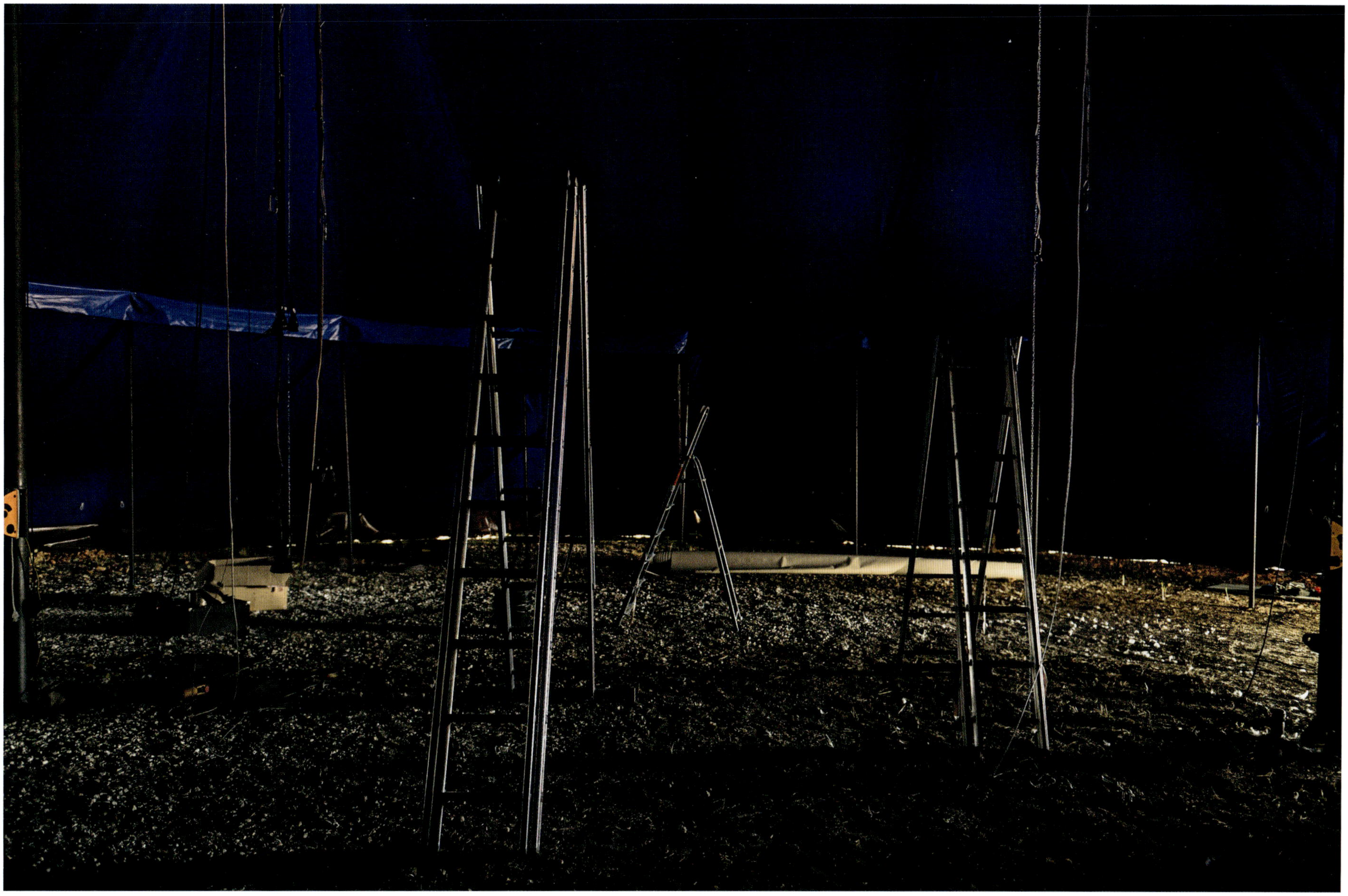

Das Festival ist zu Ende, das Zelt wird abgebaut. Nach Hektik und Trubel kehrt Stille ein, jetzt gibt es Gelegenheit, zur Ruhe zu kommen, bis die Tour weitergeht.

Florence und Vincent küssen sich nach der Vorstellung vor dem Schminkspiegel. »In meinem Leben gab es keine andere Frau«, sagt Vincent über Florence. Sie haben am 11. September 2001 geheiratet und das Datum bewusst gewählt, um diesen Tag der Trauer zu würdigen und zum Ausdruck zu bringen, dass das Leben trotzdem weitergeht. ▽▽

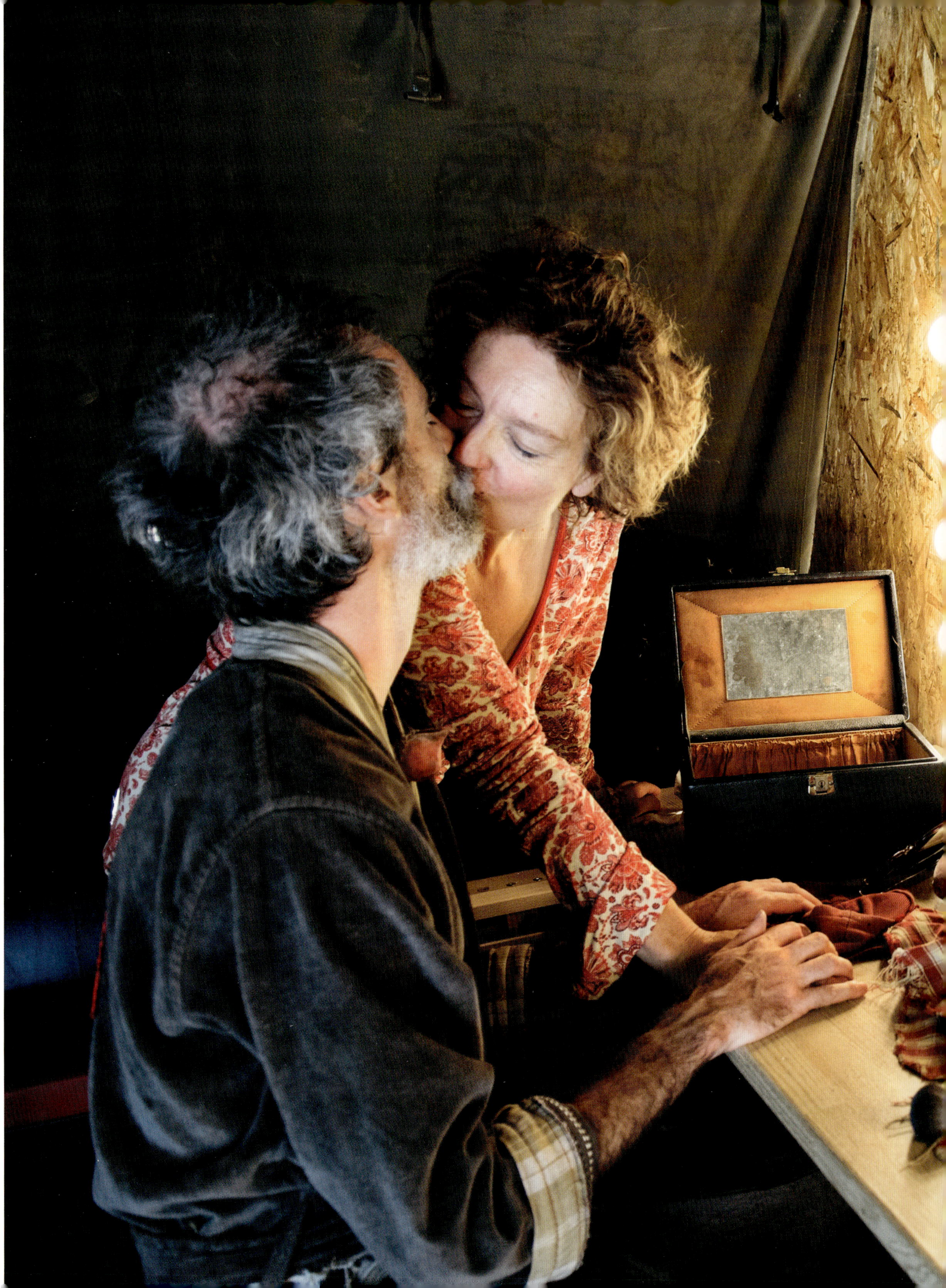

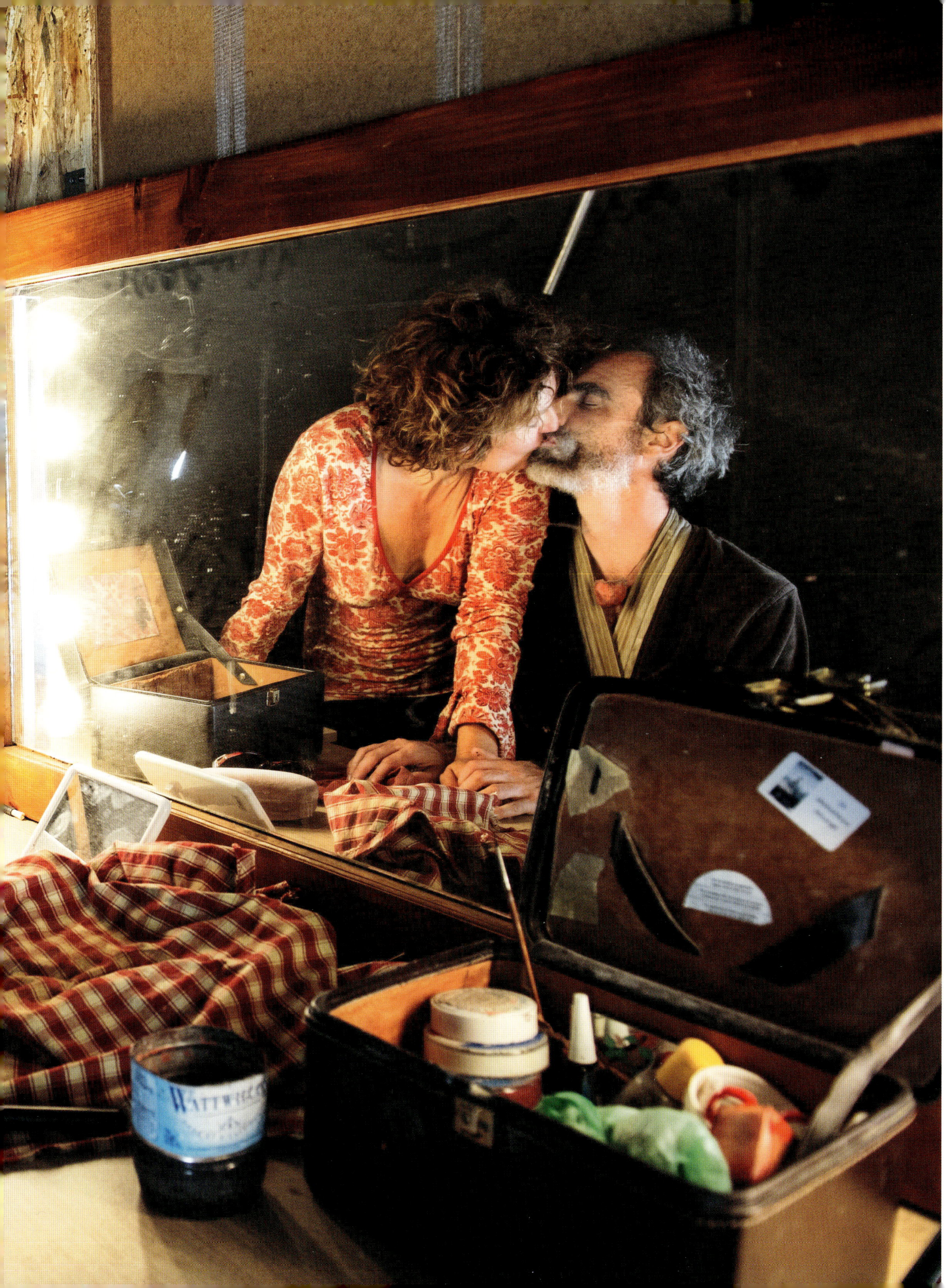

Lichterketten hängen zwischen den Bäumen, unter denen die Wohnwagen stehen. Man sieht Zia in einem der Fenster, das Gesicht von einer Lampe erhellt. Ein Augenblick des Innehaltens in der magischen Kulisse einer traumwandlerischen Welt.

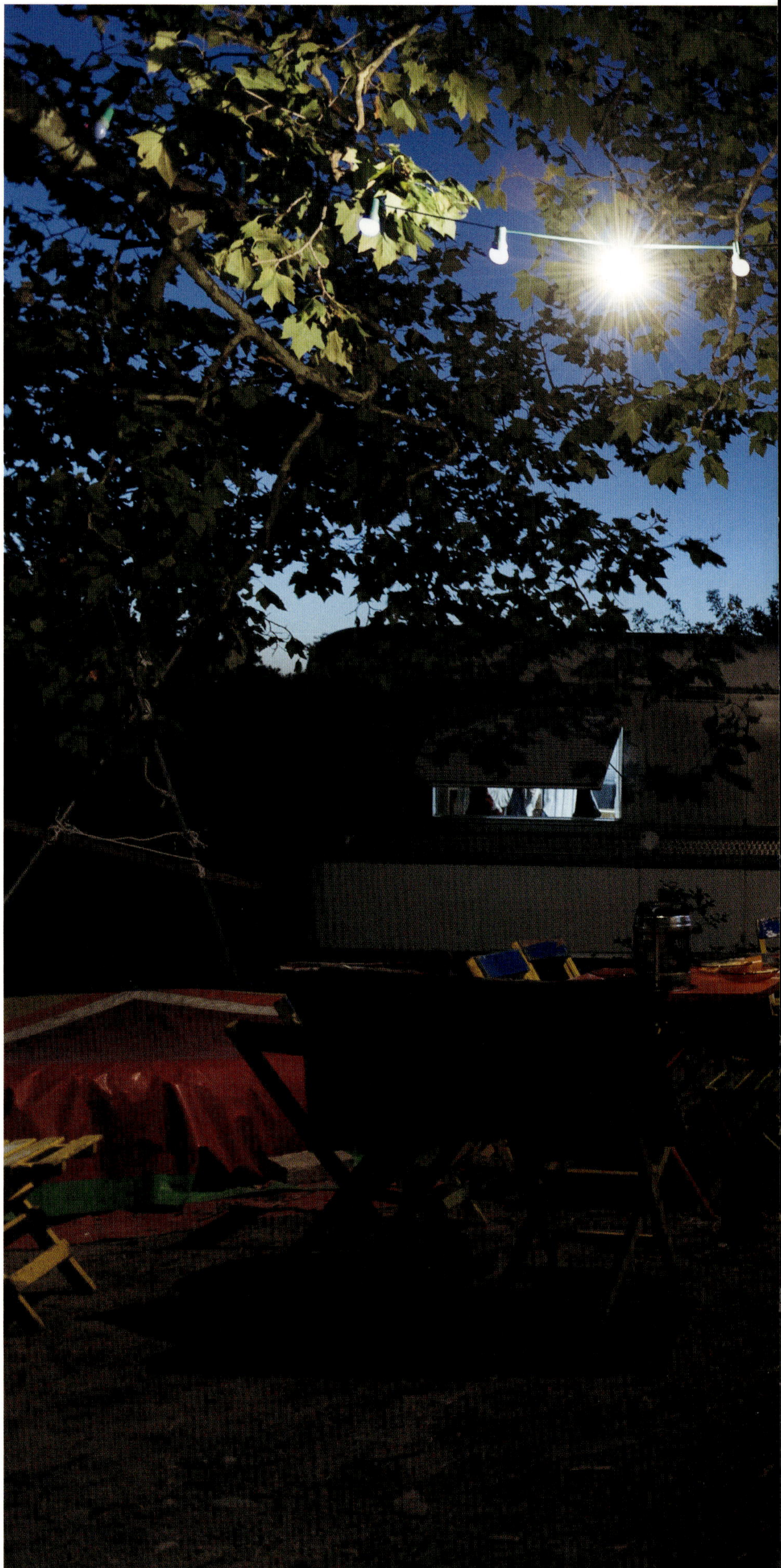

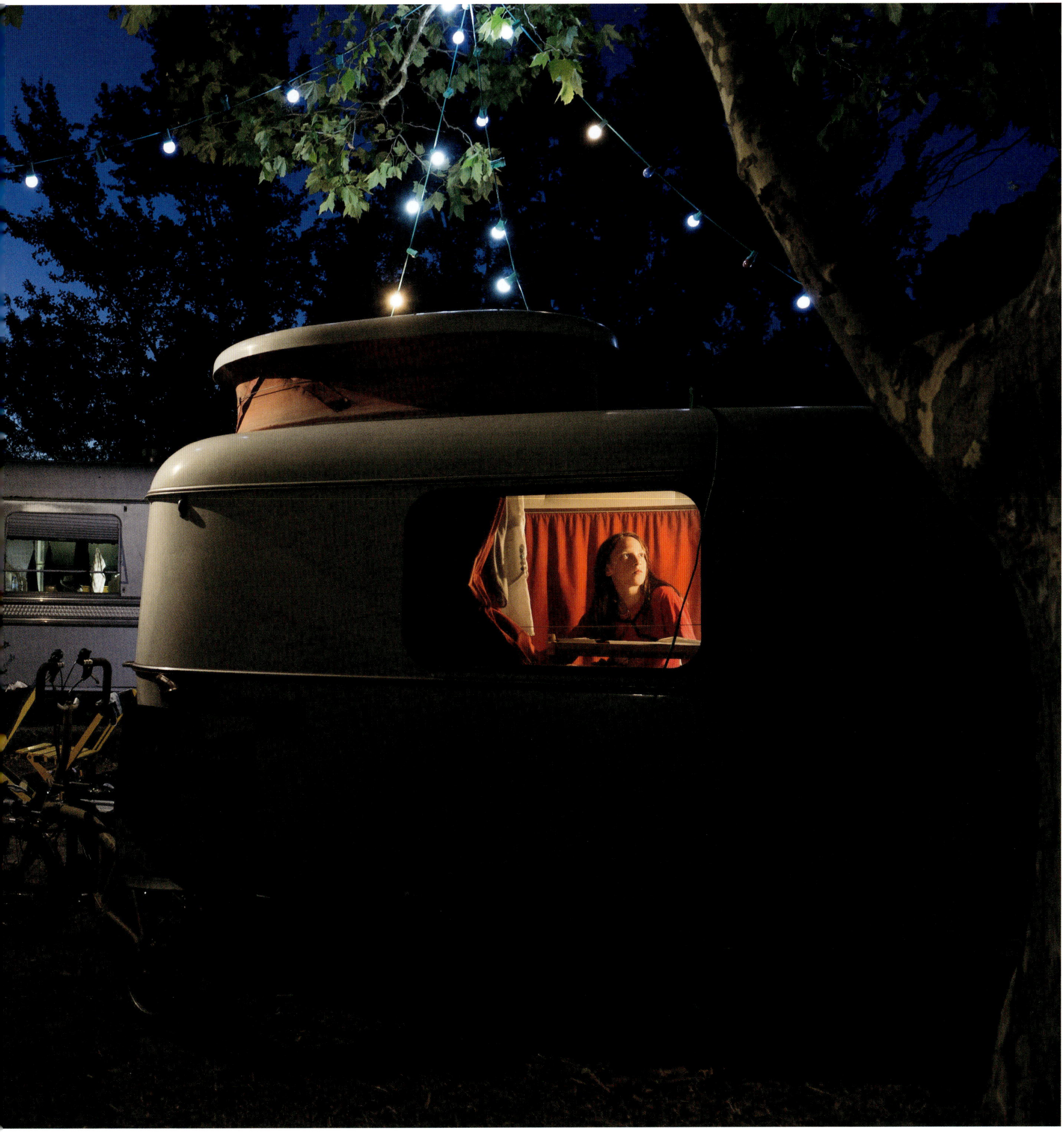

CIRQUE BIDON

★

STATT GEFÄHRLICHER RAUBTIERNUMMERN
UND SPEKTAKULÄRER AKROBATIK
PRÄSENTIERT DER CIRQUE BIDON HÜHNER AUF DEM SEIL
UND PURE POESIE.

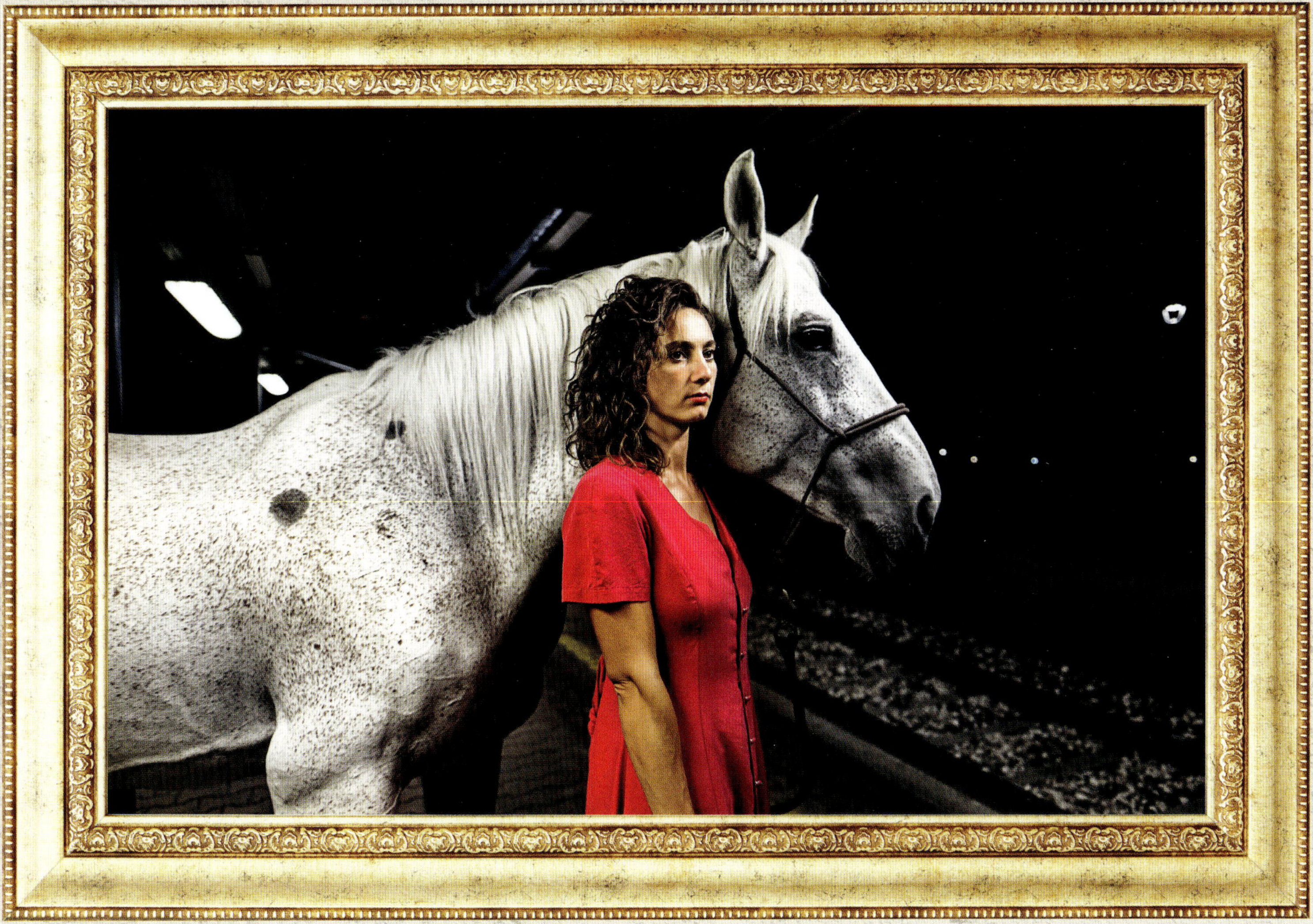

HÜHNER AUF DEM SEIL UND PURE POESIE

Der Cirque Bidon ist in bunt bemalten Holzwagen mit weißer Aufschrift unterwegs. Gezogen von Pferden, rollen sie langsam, aber beharrlich weiter und weiter. Eine Reise durch die Zeit, fernab von der Hektik und dem Erfolgsdruck der modernen Städte. Faszinierend wie ein Stummfilm von Charlie Chaplin, wie der kratzende Klang eines Grammofons – der Cirque Bidon verkörpert die kompromisslose Rückkehr zum Wanderzirkus des 19. Jahrhunderts. Er scheint einem sepiafarbenen Foto entstiegen, einem Bild, das Geräusche und Düfte heraufbeschwört, die wir in unseren virtuellen Handywelten nicht einfangen können. Fünfundzwanzig Kilometer am Tag, vielleicht dreißig, geht es im Rhythmus der klappernden Hufe der trottenden Pferde.

★

Unsere Wahrnehmung von Raum und Zeit verändert sich, und allein das Vorüberziehen der Wagen rührt uns an wie ein sentimentales Theaterstück. Der Cirque Bidon ist pure Nostalgie, das Heraufbeschwören der Langsamkeit einer vergangenen Zeit. Die Wagen holpern über das Kopfsteinpflaster, die Räder versinken im Schlamm, und trotzdem rollt die Karawane weiter, lässt sich auch vom Großstadtverkehr nicht aufhalten. Hinter den bunten Vorhängen der Zirkuswagen versteckt sich eine gemütliche Welt, Teil eines geheimen, faszinierenden Universums der traditionellen Wanderkünstler, die Verkörperung des Traums von Freiheit.

Der Cirque Bidon entstand 1976 in Frankreich, ganz am Anfang der Idee des Cirque Nouveau, die sich zum Ziel gesetzt hatte, die spektakulärsten Mittel traditioneller Zirkuskunst durch neue Formen und Elemente des Theaters und der Musik zu ergänzen. François Rauline, der Gründer, bringt seine Philosophie auf den Punkt: »Ich bin schon immer mit Pferd und Wagen unterwegs gewesen, ich kann mir einen anderen Zirkus nicht vorstellen.« Er wirkt mit seinem langen Bart wie aus der Zeit gefallen, der Gesichtsausdruck streng, aber freundlich. »Wir reisen von einem Ort zum anderen, ohne fließendes Wasser, ohne Strom, nur mit einer Petroleumlampe. Wir benutzen keinerlei Verstärker, bei uns ist alles live.« Für François ist sein Zirkus eine Welt der Träume, ein runder Mikrokosmos, überhaupt ist alles rund, die Manege, der Zuschauerraum, ein Abbild unserer Erde. Jedes Detail kann die Idee zu einer neuen Nummer liefern, einer neuen Geschichte, die es zu erzählen gilt. Er wendet sich ab von den Zwängen des Alltags, um die in Vergessenheit geratene Magie der Poesie wiederzubeleben, wo das Universum selbst durch die Sterne spricht oder eine Reise auf verschlungenen Wegen uns etwas sagt, genauso wie glühende Hitze, Blitz und Donner. Die Lichter des Cirque Bidon laden uns ein in eine neue Dimension ehrfürchtigen Staunens, damit wir die Waffen strecken und für den Moment innehalten in unserem fortwährenden Kampf, den die Moderne bedeutet.

Eine kleine Kompanie aus Schauspielern, Clowns, Jongleuren, Akrobaten, Musikern und Technikern, die per Handschlag verpflichtet werden. Künstler mit faszinierenden Talenten, die auf ein bequemes Leben verzichten, um ein Teil dieses Universums zu sein. Talent allein, sei es auch noch so groß, genügt nicht. Es gilt, bereit zu sein, die eigenen Ansprüche ans moderne Leben hintanzustellen. Das Dasein des Artisten ist kein Beruf, sondern eine Berufung, eine Mission, ein Liebesbeweis.

△△ Manon mit ihrem Pferd Luce am Bahnhof von Budrio. Auf dem Parkplatz davor hat der Cirque Bidon seine Bühne aufgebaut. Der Backstagebereich erstreckt sich bis zu den Gleisen. Eine Symbiose aus Mensch und Tier, sie sind Partner. Ihr Blick geht in die gleiche Richtung, beide wirken hoch konzentriert und bereit für die nächste Vorstellung.

Der Cirque Bidon verlässt die Hektik unserer Zeit und gleitet gemächlich durch die Tage, der einzige Wanderzirkus, der noch mit Pferden unterwegs ist. Das mag anachronistisch scheinen, doch die Botschaft ist eine andere: Der Cirque Bidon lädt uns ein zum Nachdenken, er bremst uns aus, damit auch wir die herrliche Landschaft genießen. Die Magie der Langsamkeit verbindet uns wieder mit unserer wahren Natur, und der Stress des Alltags verfliegt. Wir erkennen, was wir verloren haben: den Zauber, der uns Zuschauer in den Bann zieht, uns menschlicher macht und der uns einlädt, zu leben.

Zwölf Pferde, ein Esel, eine Gans und fünf Hühner, das sind die Zirkustiere, die zusammen mit den Künstlern zum Erfolg dieses aus der Welt gerückten, ja romantischen Abenteuers beitragen. Die Tiere gehören zur Familie und sind elementarer Bestandteil der Truppe. Von Tierschützern darauf angesprochen, antwortet François: »Die westliche Zivilisation hat sich gemeinsam mit den Tieren entwickelt, die Menschen haben sich hingebungsvoll um sie gekümmert, sie mit Respekt und Liebe behandelt, ohne sie auszubeuten.« Und genau so ist es beim Cirque Bidon heute noch: Die Pferde müssen sich nie übermäßig anstrengen, nie eine zu lange Strecke zurücklegen und werden gut versorgt. Genau wie der Esel, die Gans und die Hühner (die Gans tritt nicht mit auf, aber François kann sie nicht auf seinem Hof in Frankreich zurücklassen, ohne die Gesellschaft der Hühner würde sie vor Trauer zugrunde gehen). Manchmal ist die langsam dahinrollende Wagenkolonne ein Verkehrshindernis für die Autofahrer, aber das macht nichts, sie weicht auf Nebenstraßen aus. Umwege gehören dazu. Die Kompanie lebt in Harmonie mit der Natur und dem Kosmos. Die Vorstellungen des Cirque Bidon bieten uns Bilder und Geschichten über das menschliche Dasein; es geht um aktuelle Themen wie Immigration, Politik und Gesellschaft, ohne intellektuellen Anspruch, sondern locker, witzig und volksnah. Keine schlauen Rezepte für ein besseres Leben, sondern Anregungen für unsere Konsumgesellschaft.

Die Philosophie des Cirque Bidon bietet eine Alternative zu unserer Wohlstandgesellschaft, wo das Materielle die ideellen Werte immer weiter zurückdrängt. 1968 hat François seine Arbeit als Schmied aufgegeben, beseelt von der Idee, zu neuen Ufern aufzubrechen. »Ich hatte kaum Geld, deshalb habe ich mein Fahrrad verkauft und ein Pferd angeschafft, danach habe ich einen Wohnwagen gebaut. Das war der Grundstein für meinen Zirkus, mit ein paar Freunden und einer Balletttänzerin auf der Suche nach Poesie ... Sie träumte davon, Luftakrobatin zu werden. Ich habe viel mit ihr geteilt, auch einen Sohn, bis sich unsere Wege wieder getrennt haben.«

Die Vorstellungen finden auf Straßen und Plätzen statt, ohne Zelt, die Bühne wird von den Wagen begrenzt, zwischen Künstlern und Publikum gibt es keine Schranken. Die Lichter leuchten mit den Sternen am Himmel um die Wette, ein Himmel, der François jetzt seit fast fünfzig Jahren ein schützendes Dach über dem Kopf bietet. Der Cirque Bidon zieht weiter, und wie jedes gute Märchen hinterlässt er in uns wertvolle Erkenntnisse und Hoffnungen. Er verschwindet am Horizont, wird vom Verkehrsgewühl verschluckt und taucht gleich wieder auf, bereit zu neuen Abenteuern. Die bunten Wagen rumpeln über das Kopfsteinpflaster der schmalen Straßen, die Geräusche dringen durch die Holzwände ins Innere und verflüchtigen sich. Der Cirque Bidon hat uns tief berührt, und wir wünschen uns sehnlichst, er möge eines Tages zurückkehren – und genau so wird es sein.

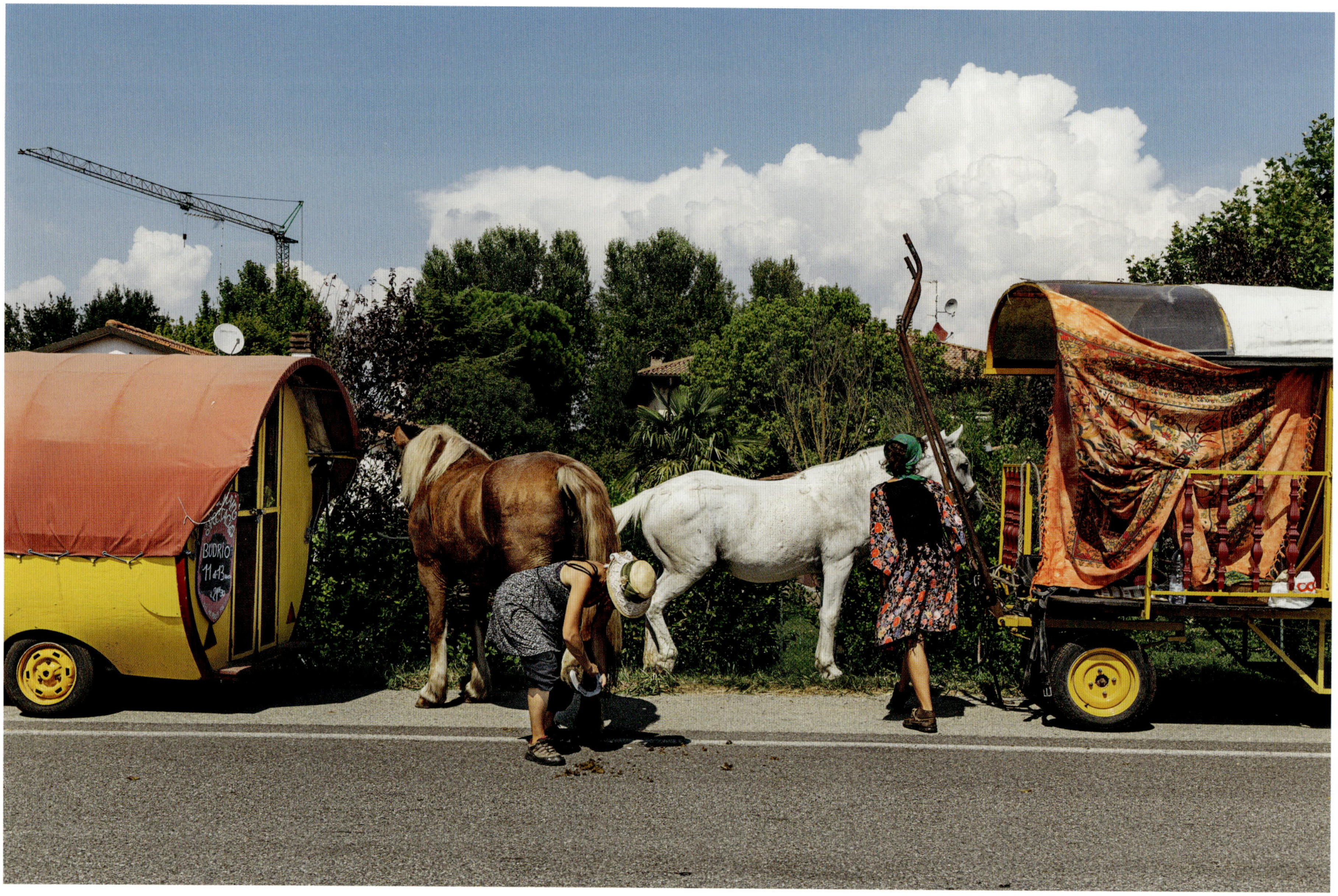

Anachronismus pur: Während der Cirque-Bidon-Tross eine Pause macht, um die Hufe der Pferde zu überprüfen, rasen Autos an der Kolonne der bunt bemalten Holzwagen vorbei.

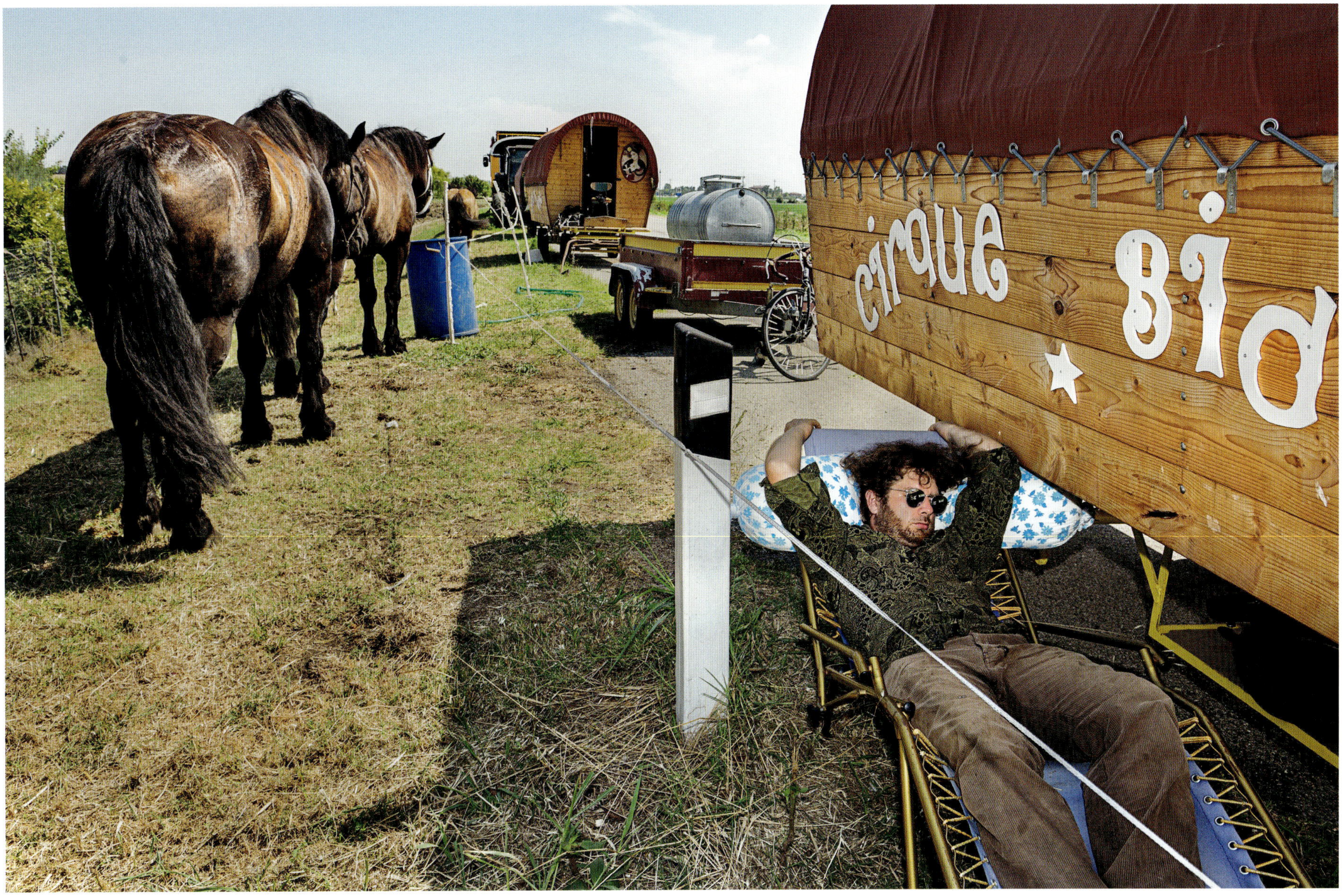

Benjamin ist einer der Musiker und auch der Techniker des Zirkus. Er liegt am Straßenrand und schläft im Schatten eines Wagens. Es ist unerträglich heiß und nach fünf Stunden Fahrt brauchen die Pferde eine Pause. Die Kompanie reist von Ort zu Ort, nie mehr als dreißig Kilometer am Tag, mit einer Geschwindigkeit von vier Kilometer pro Stunde.

Renata und Marie kümmern sich auf dem Feld neben dem Zirkus um die Pferde. Die Tiere können sich dort frei bewegen, die beiden jungen Frauen verschwinden fast im hohen Gras.

Die Kompanie des Cirque Bidon arrangiert sich vor einem alten Gemäuer; ein Zirkuskarren, ein Pferd und ein Esel komplettieren das Bild, das wie aus der Zeit gefallen wirkt. ▽▽

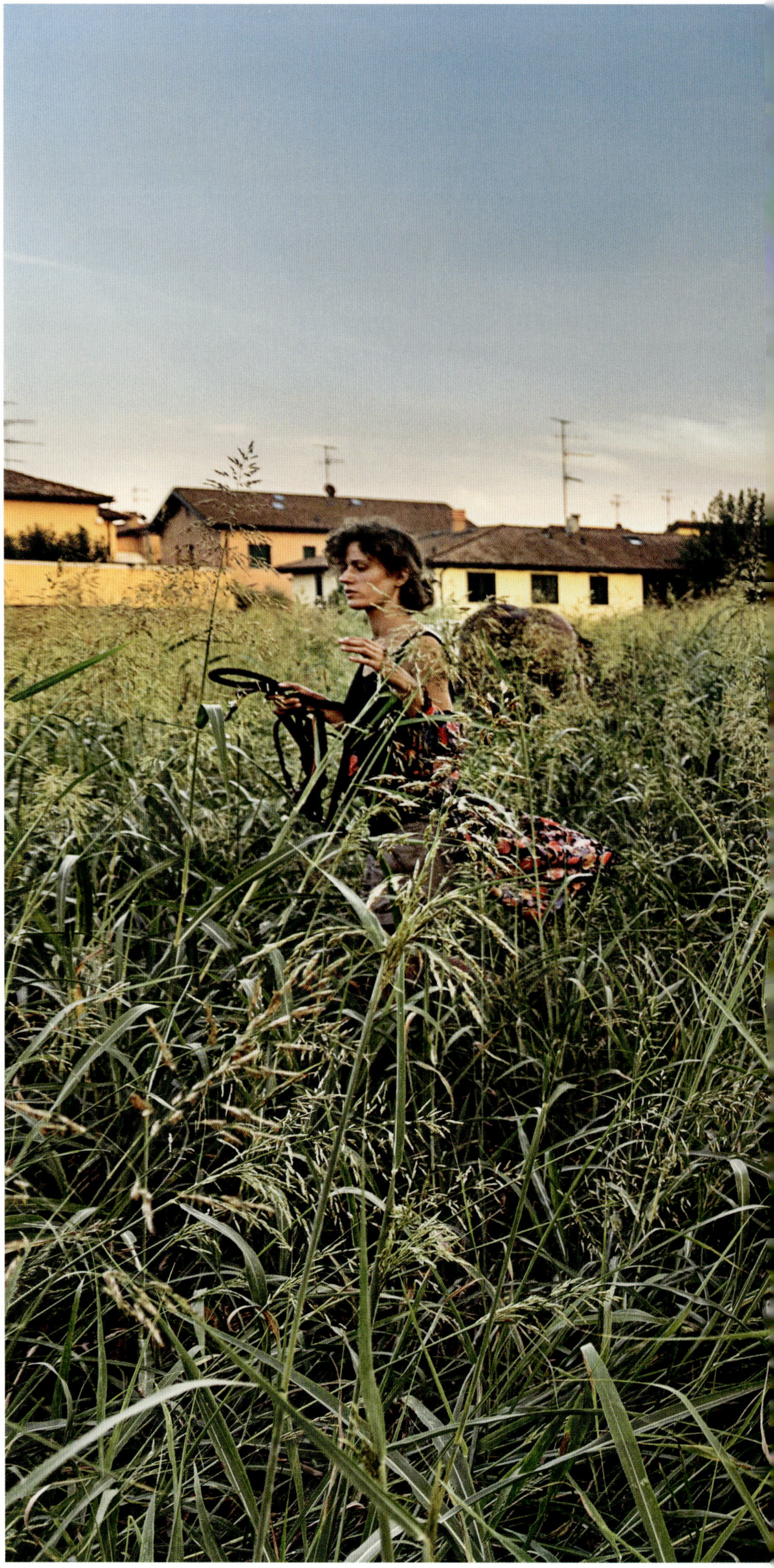

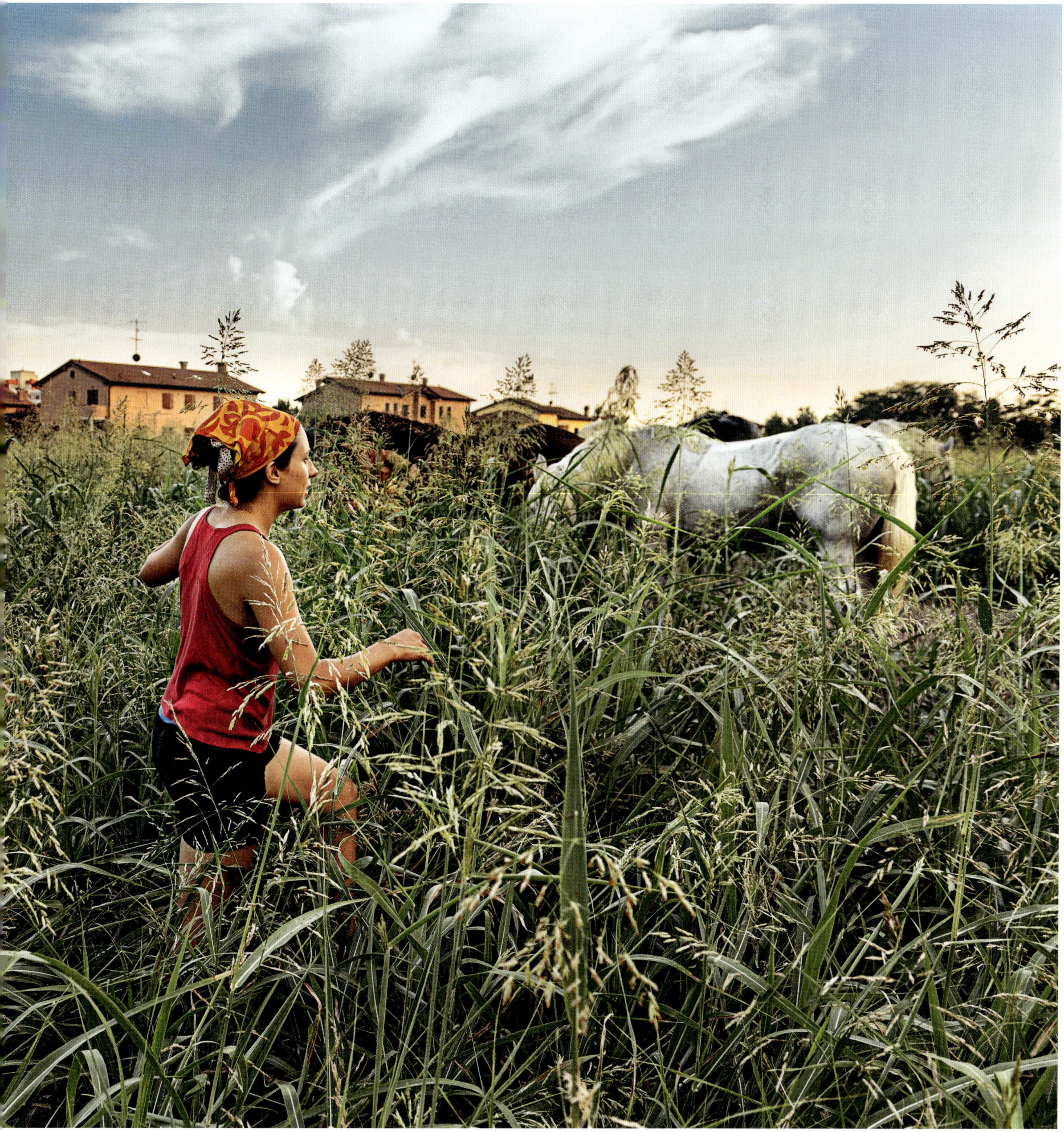

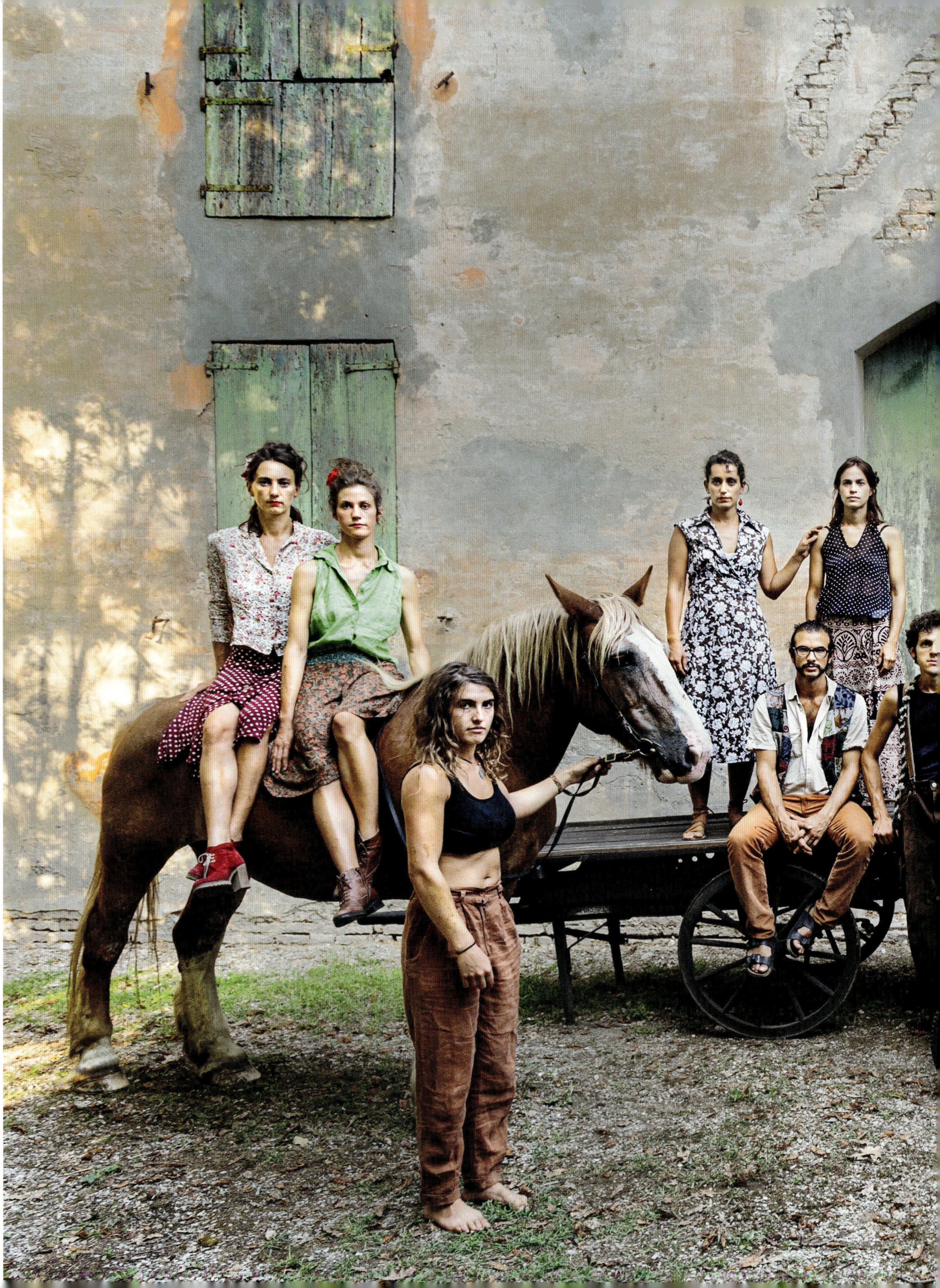

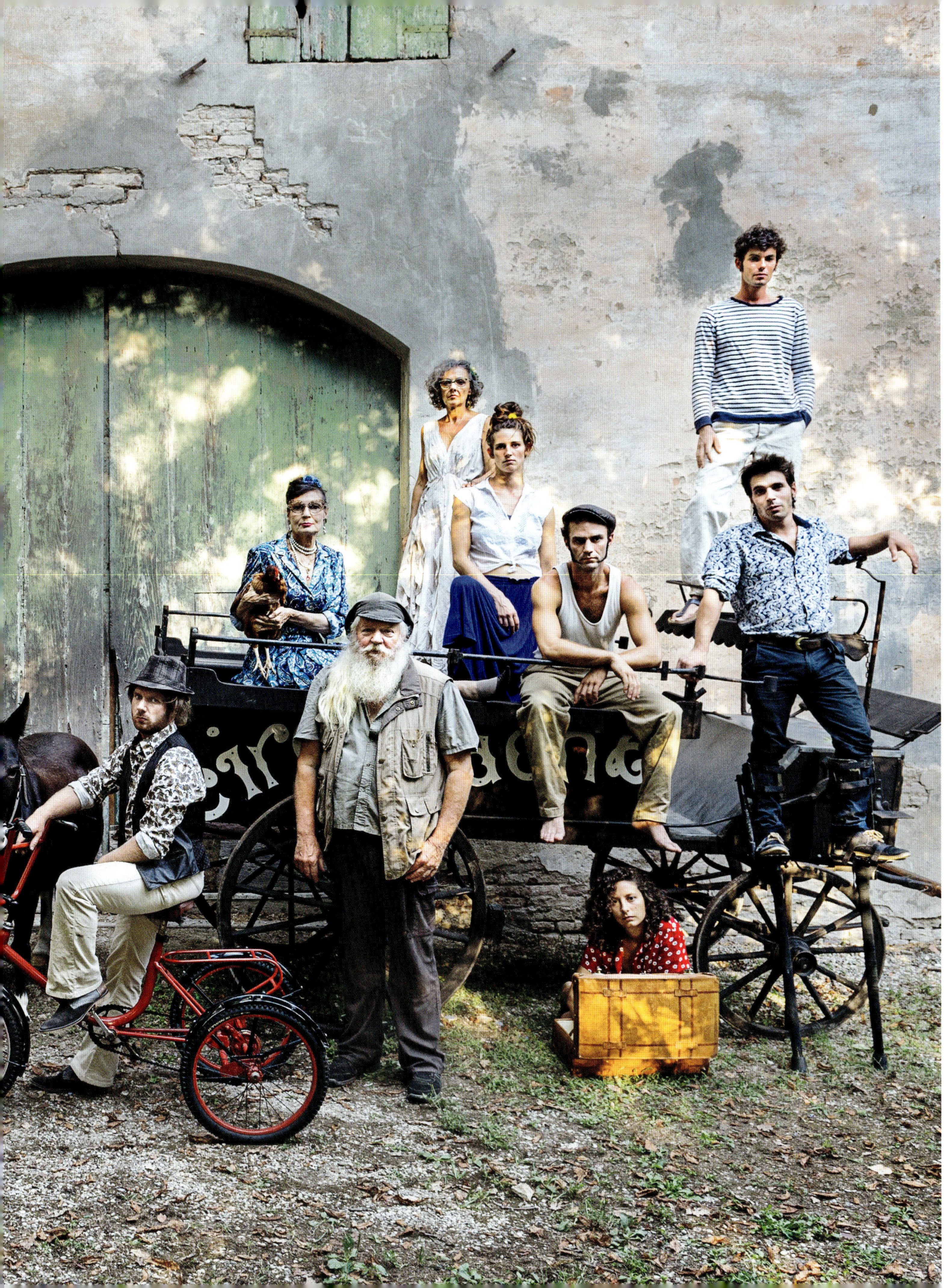

Camille ist Akrobatin im Cirque Bidon. Sie trainiert, wo immer es möglich ist, hier im Wald im Geäst der Bäume. Sie ist im vierten Monat schwanger, was sie aber nicht davon abhält, ihren Zirkusalltag weiterzuleben und in jeder Show mit der gleichen Leichtigkeit und Grazie aufzutreten wie bisher.

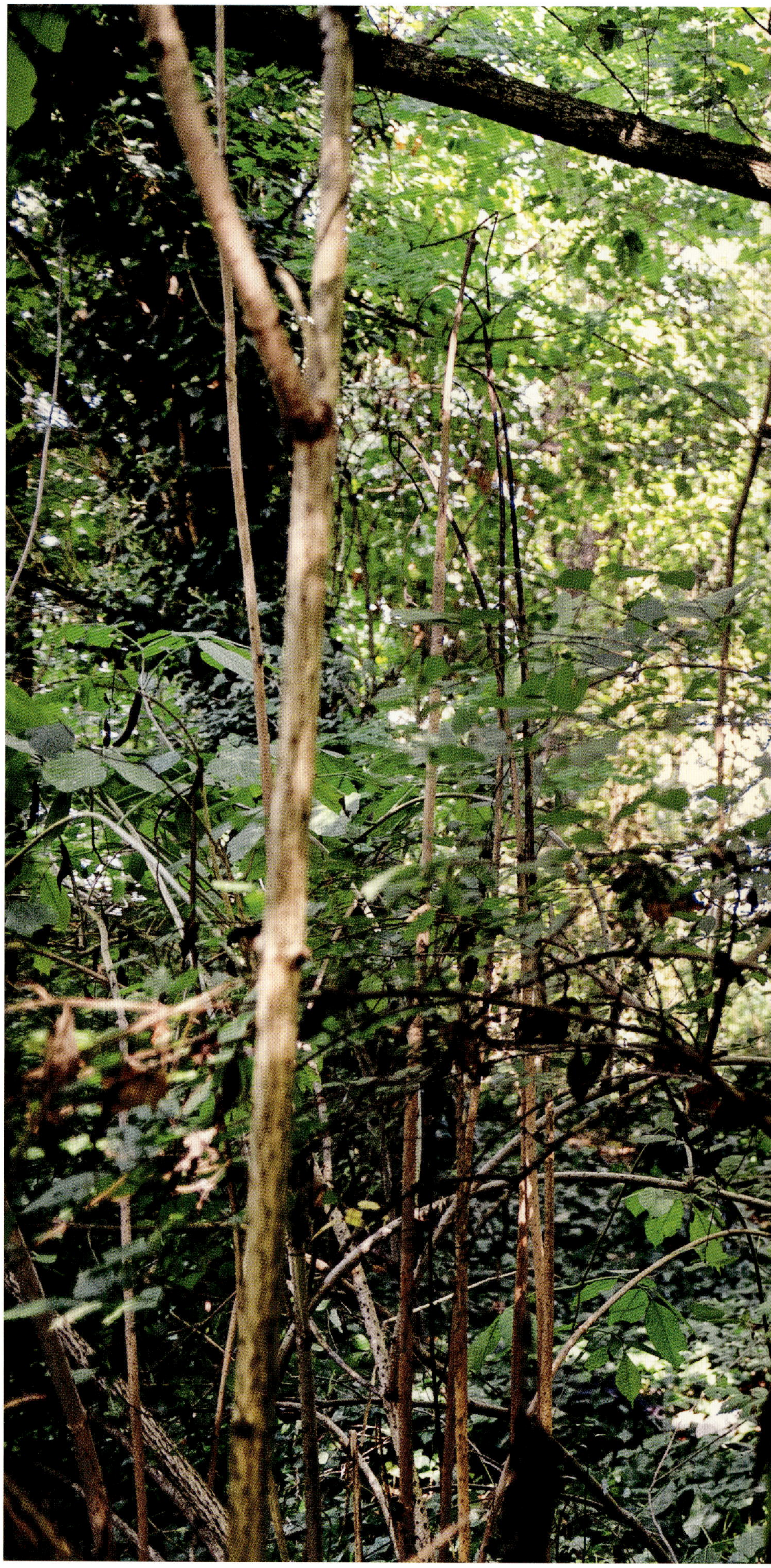

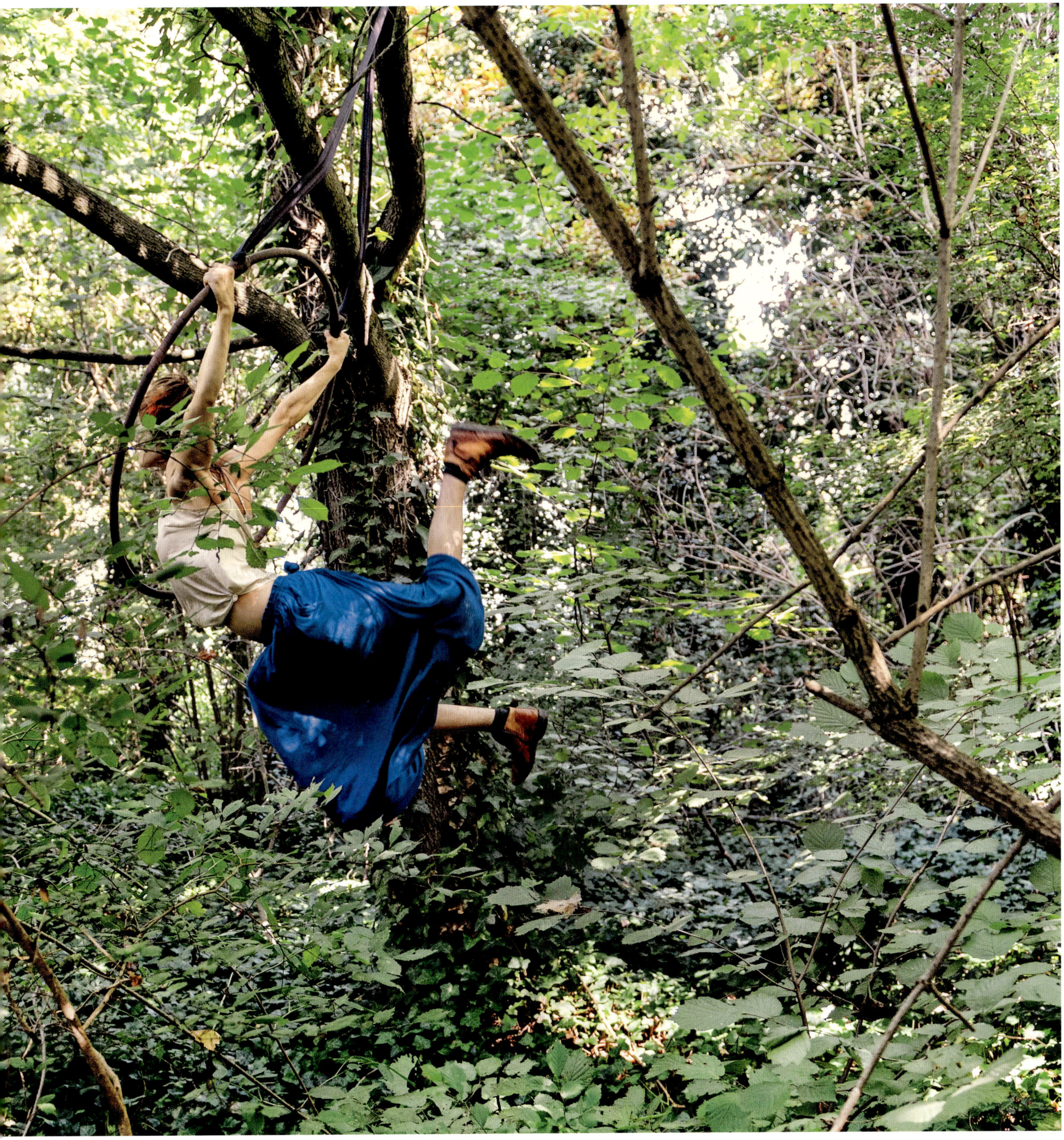

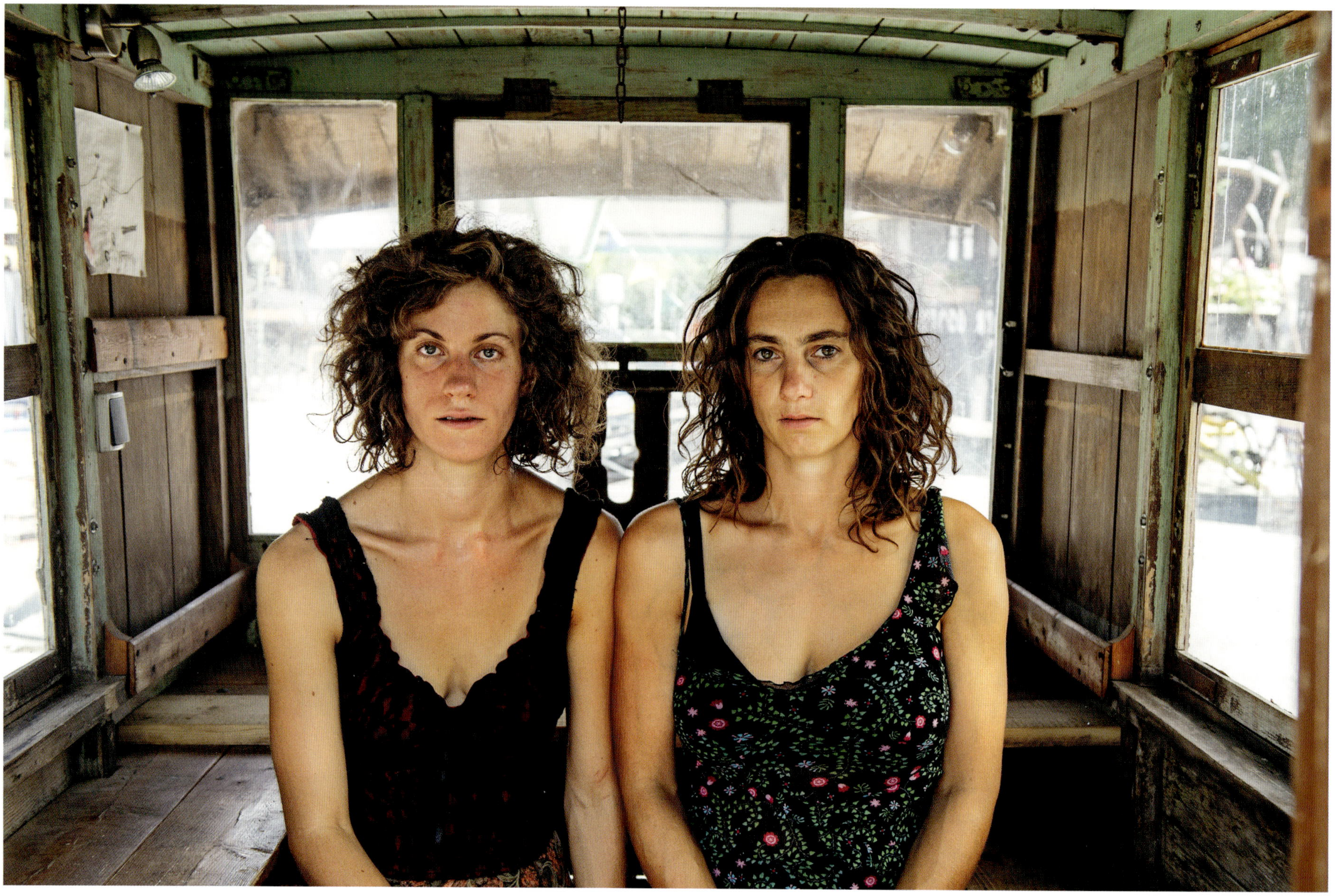

Marie und Manon nebeneinander in einem Wohnwagen, die Holzwände rahmen sie ein wie ein Bild.

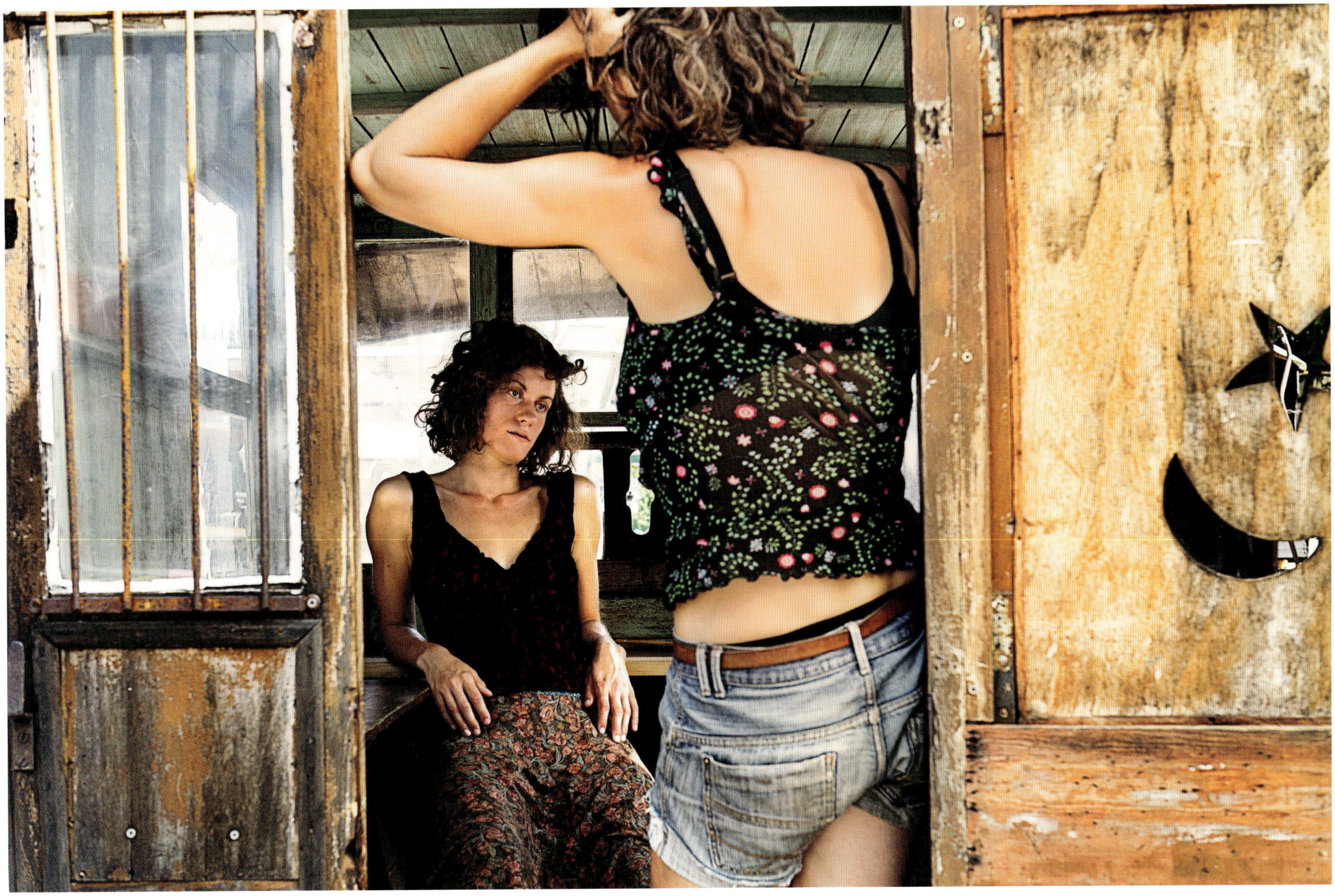

Marie und Manon plaudern im Wohnwagen, sie nutzen die ruhigen Momente, um sich auszutauschen. Der Wohnwagen ist ein Rückzugsort, um sich nach der Vorstellung zu entspannen. Dort findet aber auch der Alltag statt, Essen, Schlafen, Intimität und Leidenschaft.

Die Akteure des Cirque Bidon proben, bevor es auf die Bühne geht: Musik, Jonglage, Äquilibristik auf einem mobilen Podium, das nach der Vorstellung ab- und am nächsten Auftrittsort wieder aufgebaut wird.

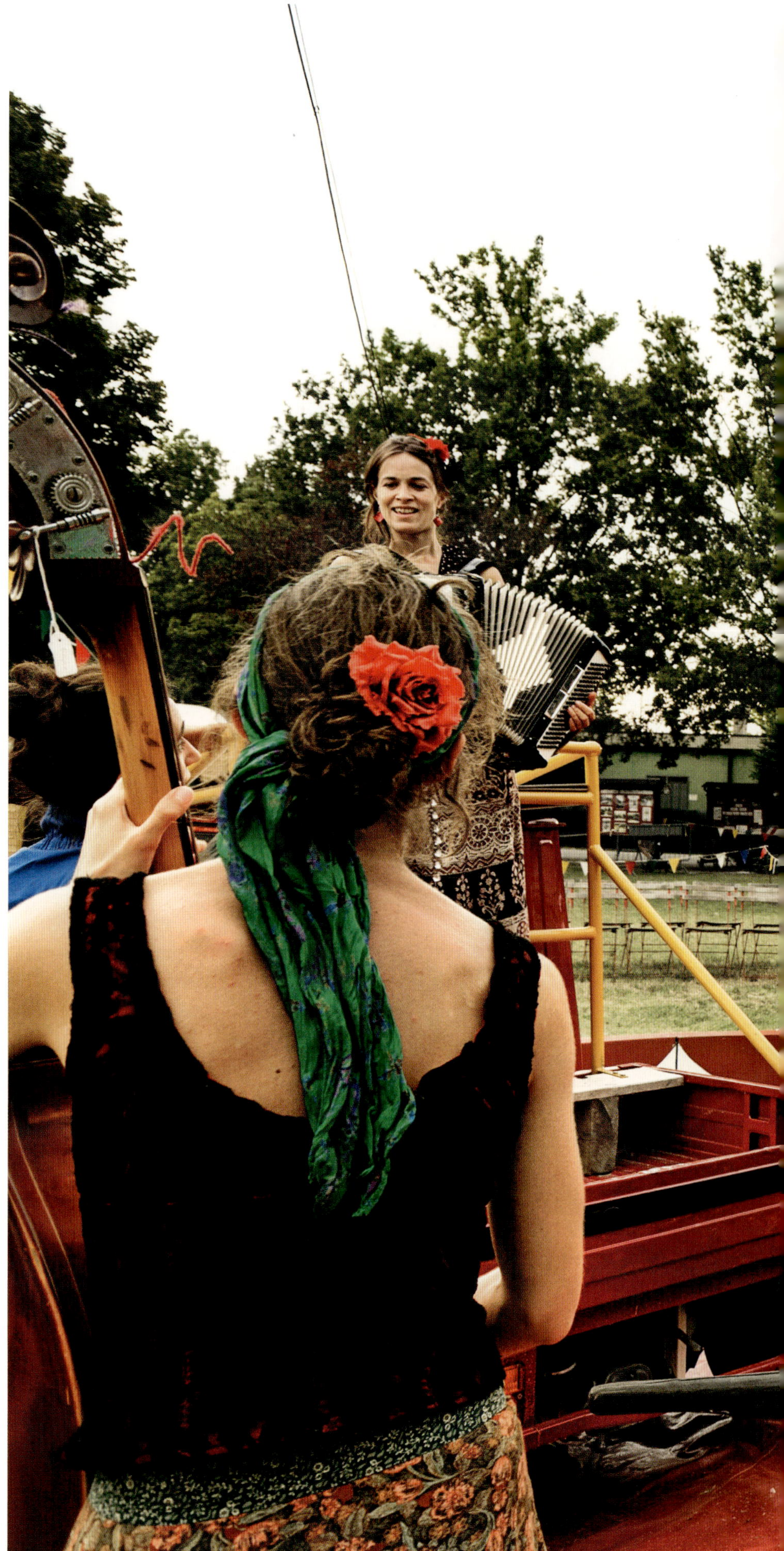

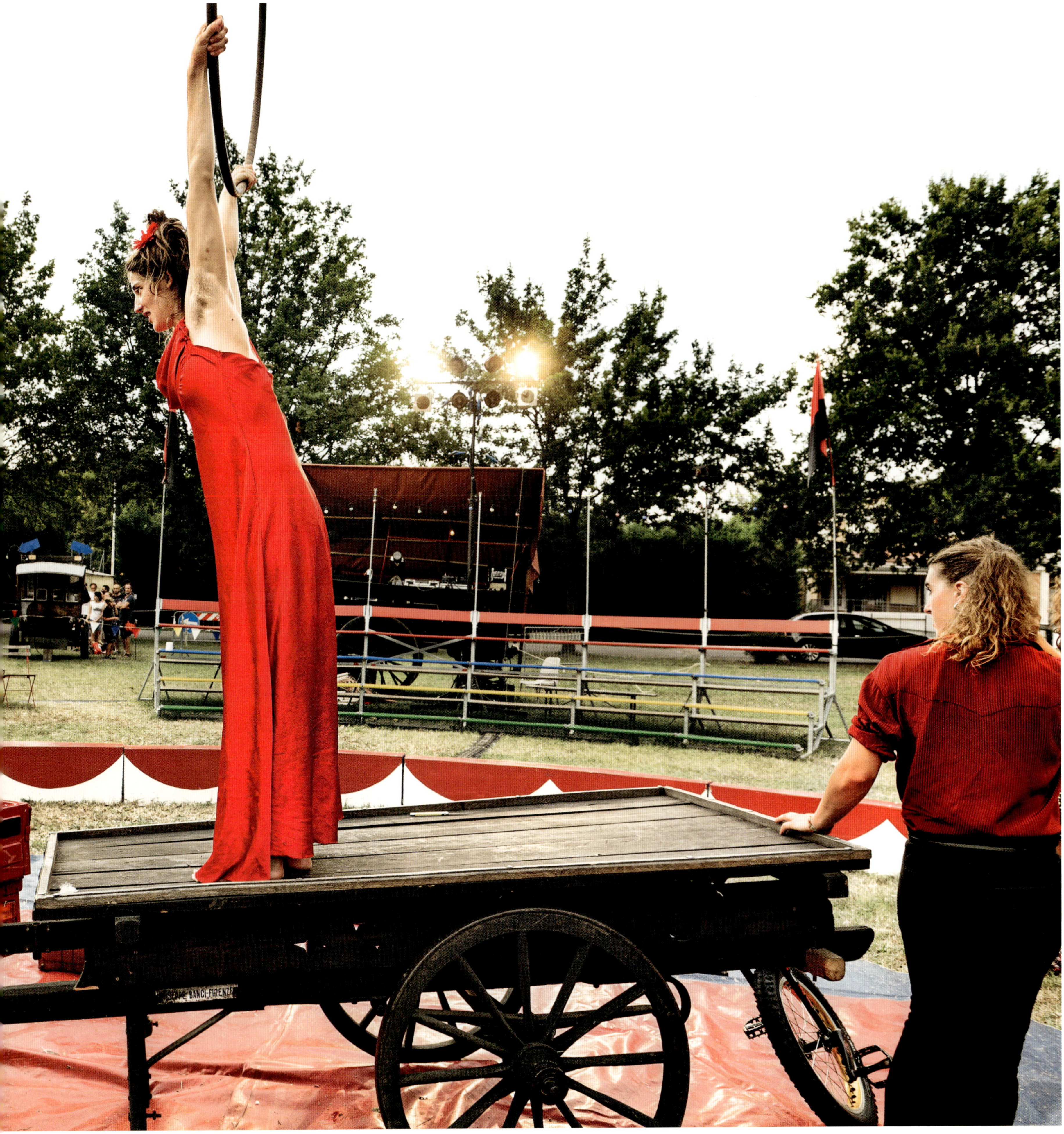
BANCI-FIRENZE

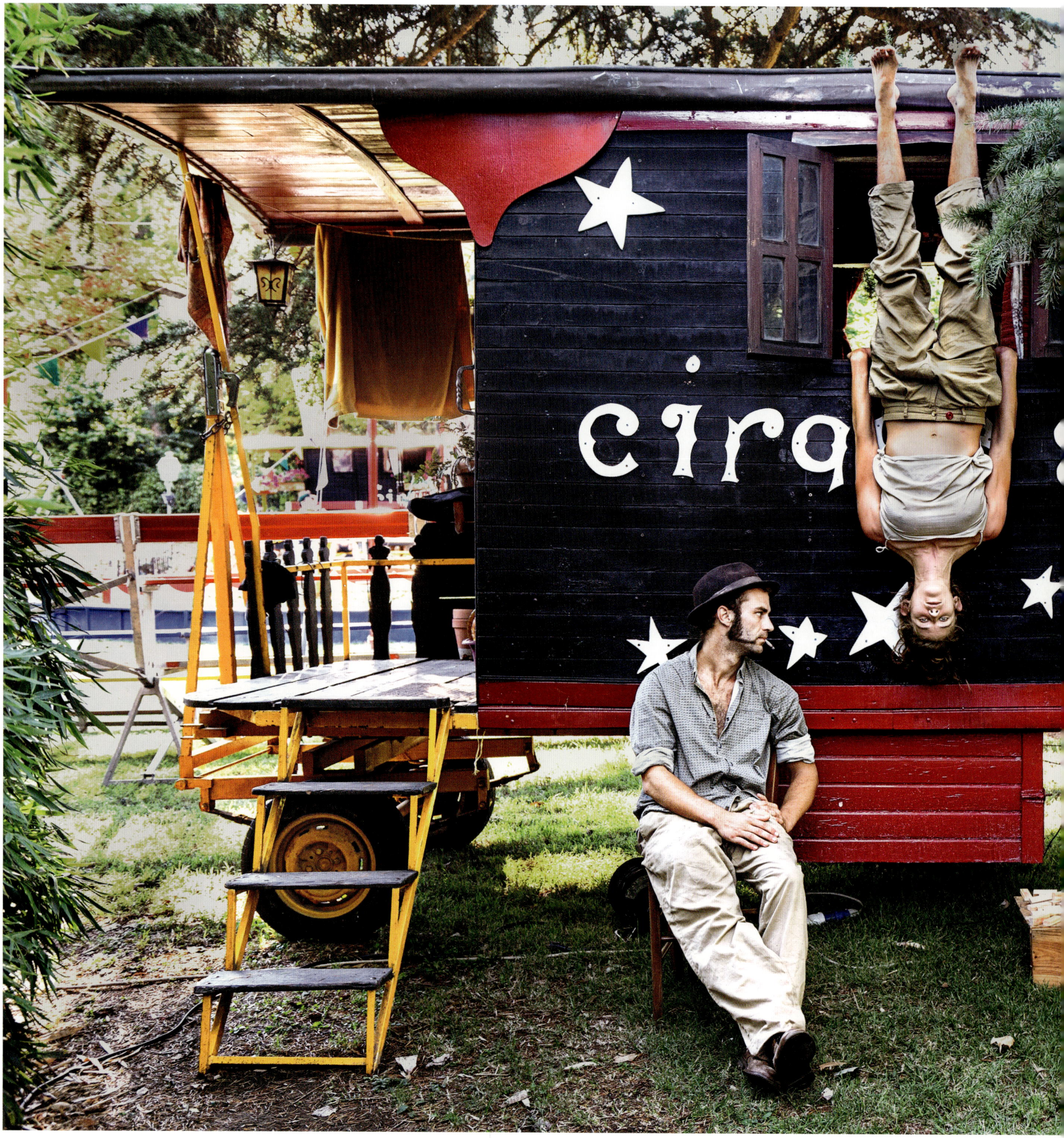

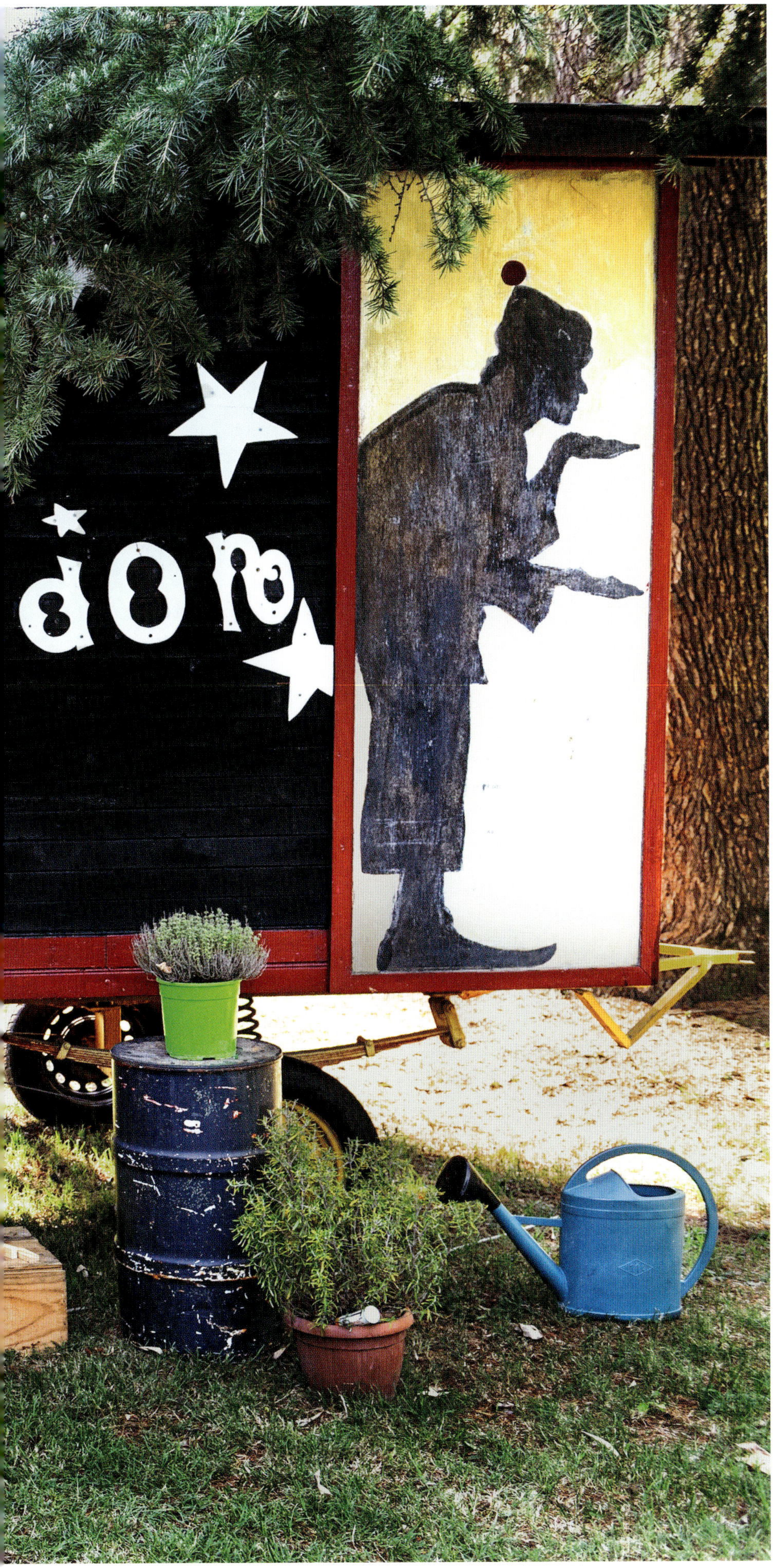

Die beiden Künstler Leo und Camille sind ein Paar. Camille ist im vierten Monat schwanger und hängt kopfüber am Wohnwagen. Leo sitzt rauchend auf einem Hocker und schaut sie an.

»WIR REISEN VON EINEM ORT ZUM ANDEREN,
OHNE FLIESSENDES WASSER, OHNE STROM,
NUR MIT EINER PETROLEUMLAMPE.
WIR BENUTZEN KEINERLEI VERSTÄRKER,
BEI UNS IST ALLES LIVE.«

François Rauline

★

Ugo und Anais posieren vor ihrem Wagen, in einem Arrangement aus lackiertem Holz, bunten Fähnchen und Blumentöpfen. Kaum zu glauben, dass wir uns in der Gegenwart befinden, nicht weit entfernt von Hektik und Verkehrsgewühl.

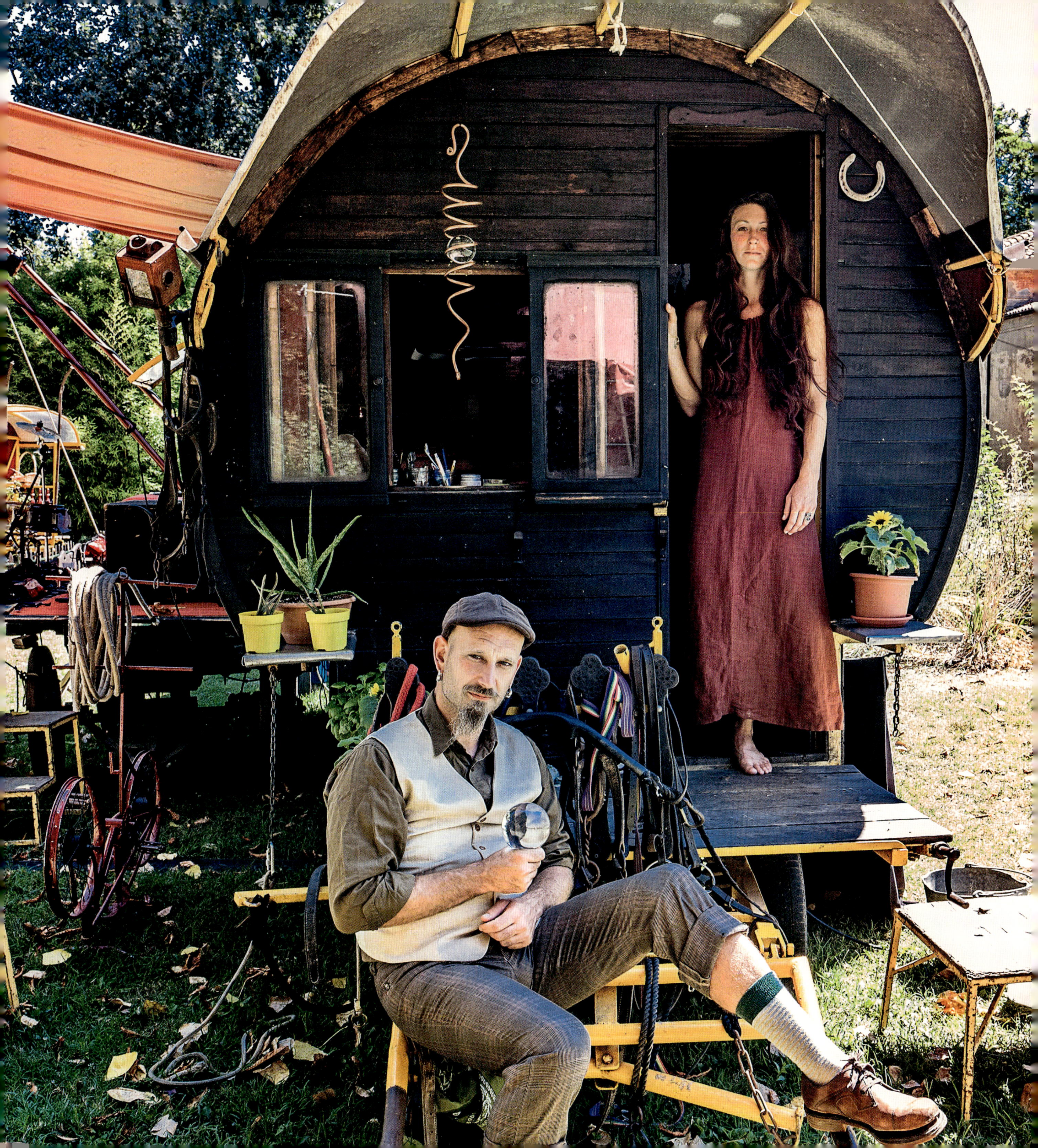

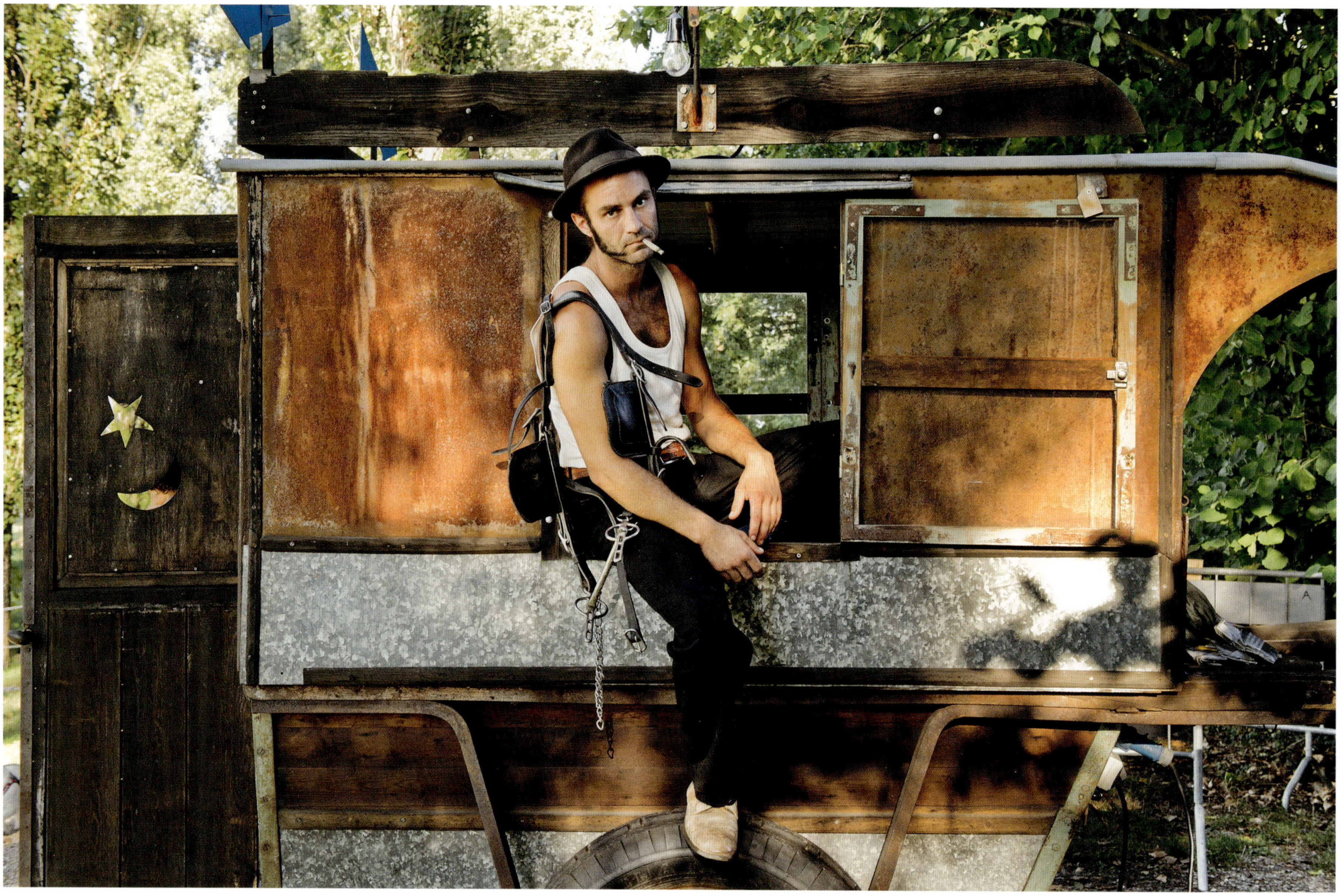

Leo, rittlings auf dem Fensterbrett seines Wohnwagens. Der Franzose ist seit zehn Jahren beim Cirque Bidon. Er wird ihn einmal von seinem Lehrmeister, Zirkusgründer François übernehmen, wenn dieser bereit ist, sein Lebenswerk an eine neue Generation weiterzugeben, die den ursprünglichen Geist des Zirkus bewahren will.

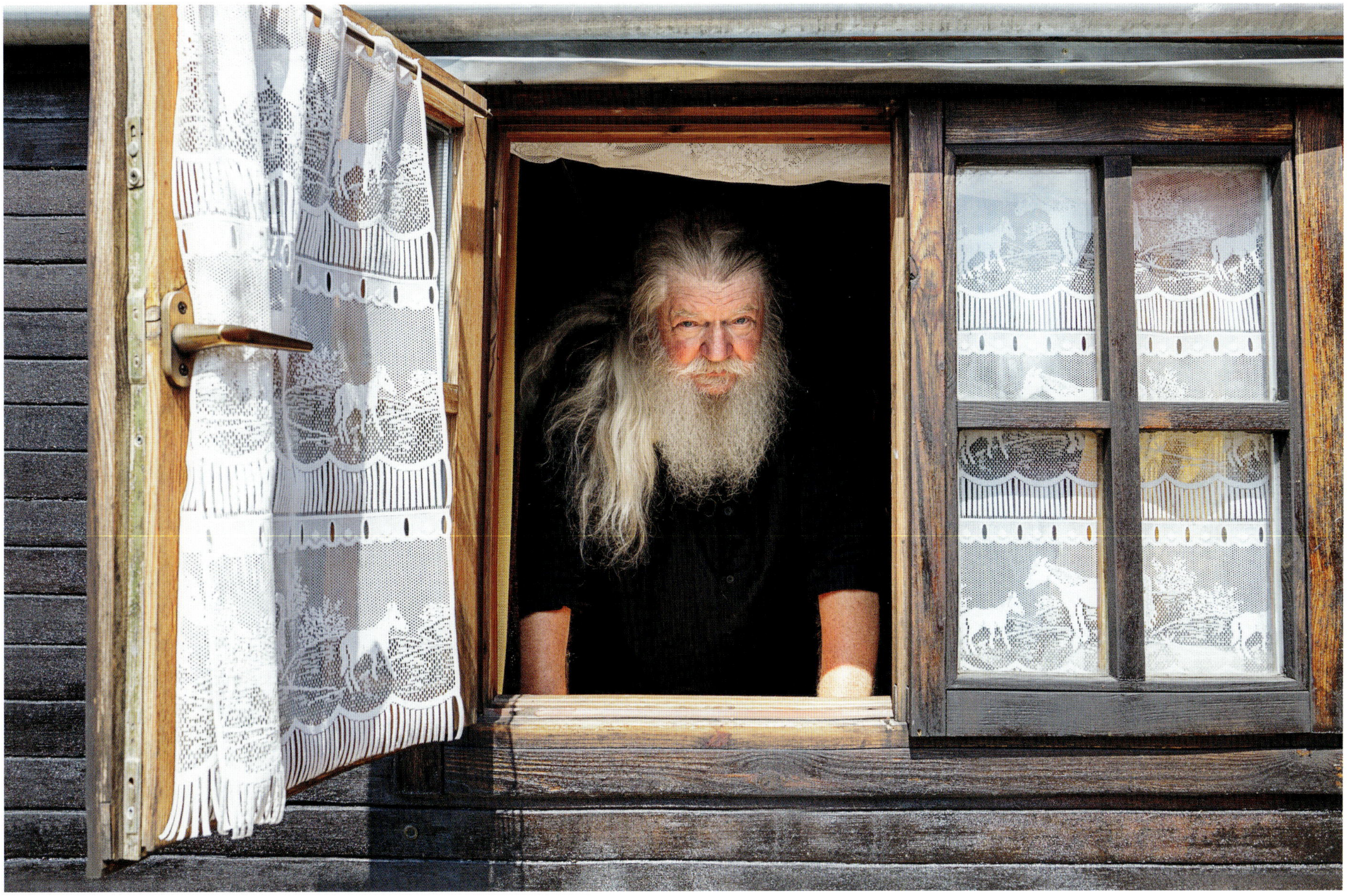

François Rauline, der Gründer des Cirque Bidon im Fenster seines Wohnwagens. Sein Gesichtsausdruck ist streng, aber freundlich, er wirkt wie ein Relikt aus längst vergangener Zeit. Vielleicht stimmt das ja sogar, denn schon 1968 hat er seine Arbeit als Schmied aufgegeben und lebt seither seinen Traum nach Freiheit und Ungezwungenheit.

Die Kompanie posiert im Grünen während einer Probe.
Von links: Fan Fan, Enrico, Meal und Marie.

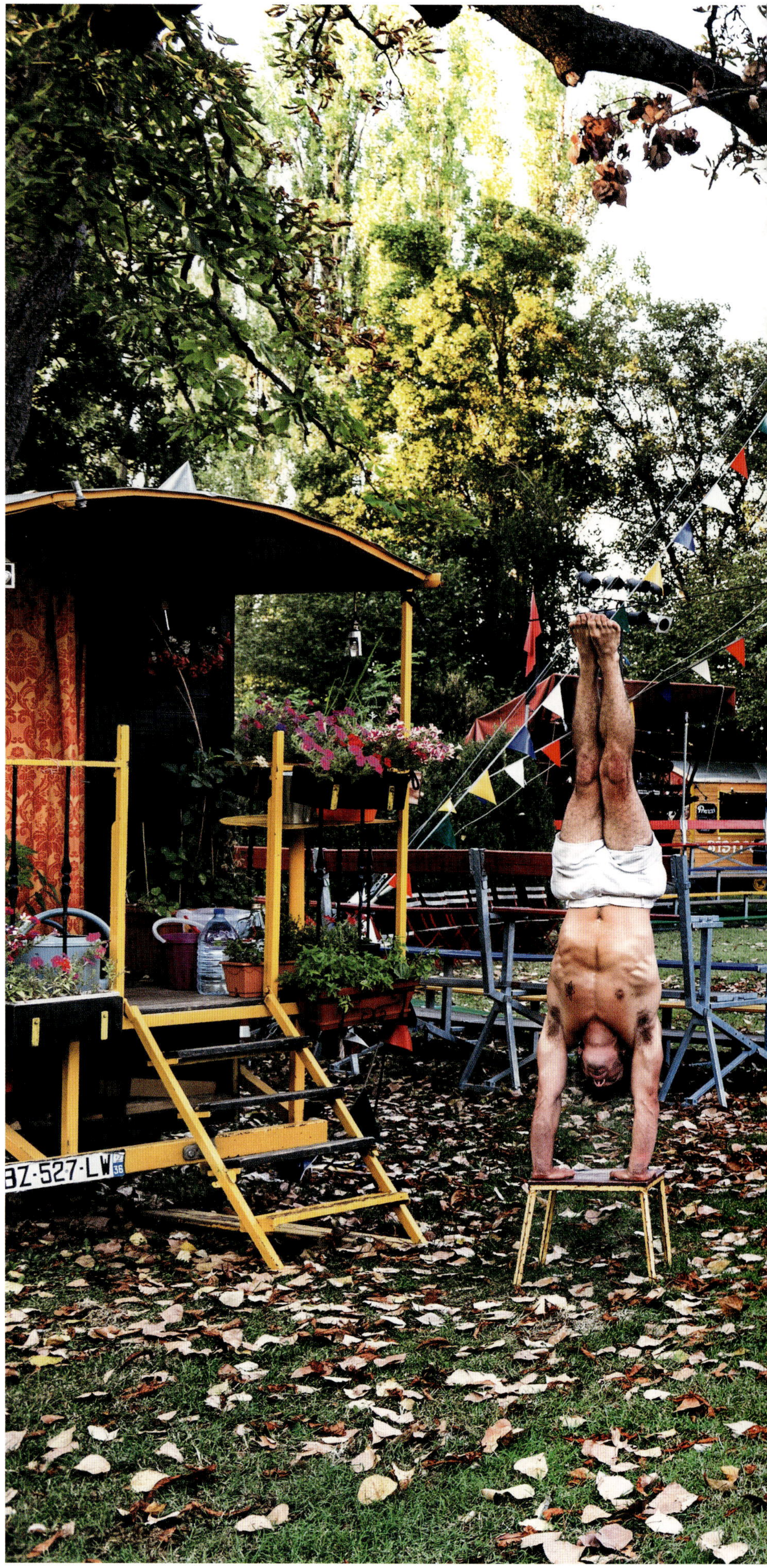

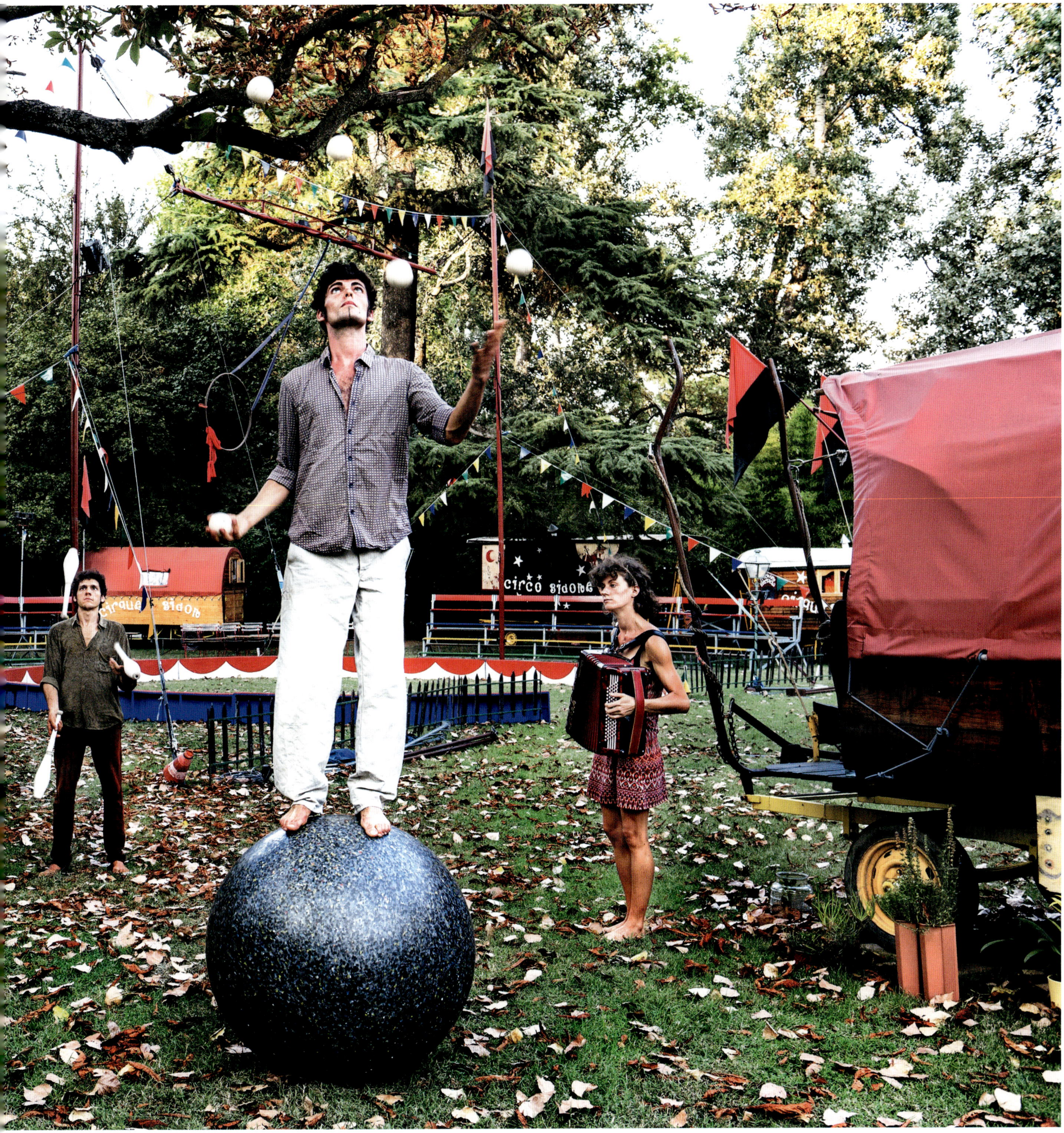
circo sidone

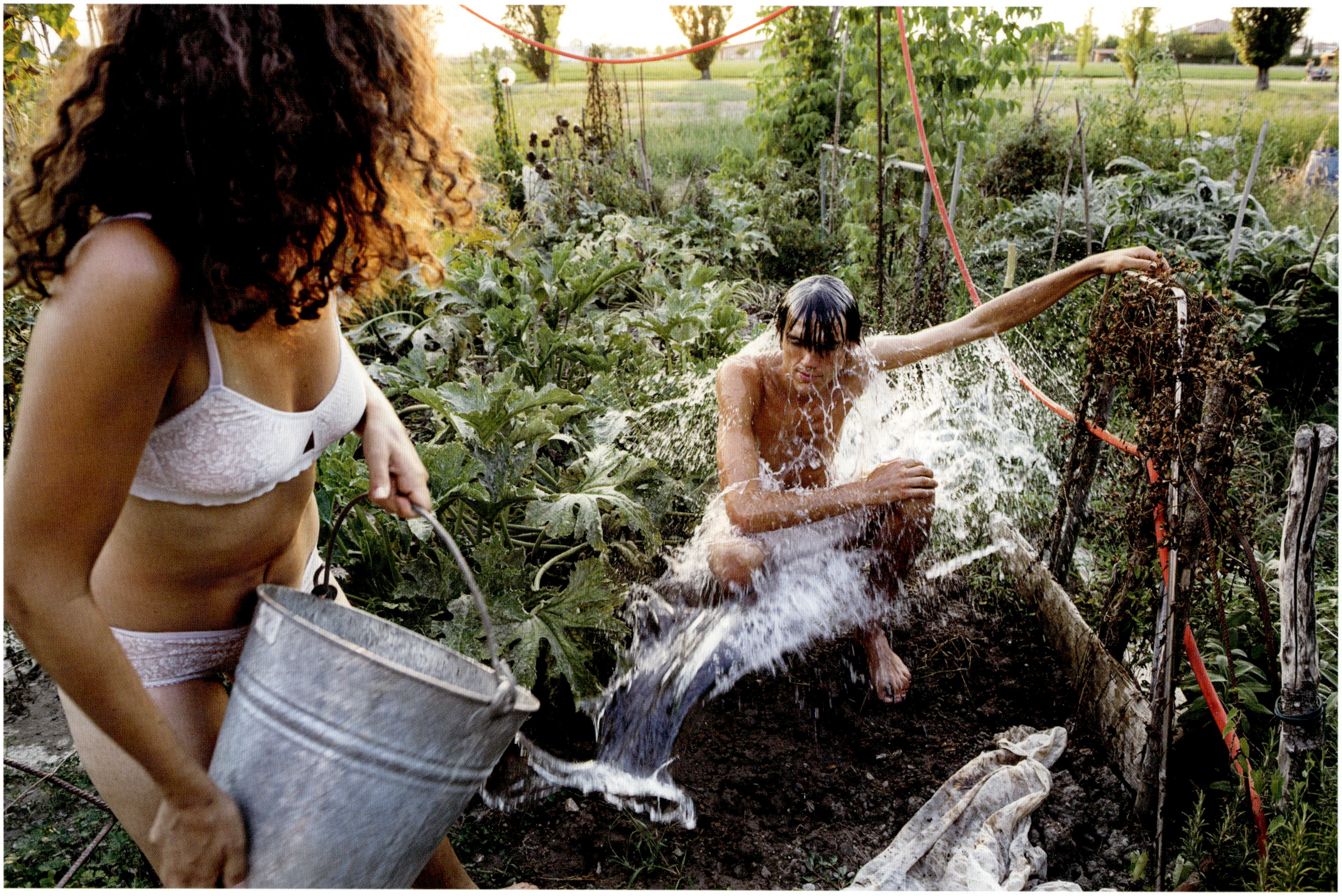

Renata und Enrico sind ein Paar. Enrico ist ein Hauptdarsteller der Show, Renata verkauft Eintrittskarten. Sie schüttet ihm einen Eimer Wasser über, eine willkommene Abkühlung bei der brütenden Hitze.

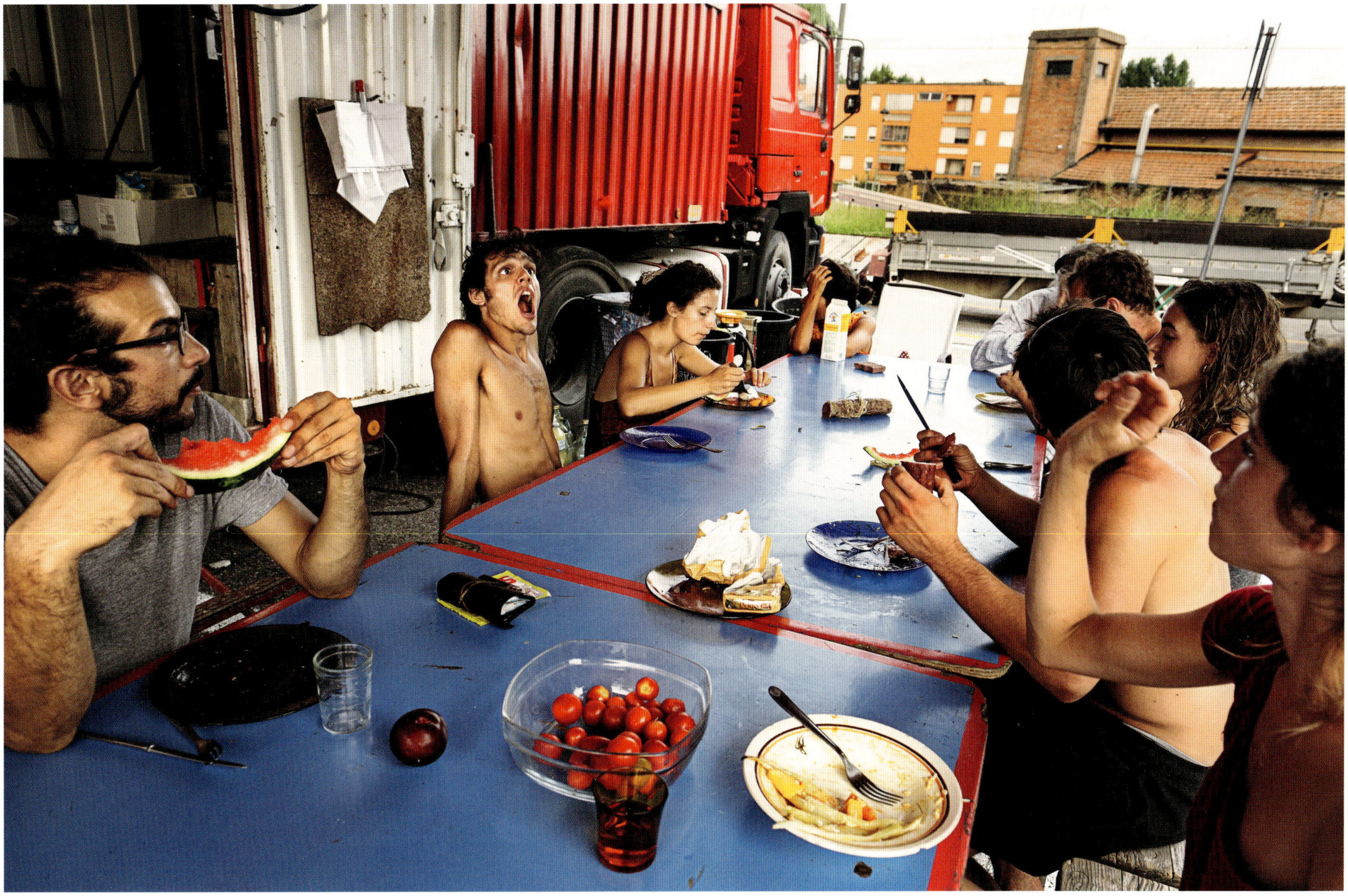

Die Kompanie isst gemeinsam zu Abend, der Tag klingt aus. Ein Bild von Harmonie und Ungezwungenheit. Enrico versucht, eine Tomate aufzufangen, die Camille ihm zugeworfen hat.

François und Fred posieren für ein witziges Foto mit Huhn und Gans. Die Gans gehört nicht zur Vorstellung, sie lebt auf François' Bauernhof in Frankreich, fühlt sich dort aber ohne die Hühner einsam, deshalb kommt sie mit auf Tour. ▽▽

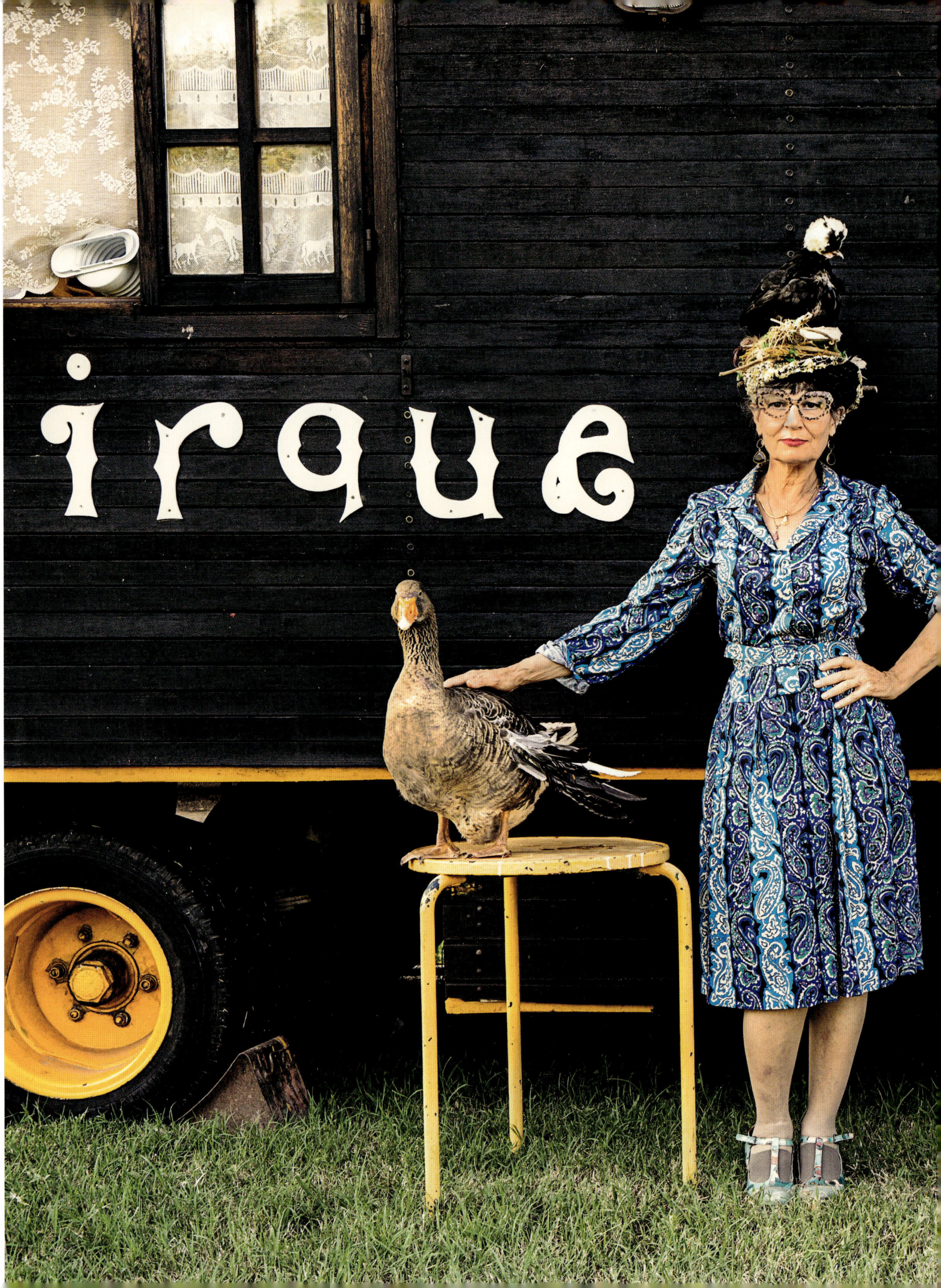
irque

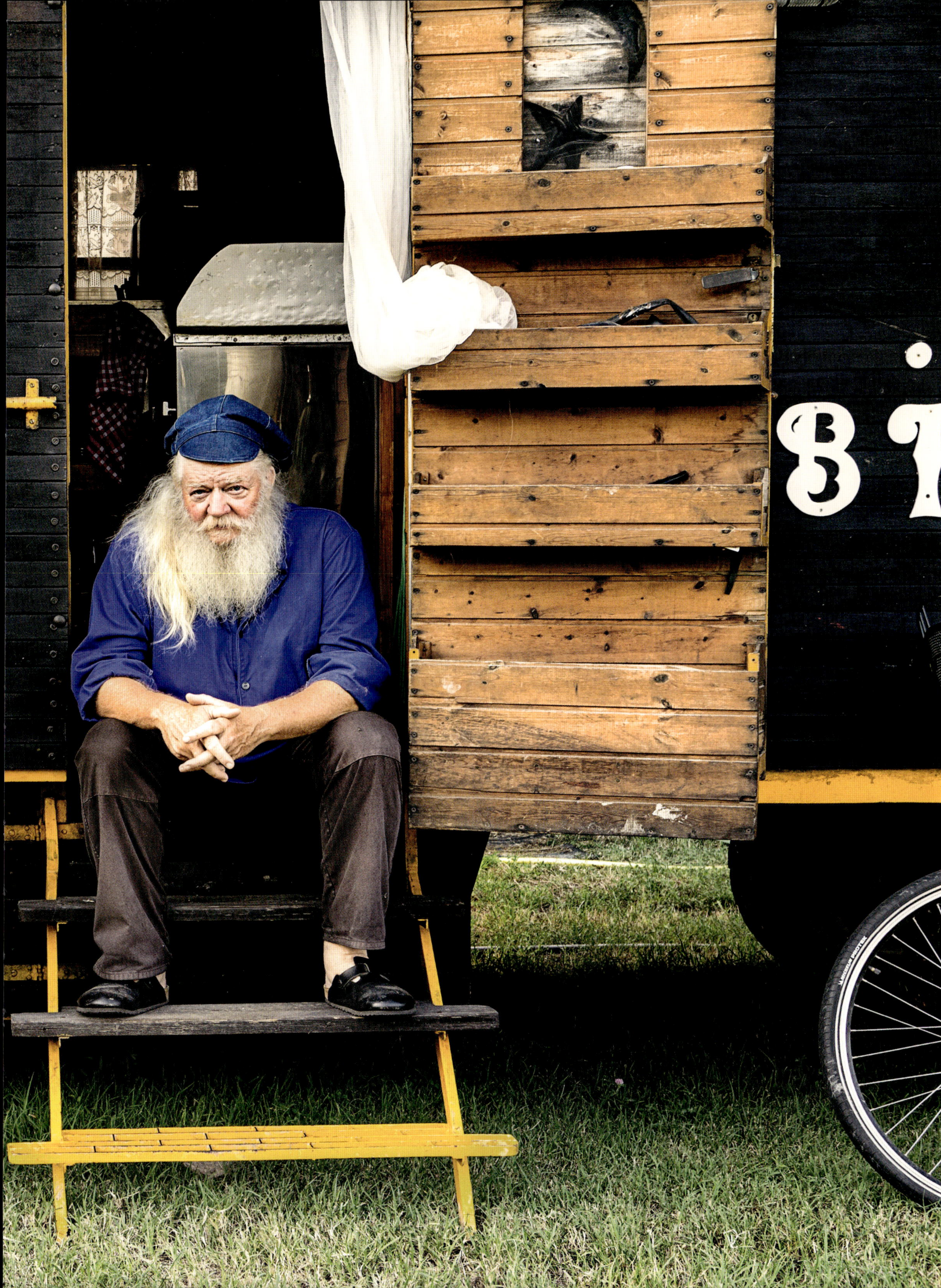

Benjamin raucht gedankenverloren im Backstagebereich eine Zigarette, bevor die Vorstellung beginnt. Es ist dunkel, nur eine Lampe spendet Licht

Camille in der Mitte der Spielfläche bei der Kontrolle der Beleuchtung. Ein Bild der Ruhe, bevor das Spektakel beginnt. Die Bühne wird von den Wagen eingegrenzt, der Bereich dahinter durch einen Vorhang vor neugierigen Blicken geschützt. Die Kompanie gastiert vor dem Bahnhof von Budrio, einem kleinen Ort in Norditalien, wo sie einige Tage bleibt. ▽▽

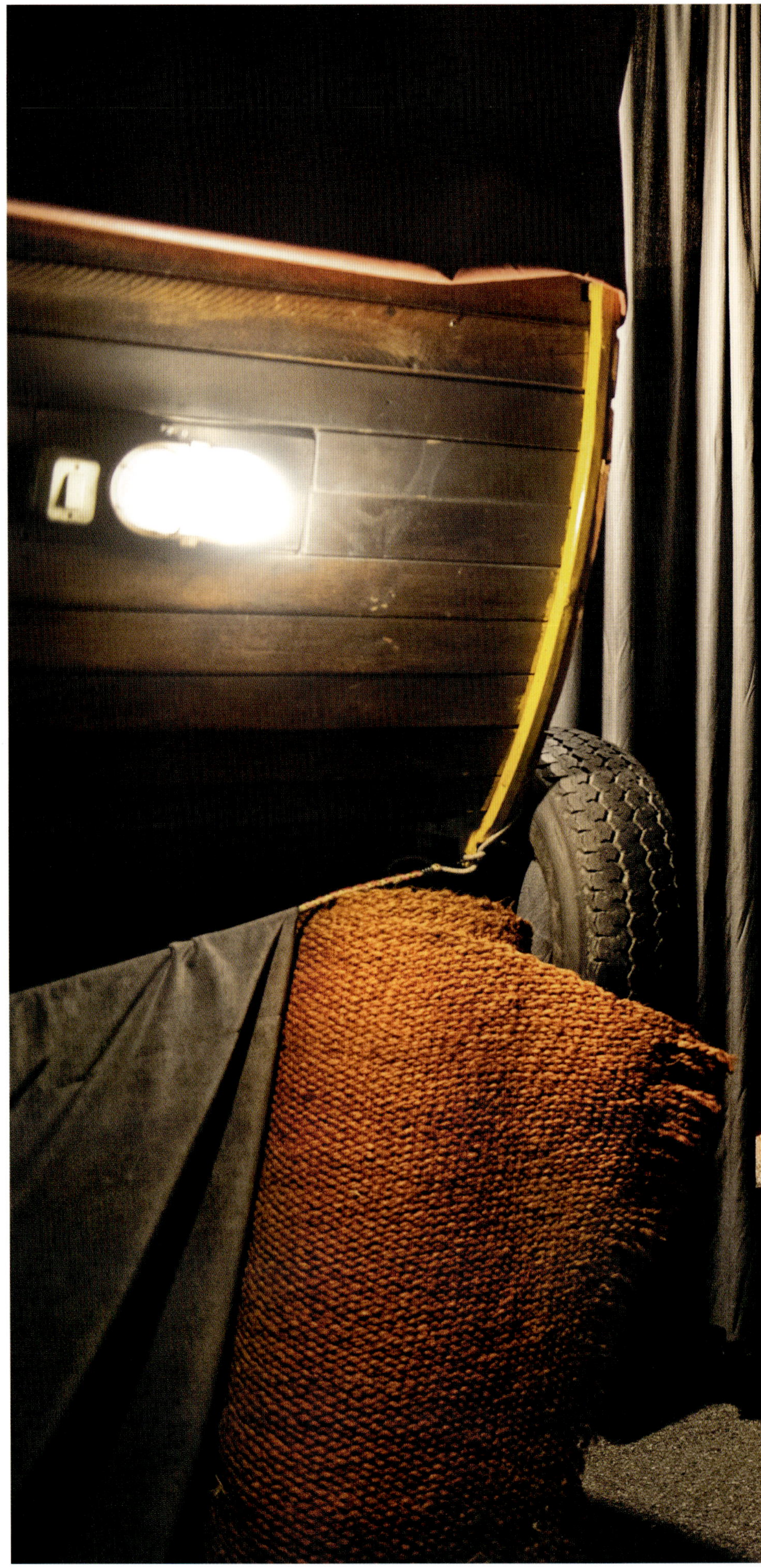

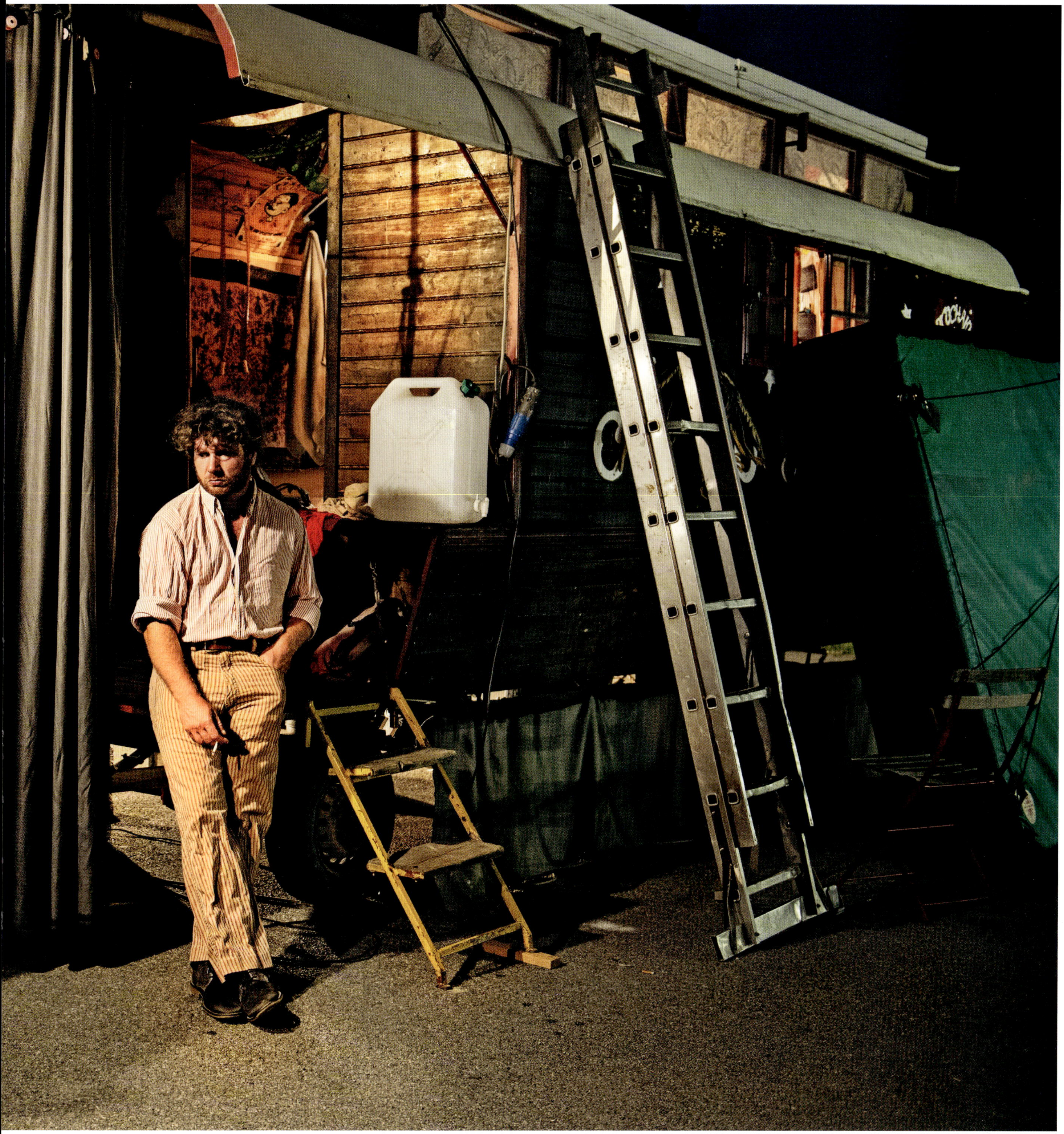

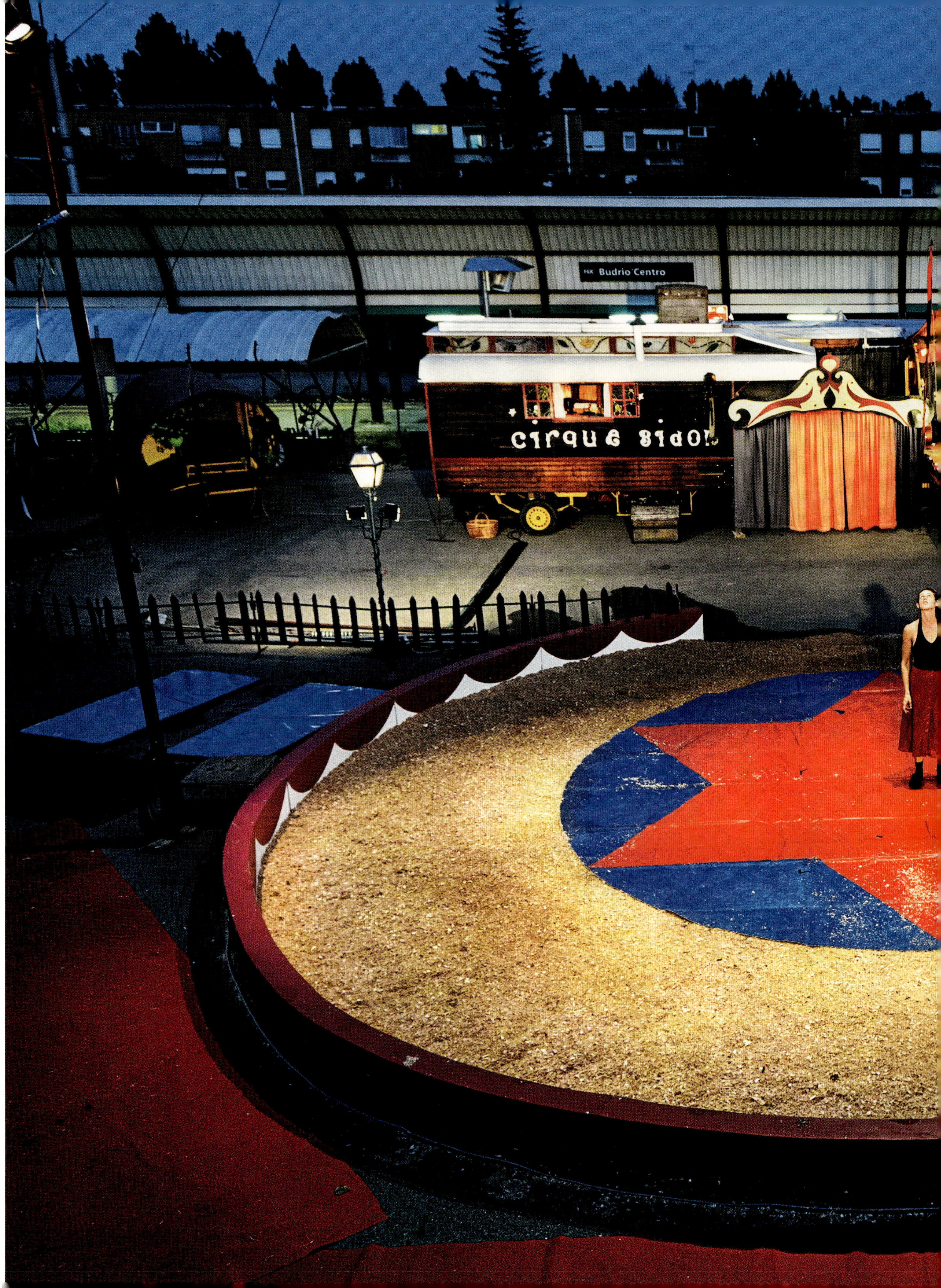
Budrio Centro
cirque bidon

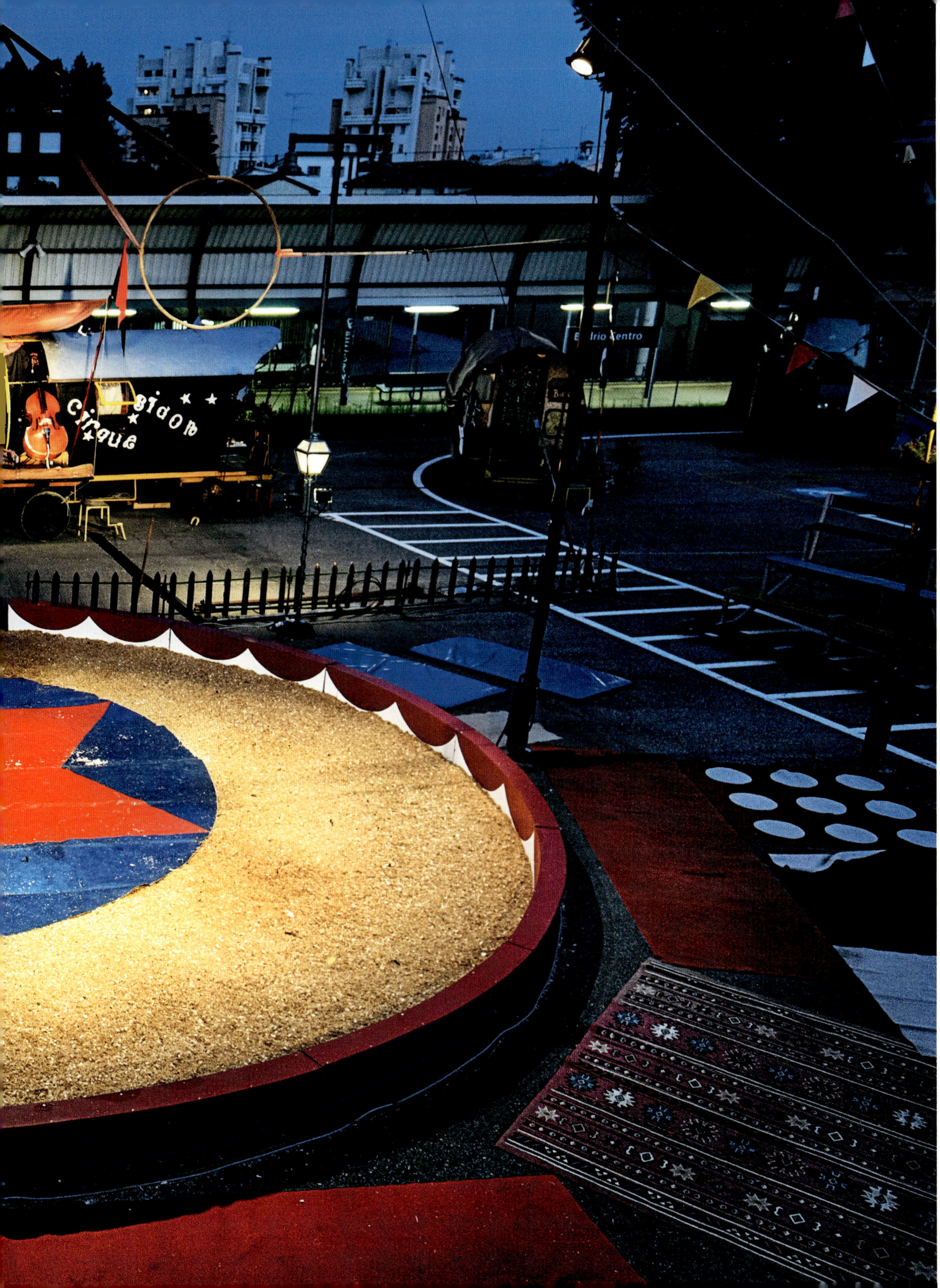
cirque bidon

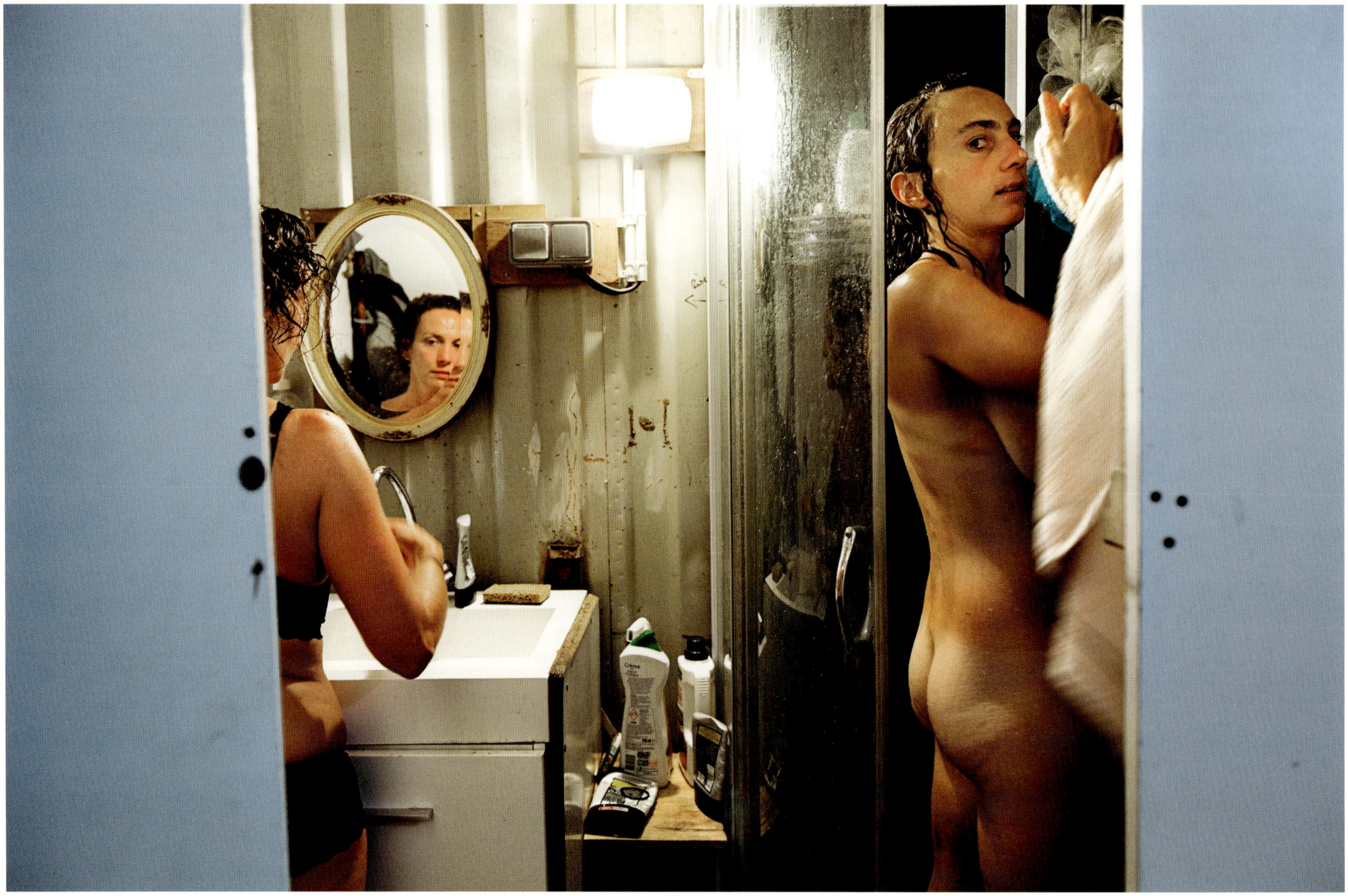

Michela schminkt sich für die Vorstellung, Manon springt rasch unter die Dusche. Jedes Mitglied der Truppe muss mit zwei Minuten fließend warmem Wasser auskommen.

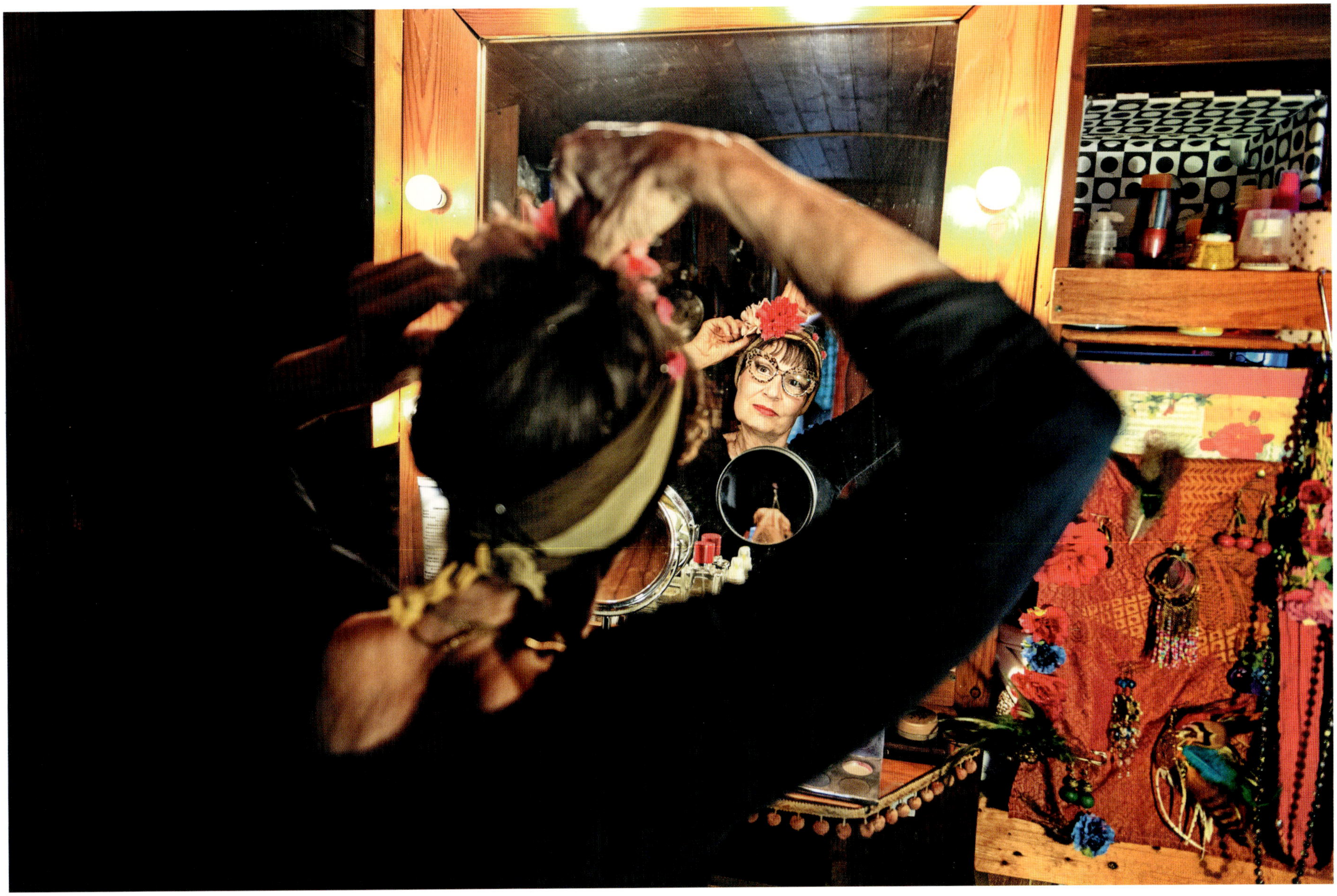

Fred spielt die Hauptrolle. Vor dem Spiegel im Wohnwagen bereitet sie sich auf den Auftritt vor. Besondere Sorgfalt verwendet sie auf ihre Frisur, für die Show braucht sie eine Menge bunter Accessoires.

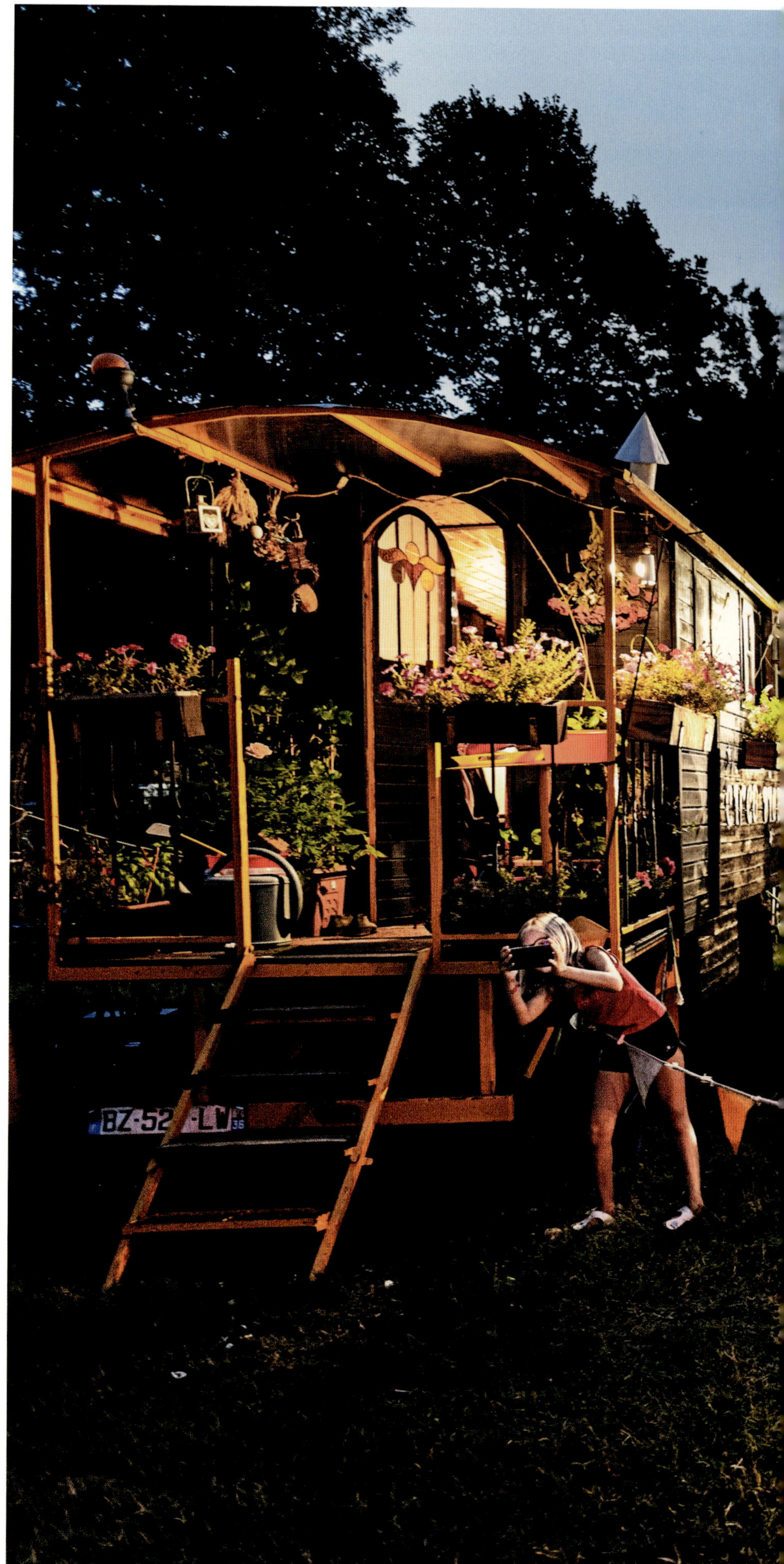

Das Publikum wartet voller Spannung auf den Beginn der Vorstellung, die Kinder sitzen dicht gedrängt am Boden. Im Cirque Bidon ersetzt der Abendhimmel die Zirkuskuppel, ein beleuchtetes Stück Wiese die Manege.

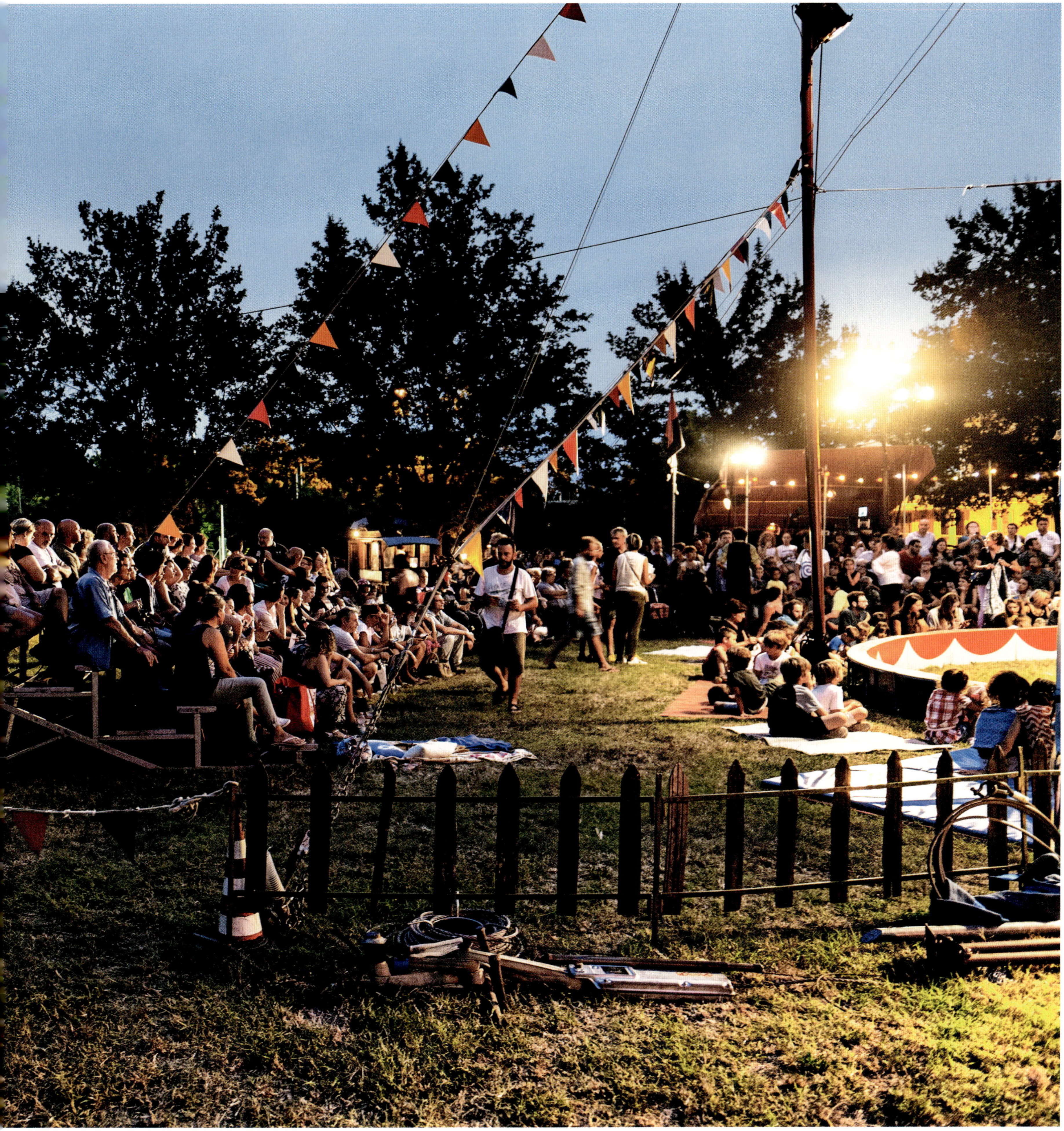

GIROVAGO E RONDELLA – TEATRI MOBILI

★

EIN ALTER LINIENBUS UND EIN LASTWAGEN
SIND FORTBEWEGUNGSMITTEL,
ZUHAUSE UND MOBILE BÜHNE
FÜR DAS ENSEMBLE VON
GIROVAGO E RONDELLA UND TEATRI MOBILI.

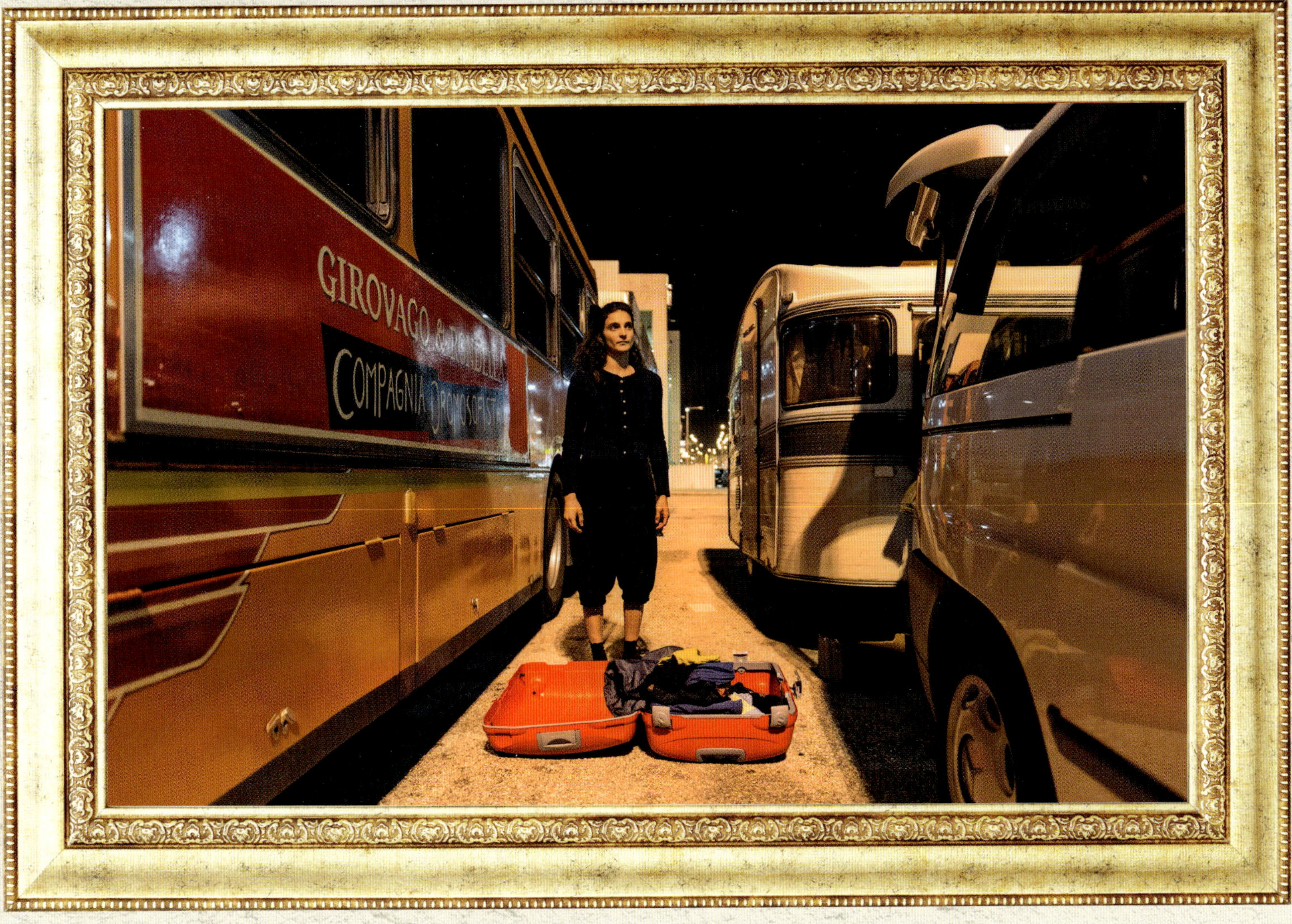
GIROVAGO
COMPAGNIA

MAGIE IM LINIENBUS

Willkommen im »Magic Bus« von Girovago e Rondella, in dem die Macht der Fantasie alle Grenzen des Alltäglichen überwindet. Einen solch »magischen Bus« hat man nie zuvor gesehen: »Kauft eine Karte für das größte Marionettentheater aller Zeiten!«

★

Es ist kein Bus wie jeder andere, der uns von einem Ort zum anderen bringt auf Straßen, die wir so oft gefahren sind, dass wir sie nicht mehr richtig wahrnehmen. Der »Magic Bus« lädt uns ein zu einer schier unfassbaren Traumreise, die es so nicht noch einmal gibt. Das Abenteuer begann vor mehr als dreißig Jahren, als Marco und Federica sich ineinander verliebten und aufbrachen, ihren Traum von Freiheit und einer ansteckenden Poesie für die Seele in einem mobilen Theater umzusetzen.

Marco stammt aus Mailand, Federica aus Rom. Kennengelernt haben sie sich 1987 auf der Insel Rhodos in Griechenland. Er besuchte dort einen Schauspielkurs, sie die Kunstakademie. Es war ein zufälliges Aufeinandertreffen zweier rebellischer Geister, der Beginn einer Seelenverwandtschaft und großen Liebe, die in eine Reise ohne Ende mündete. Sie kauften sich ein Segelschiff, auf dem auch ihre Aufführungen stattfanden und kreuzten in den Küstengewässern zwischen Griechenland und der Türkei. Das Schiff war ihr schwimmendes Theater fernab jeder städtischen Alltagshektik; das Meer die Kulisse, das Klatschen der Wellen und das Heulen des Windes die Musik.

Doch die Geburt ihrer Kinder Tommaso, Rugiada und Timoteo änderte alles: Sie kehrten aufs Festland zurück und begannen das Projekt Girovago e Rondella, ein Figurentheater, bevölkert von Fantasiewesen in einer bezaubernd schönen Wunderwelt. Leitbild ist das griechische Begriffspaar »Dimiurgia und Lesteria«, »Kreativität und Freiheit«, der Ausdruck spiritueller Grenzenlosigkeit, aus der ihre ureigene Kunstform entspringt, die keinerlei Zwängen unterliegt. Die Expressivität ihrer Ausdrucksformen wuchs Schritt für Schritt, und irgendwann füllten sie einen Zuschauerraum mit hundertzwanzig Plätzen. Werbung machten sie per Fahrrad, mit einem Megafon bewaffnet fuhren sie von Dorf zu Dorf. Nach ihrer Rückkehr nahmen sie in Italien an verschiedenen Festivals teil (unter anderem gewannen sie den Preis des Festivals Atripalda).

Als Wanderbühne gingen sie dann, ihrem Weltverständnis entsprechend, im selbst gebauten Zelt auf Tournee, losgelöst von den starren Schemata einer sie an die Realität bindenden Gegenwart. »Wir sind kein Zirkus, sondern ein reisendes Theater«, betont Marco. Vor sieben Jahren kauften sie sich einen ausrangierten Linienbus und bauten ihn zu ihrer Spielstätte aus. Auf dieser Bühne erwachen die Puppen in einem Wechselspiel aus Dunkelheit und warmem Licht zum Leben.

Dem Banalen zu entfliehen und das Außergewöhnliche zu leben, ist für Girovago e Rondella der einzige Weg zum Glück; kein Reich kann schöner sein, als es ihnen die Straßen der Welt eröffnen. Ihre Aufführungen folgen keinem festen Plan, wie es die Tradition verlangt,

△△ Rugiada kontrolliert ihren Koffer, während sie auf das Fährschiff wartet, das den Zirkus nach der Griechenlandtour nach Italien zurückbringt. Neben ihr der orangefarbene Magic Bus von Girovago e Rondella.

alles ist im Fluss, geleitet von Spontaneität und Improvisation. Zur Familie ist inzwischen Rugiadas Ehemann, der Argentinier Facundo, gestoßen. Sie bilden eine eingeschworene Gemeinschaft, weniger Zirkus als Wandertheater.

Öffnet sich der Vorhang, zieht die alte Kunst des Puppenspiels die Zuschauer im Bus sofort in ihren Bann, und sie werden Teil einer Verwandlung, einer Magie, die sie in ihre Kindheit zurückversetzt, als sie mit weit aufgerissenen Augen und mit offenem Mund dem Puppenspieler zugeschaut haben, der wie von Zauberhand die Puppen zum Leben erweckte. Marco erzählt uns von seiner grenzenlosen Leidenschaft für Marionetten, Puppen und mechanische Figuren, die er selbst entwickelt. Erfindergeist und handwerkliche Meisterschaft, aus der die patentierte »Cinque Dita« entstand, die einzige Marionette, die selbstständig laufen kann. Es ist das Geschick der Finger, durch das Gestik und Mimik der Puppen den Eindruck vermitteln, es handele sich um lebendige Wesen, doch sind sie nur Holz, Stoff und Pappmaschee. Zu ihnen gesellen sich Pferde, Reiter, Löwen und Dompteure. Die Welt von Girovago e Rondella ist gekennzeichnet durch Authentizität und eine schnörkellose Direktheit; fast wirkt sie wie eine ökologische Parodie auf den traditionellen, den »veralteten« Zirkus. Echte Tiere gibt es nicht, alles beruht auf der Macht der Fantasie und der Imagination.

Marco und Federica: er, der kreative Kopf, Jongleur und Verwandlungskünstler; sie, die Seiltänzerin und Visionärin. Ihre Bühnen sind ein Bus und ein Lastwagen. Dort leben sie auch, und überall, wo sie anhalten, wird gespielt. Girovago e Rondella ist das Paradebeispiel einer fahrenden Familie: Eltern und Kinder sind durch gegenseitiges Vertrauen, gemeinsame Ideale, den geteilten Sinn für Schönheit und ihren unbändigen Freiheitsdrang aneinander gebunden. Und das in einer Zeit, in der jede Poesie vom Drang nach absolutem Fortschritt bedroht ist.

Sind sie einmal nicht unterwegs, leben Girovago e Rondella in ihrem Atelierhaus »Spazio Dromosofico« in Latium: in Vetralla, Provinz Viterbo. Dort organisieren sie regelmäßig Kreativworkshops für Künstler aus der ganzen Welt; die Bandbreite reicht von pantomimischer Dramaturgie zu Klangenergie und Körperarbeit. Die Workshops finden in enger Zusammenarbeit mit der Universität La Sapienza in Rom statt. Girovago e Rondella verkörpern die Idee des Wandertheaters: eine eingeschworene Gemeinschaft von Schauspielern, Verwandlungskünstlern und Musikern, die über die universelle Sprache der Gestik und Mimik ihr Publikum verzaubert, über alle Sprachgrenzen hinweg.

Miniaturpferde, chinesisches Schattenspiel, Schreckgespenster, Zwerge und fantasievolle Masken, Fingerspiele, die ausdrucksstarke Gestik, ein unerschöpfliches Repertoire an Figuren, die auch kulturelle Grenzen ausloten, ohne sich von gängigen Vorstellungen bremsen zu lassen – Girovago e Rondella sind eine unerschöpfliche Ideenfabrik, die ihre Inspirationen überall findet, beim Publikum, auf der Wanderschaft, am Straßenrand, ja, gerade dort, auf der Reise. »Träume brauchen nicht viel, ein paar Stühle genügen«, sagt Marco mit seiner freundlichen Stimme, bevor er wieder eintaucht in die bunte Welt der Fantasie.

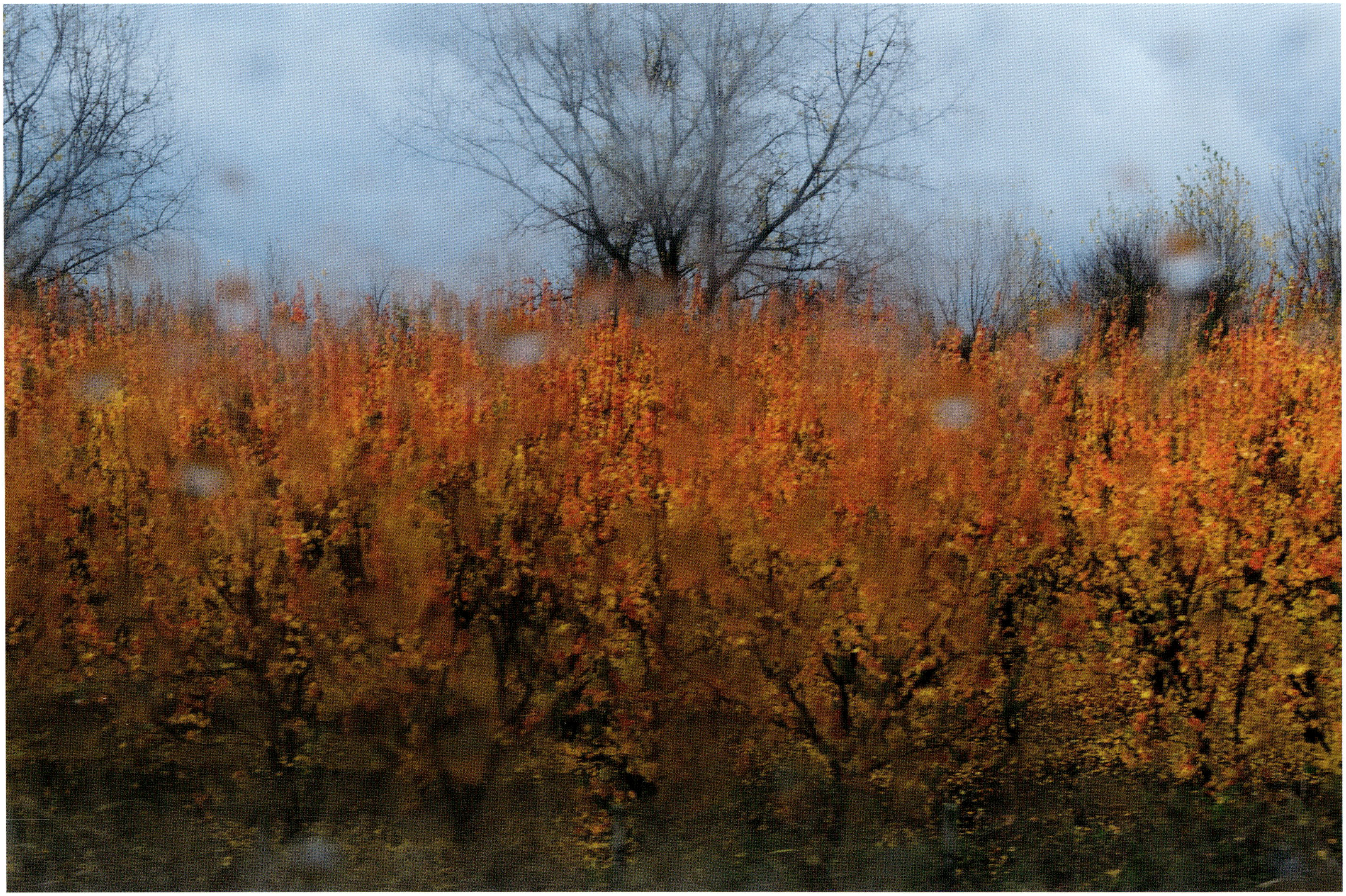

Federica und Marco alias Girovago und Rondella haben dieses reisende Theater gegründet; nach und nach haben sich ihre Kinder Tommaso, Timoteo und Rugiada und deren Ehemann Facundo hinzugesellt. Als Compagnia Dromosofista touren sie durch griechische Städte und Dörfer. Am Fenster ihres Lastwagens rauscht die Landschaft vorbei.

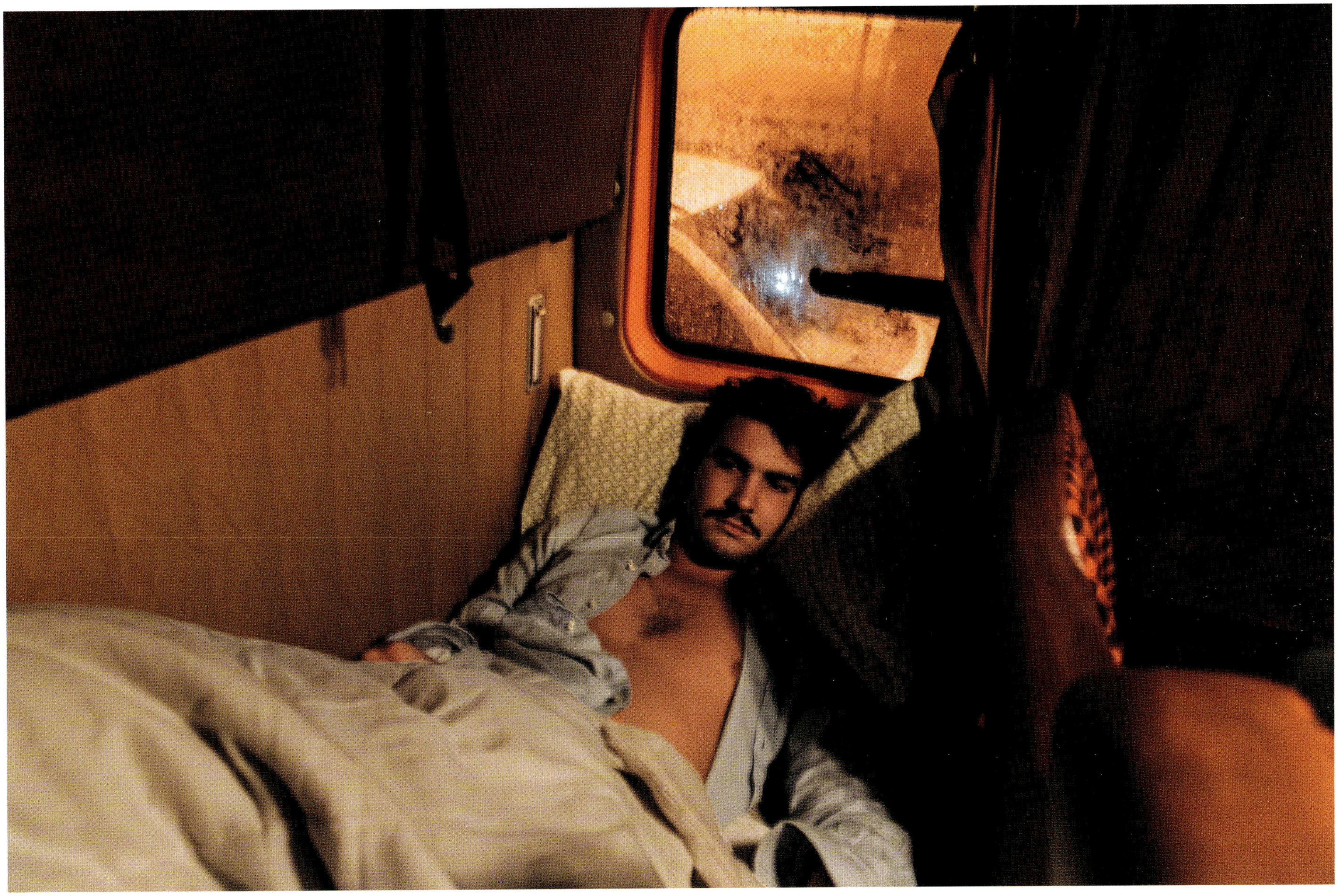

Tommaso ruht sich aus, lauscht dem auf das Dach trommelnden Regen. Der Wohnwagen steht im Hafen von Igoumenitsa und wartet, dass endlich die Fähre nach Italien ablegt. Er hängt seinen Gedanken an die Tour in Griechenland nach.

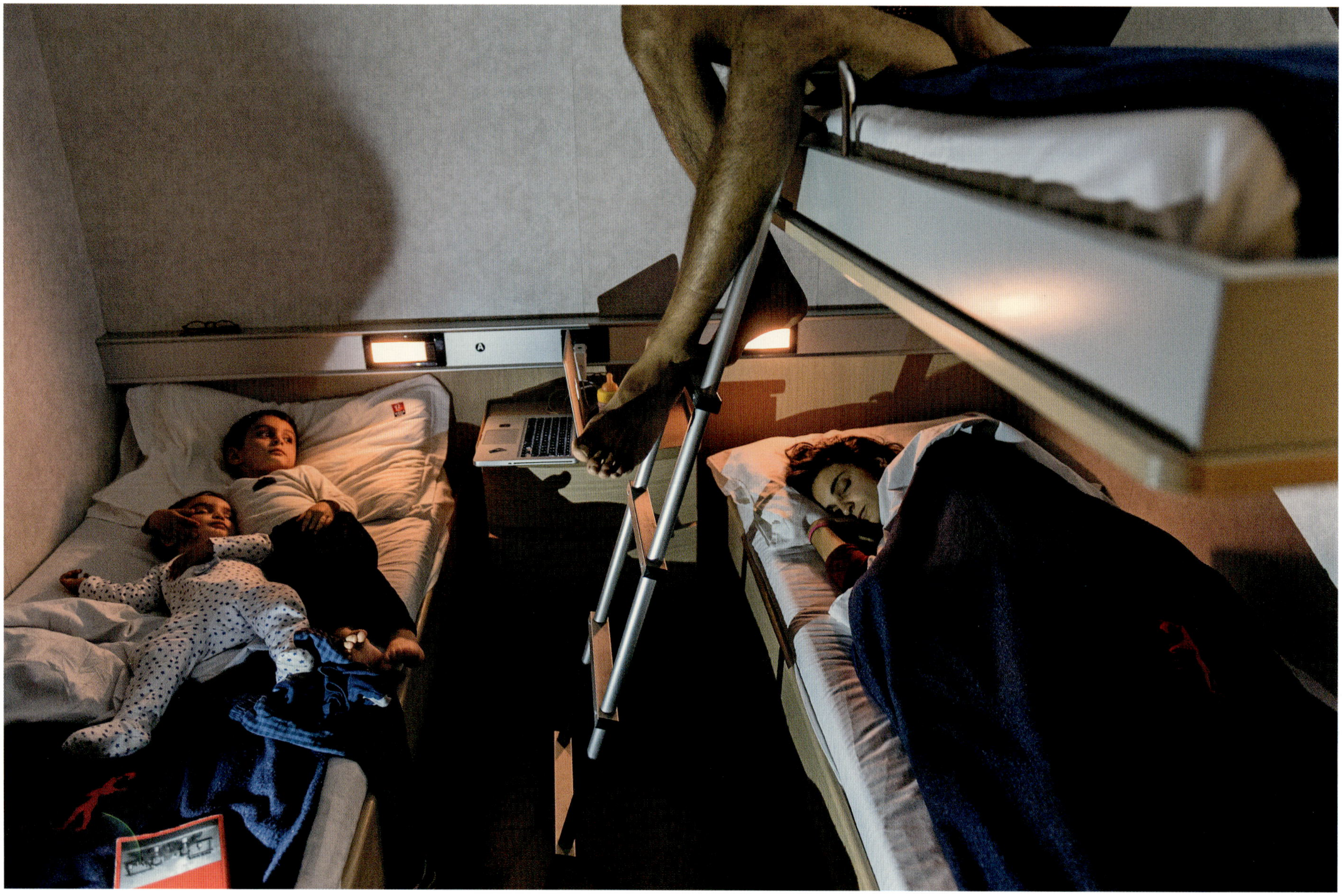

Rugiada, Basilio, Demetrio und Facundo in ihrer Schiffskabine. Rugiada schläft entspannt auf dem Bett, über ihr sitzt ihr Mann Facundo, der ältere ihrer Söhne ist noch wach und hat den Arm schützend um den kleinen Bruder gelegt.

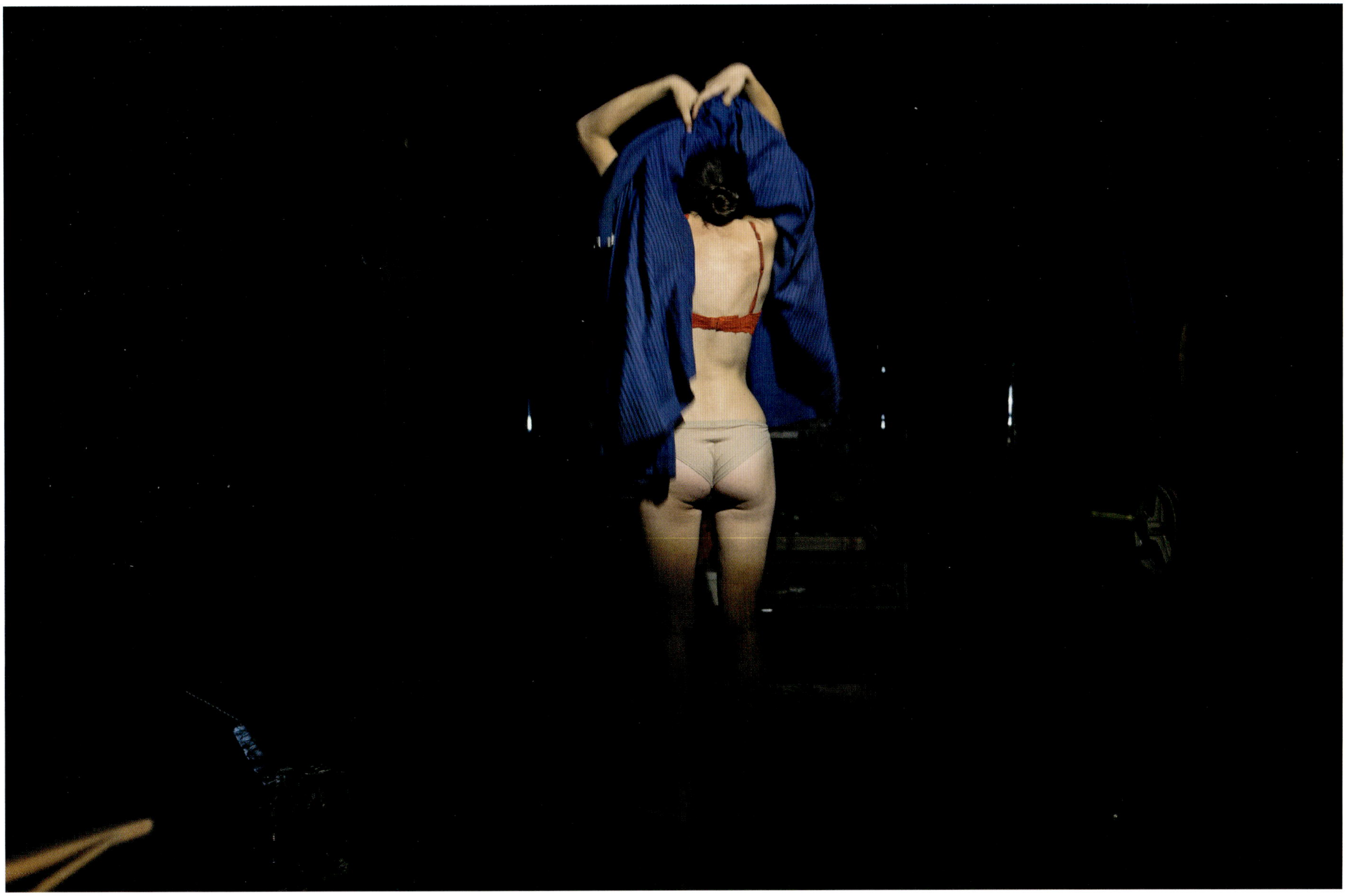

Vorbereitung für einen Auftritt in Griechenland: Rugiada zieht sich für die Vorstellung um, die in einem Linienbus stattfindet. Das Publikum wird in ein surreales Spektakel aus Musik, Tanz und Theater entführt.

Anna und Irene während der Griechenlandtour von Girovago e Rondella. Die beiden Artistinnen bereiten sich auf den Auftritt vor. Das dekorierte Kassenhäuschen scheint auf die Besucher zu warten, alles ist vorbereitet für den Einstieg in den Magic Bus.

Die Wanderbühne Teatri Mobili von Girovago e Rondella gastiert auf dem Hauptplatz von Thessaloniki. Als Bühne dienen ein alter Linienbus und ein Lastwagen, hier finden die visionären Aufführungen statt: Marionetten, Schattenspiele, Verwandlungskunst und groteske Masken entführen das Publikum in ein Traumland der Fantasie. ▽▽

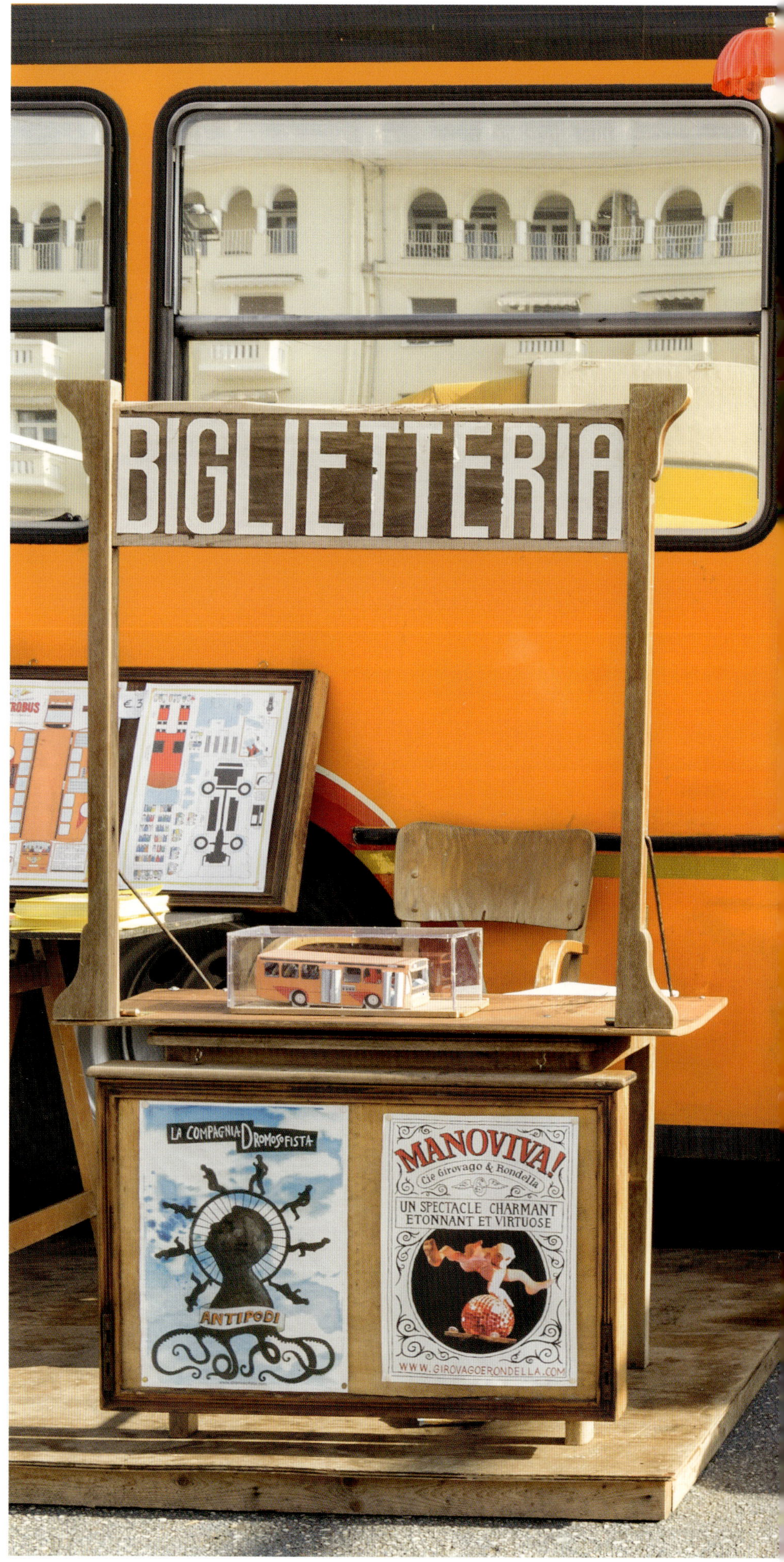

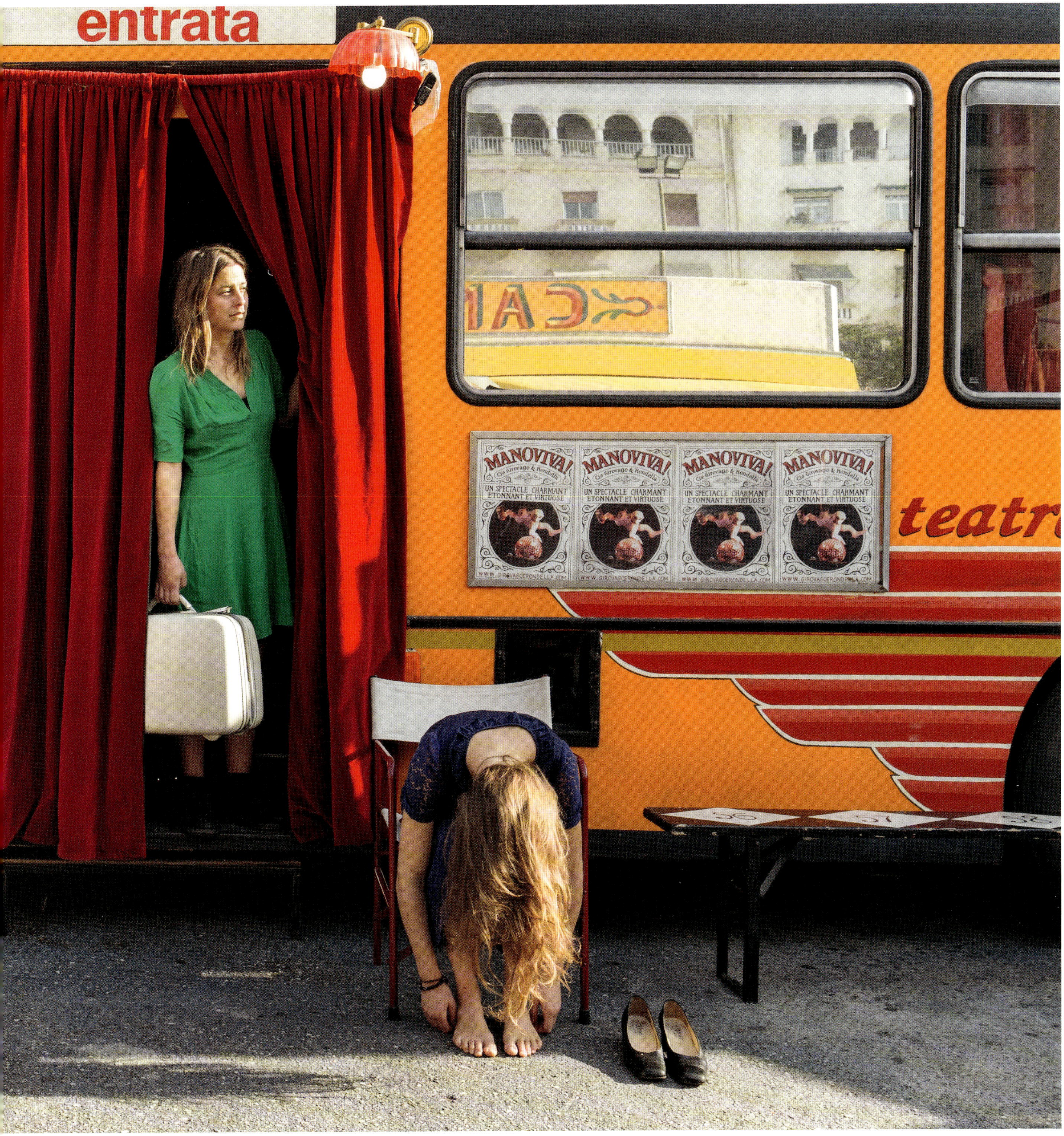
entrata
MANOVIVA!
Cie Girovago & Rondella
UN SPECTACLE CHARMANT
ETONNANT ET VIRTUOSE
WWW.GIROVAGOERONDELLA.COM

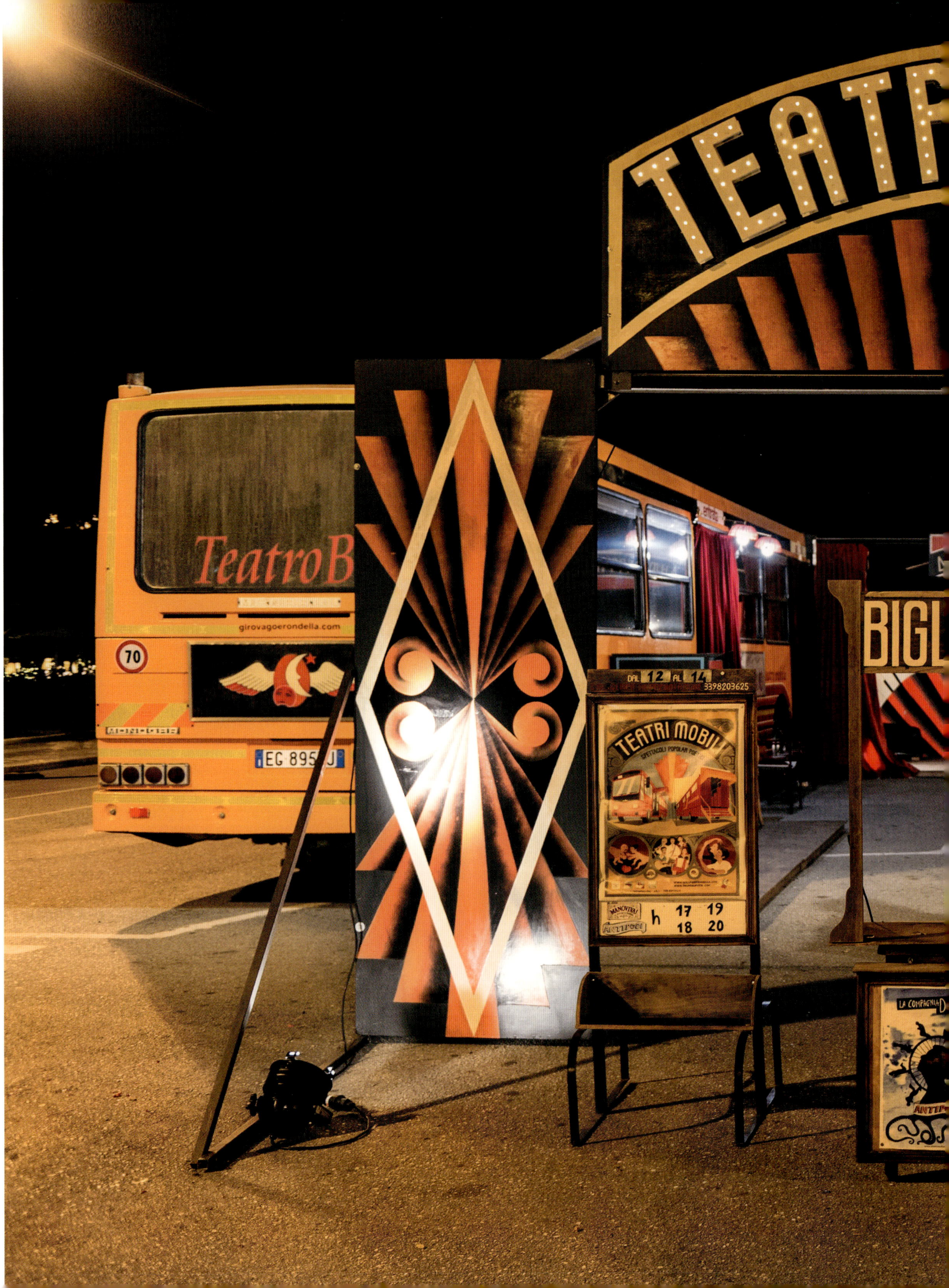
TEATR
TeatroB
girovagoerondella.com
70
BIGL
DAL 12 AL 14
3398203625
TEATRI MOBILI
h 17 19
18 20
LA COMPAGNIA D

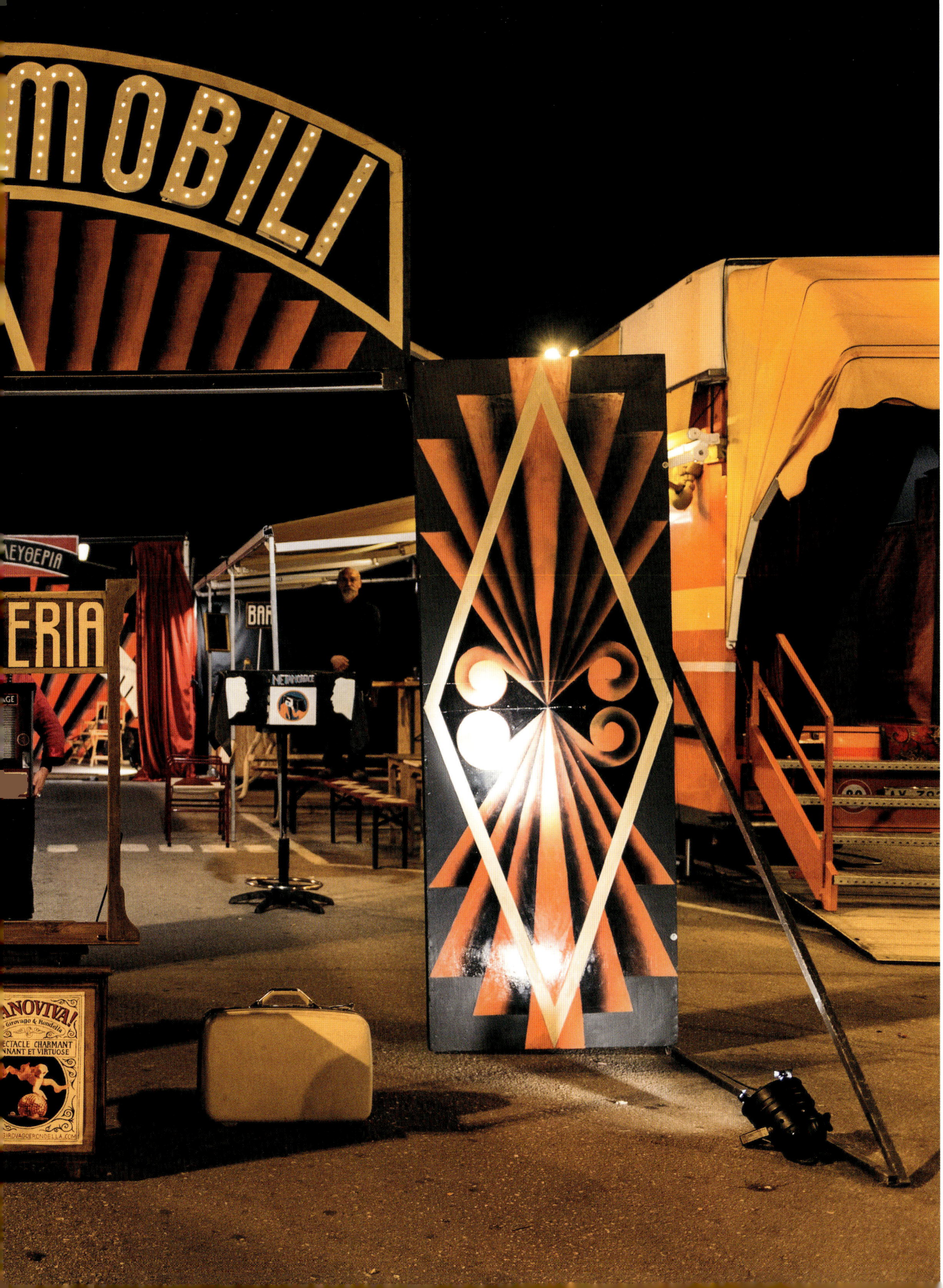
MOBILI
ERIA

»WIR SIND KEIN ZIRKUS, SONDERN EIN REISENDES THEATER.«

Marco

★

Tommaso und Timoteo, die beiden Söhne von Federica und Marco, bei ihrem Auftritt. Das Publikum ist eingeladen, an der mitreißenden Show aus Musik, Tanz, Theater und skurrilen Figuren teilzunehmen und in diese Zauberwelt einzutauchen.

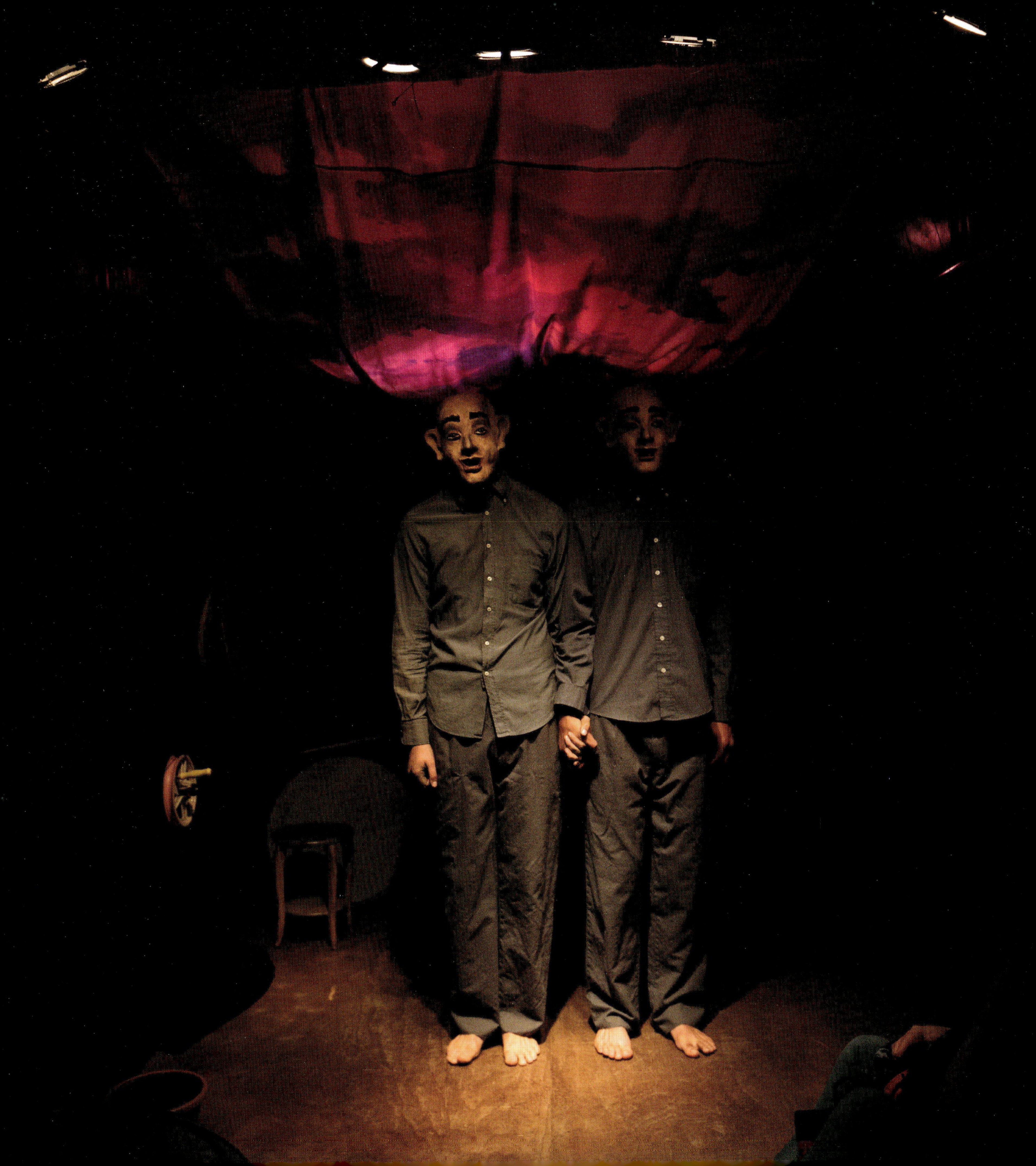

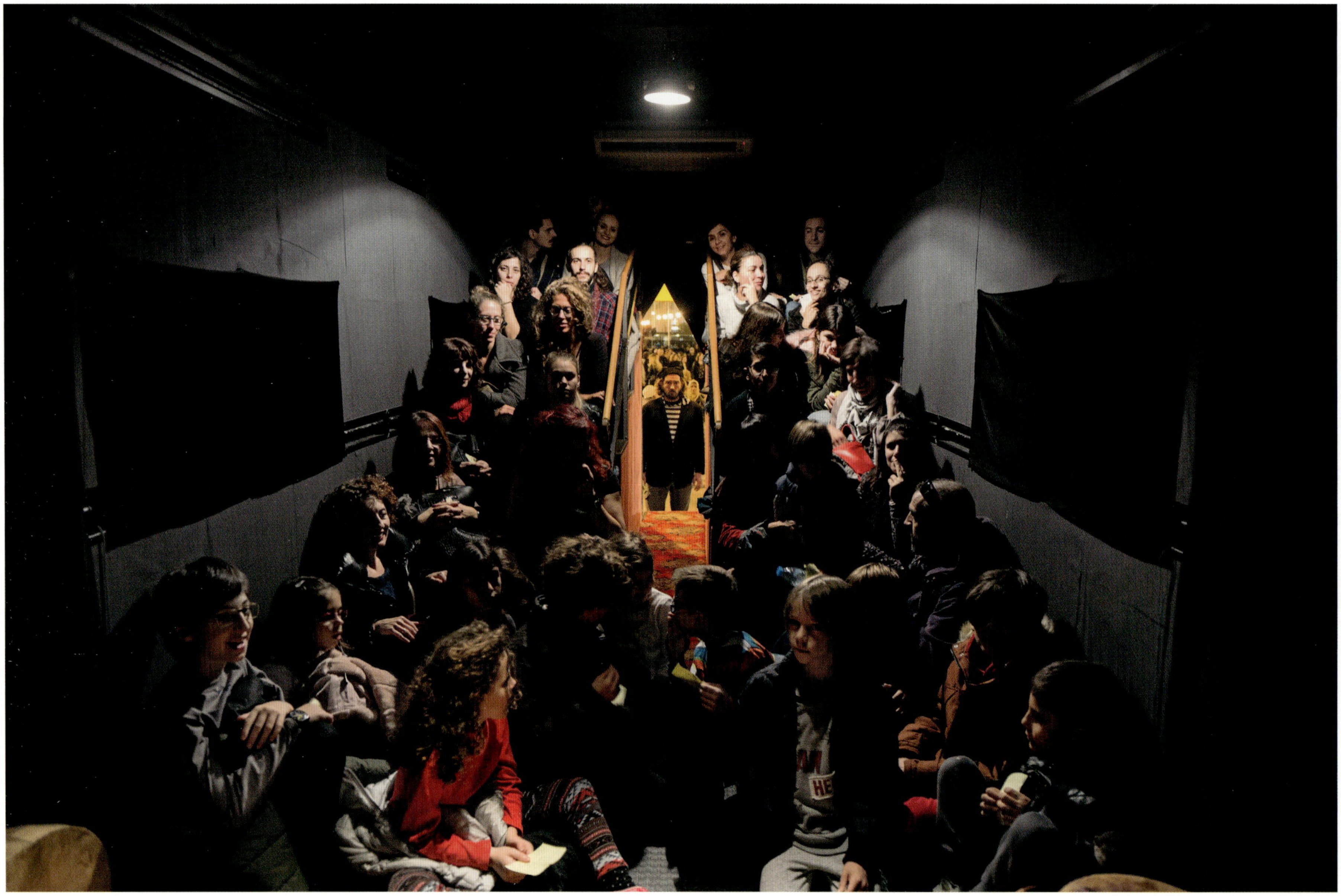

Das Publikum nimmt vor der Aufführung im Theaterbus Platz. Das Innere des ausrangierten Linienbusses wurde umgebaut, um möglichst viel Platz für die Zuschauer und gleichzeitig eine Bühne zu schaffen, die den Anforderungen der Akteure genügt.

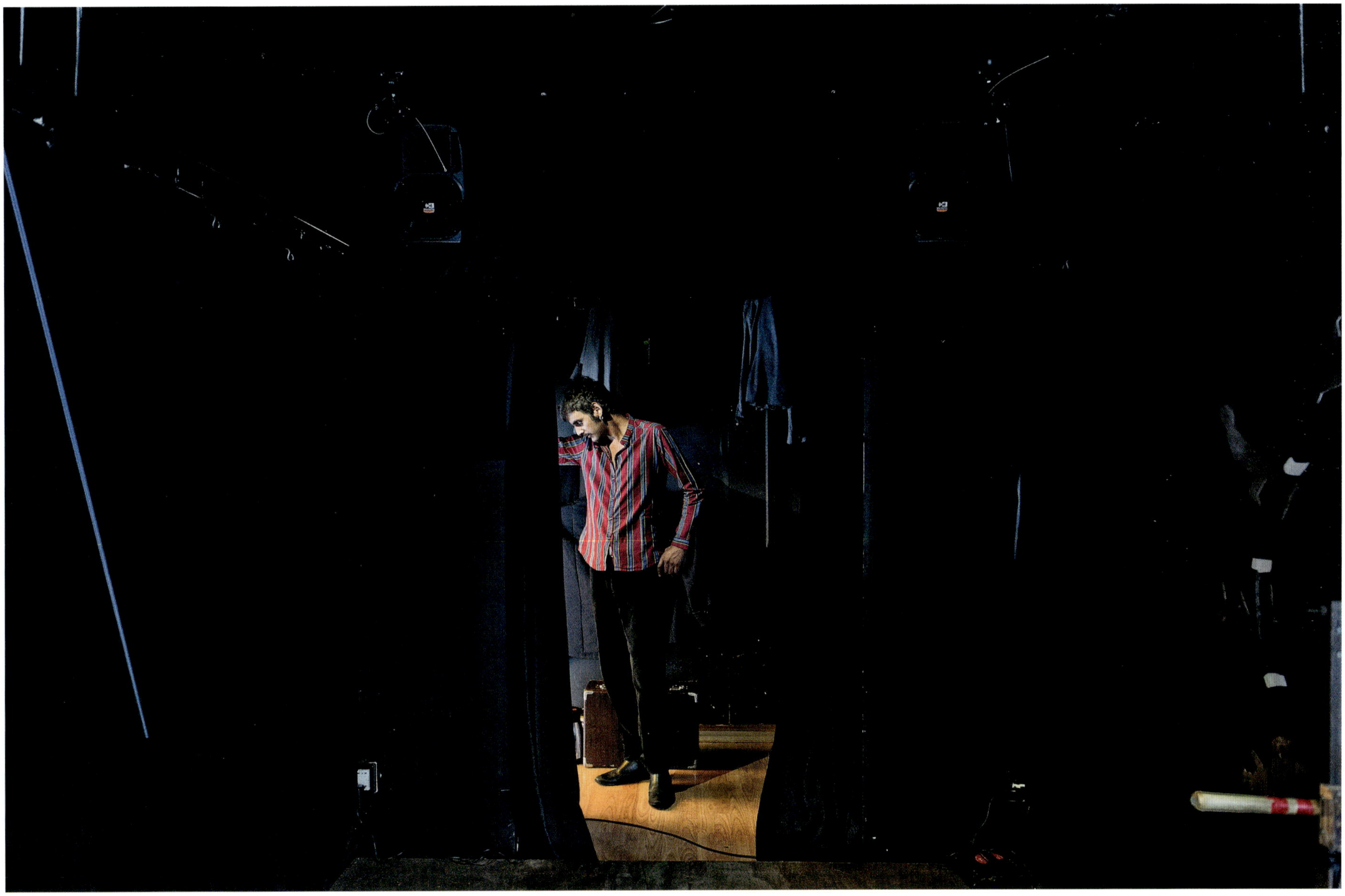

Facundo betritt die Bühne, es ist der Moment zwischen dem Halbdunkel im Backstage und dem strahlenden Scheinwerferlicht.

Von rechts: Facundo, Timoteo und Tommaso vor dem Theaterbus. Gut geschützt vor der Sommerhitze warten sie auf den Beginn der Vorstellung.

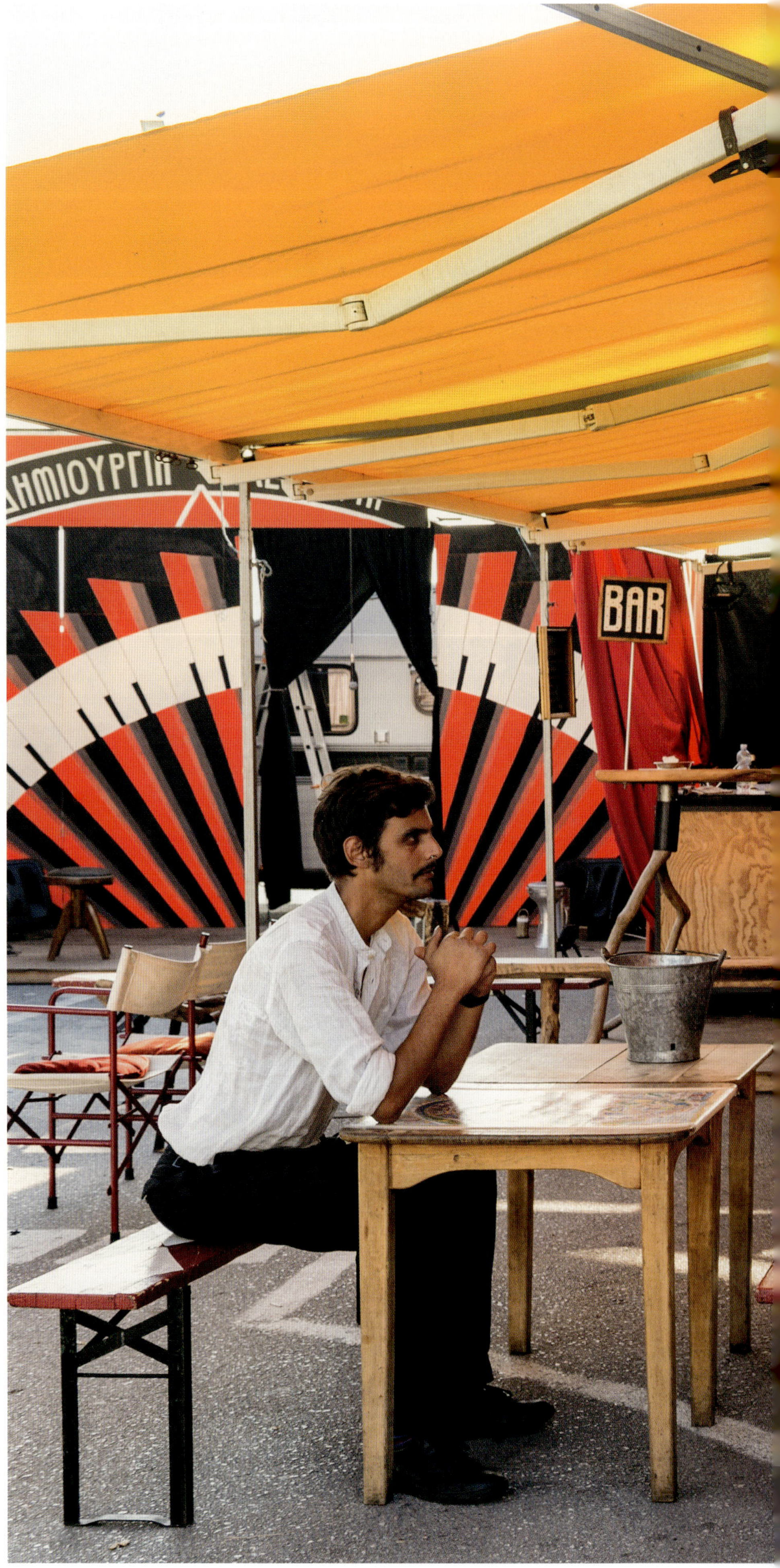

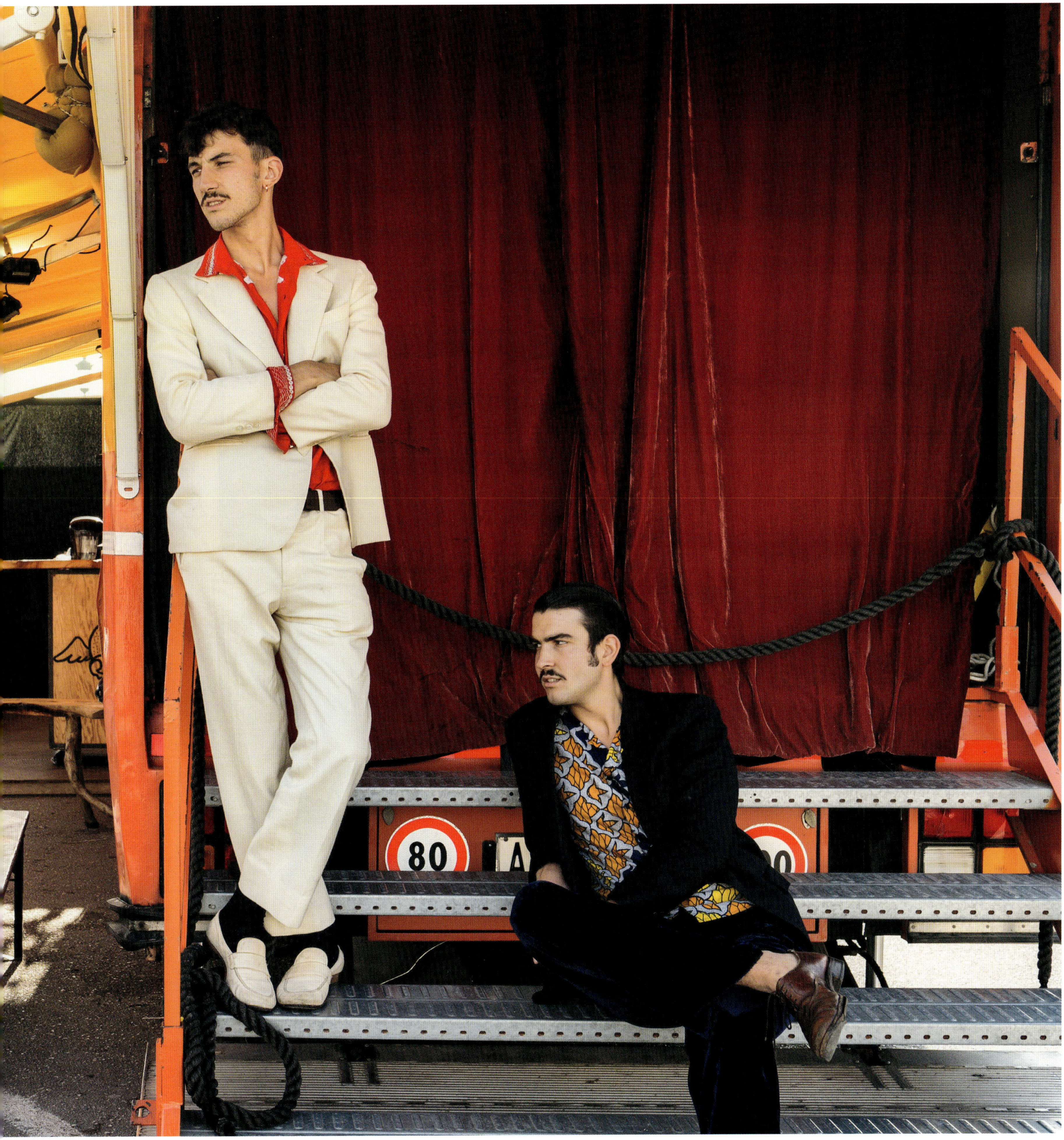
80

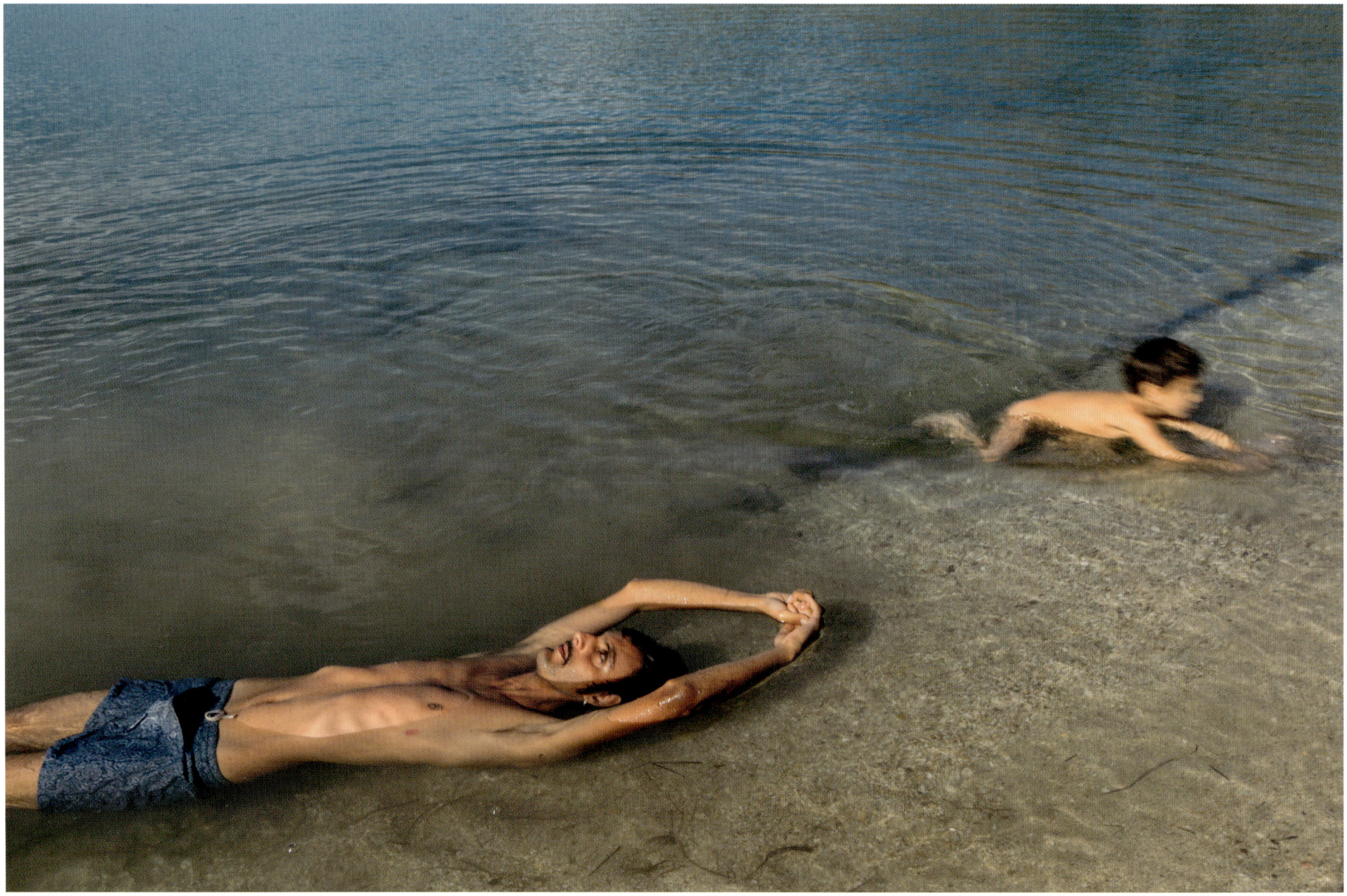

Eine Reise mit Girovago e Rondella ist anstrengend, bietet aber auch Entspannung und ganz besondere Momente, Facundo faulenzt mit seinem Sohn Basilio nach Abschluss der Tour am Strand.

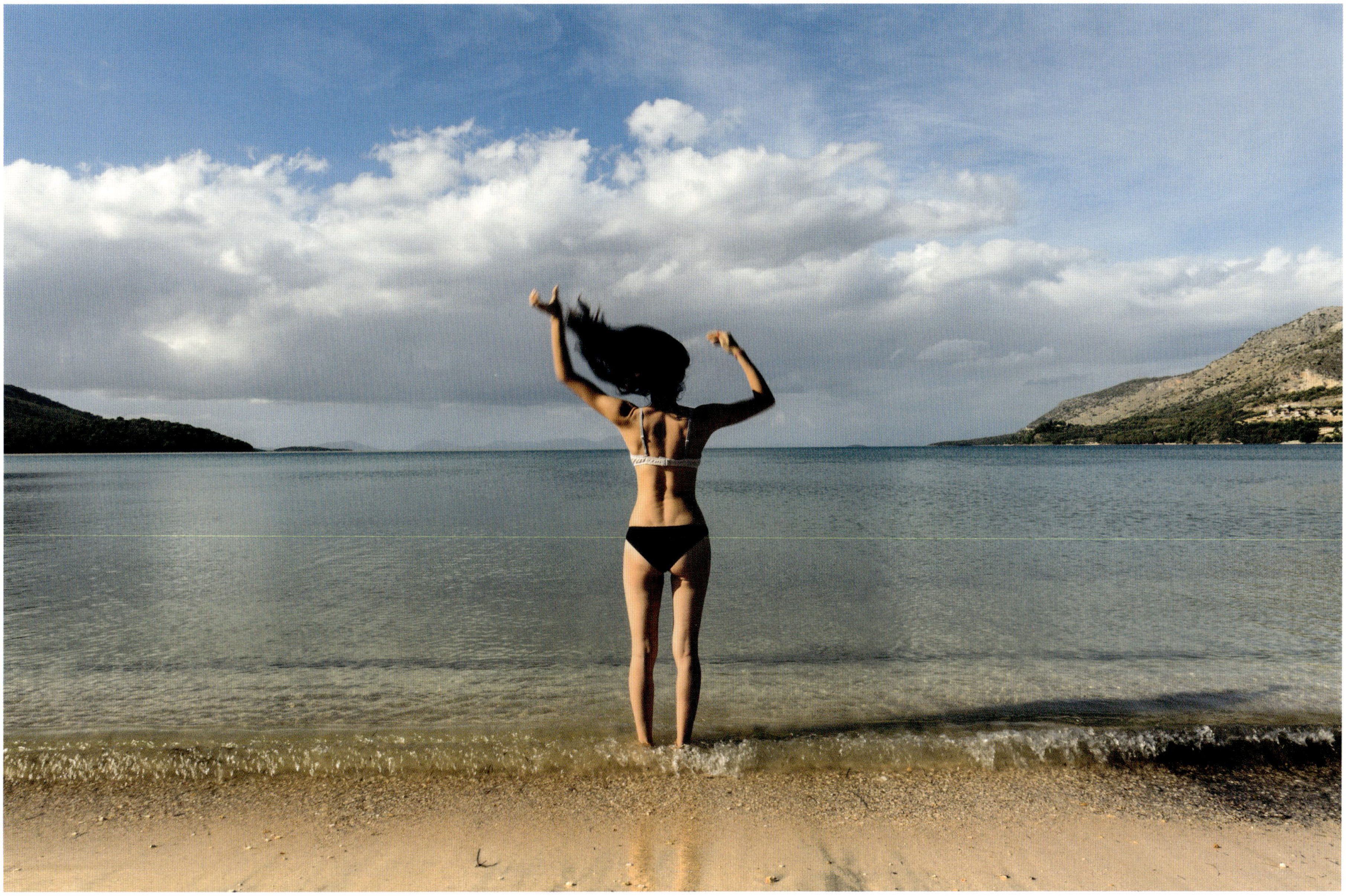

Rugiada betrachtet die Schönheit der griechischen Landschaft.

Familienfoto auf der Strandpromenade von Thessaloniki. Von rechts: Timoteo, Tommaso, Federica, Marco mit dem Hund Zac, Rugiada, der kleine Basilio sowie einige Freunde, die zu Besuch gekommen sind. ▽▽

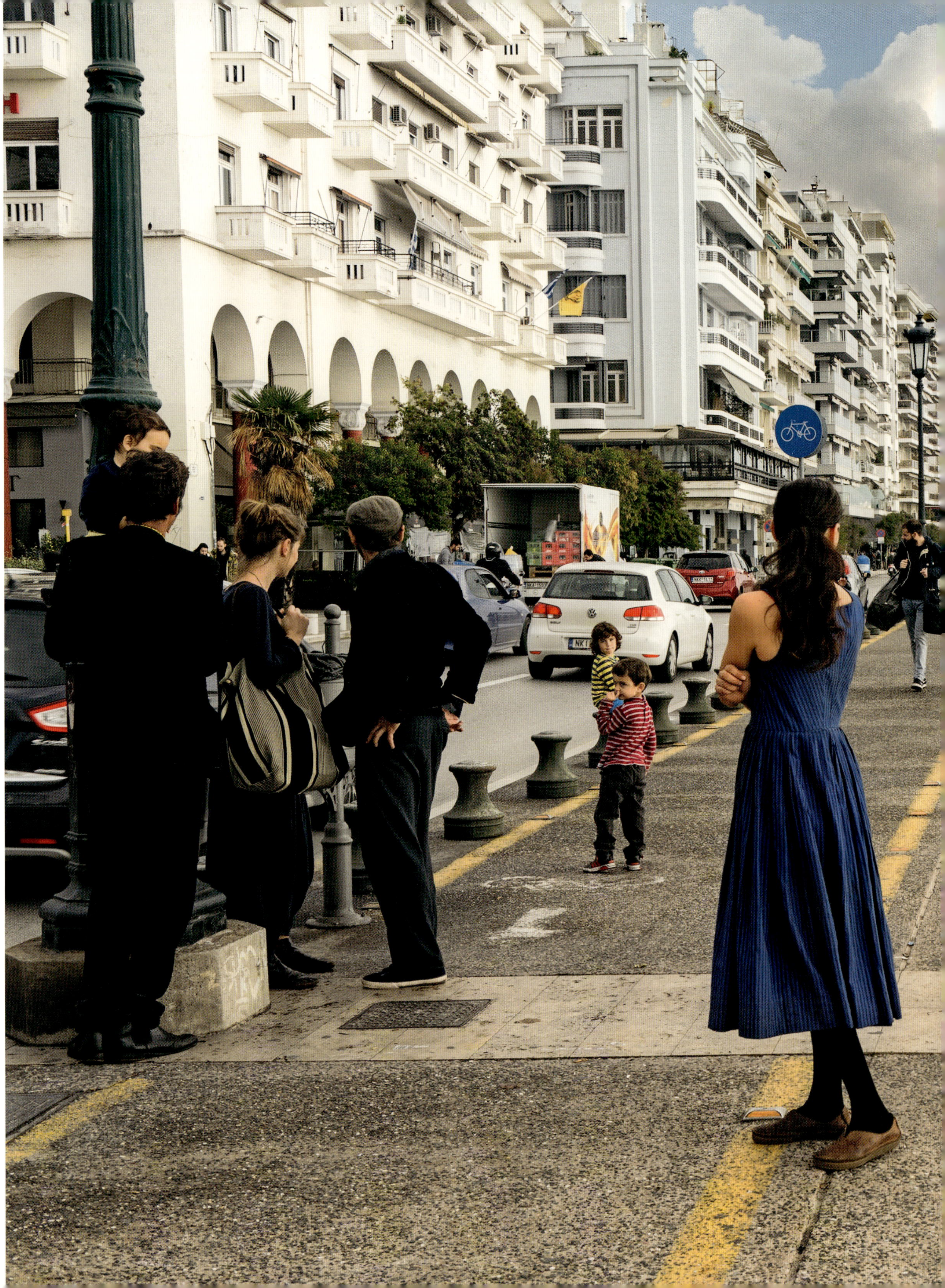

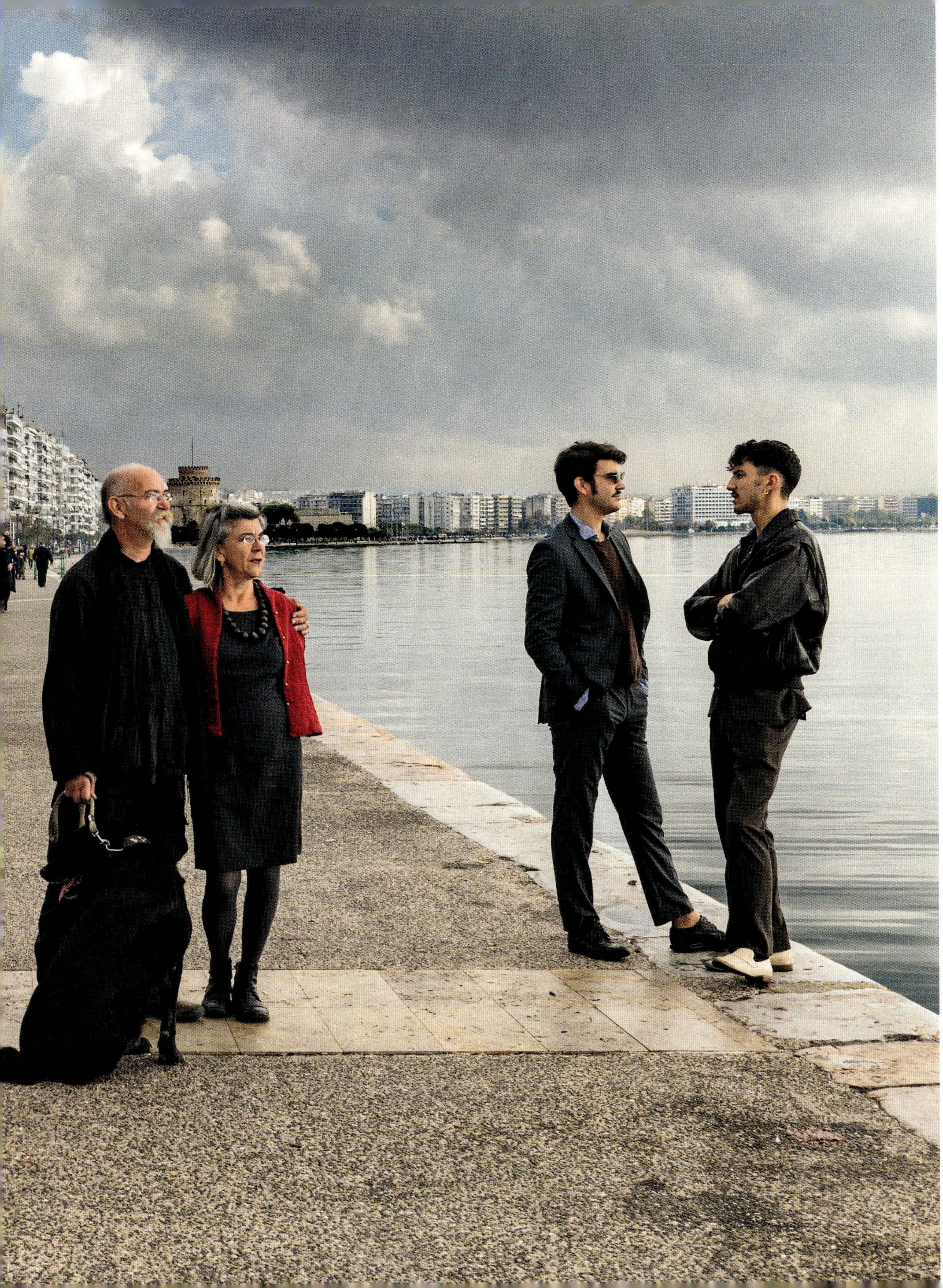

Tommaso, der Sohn von Marco und Federica, auf der Brücke des Fährschiffs, das die Familie nach der Griechenlandtour nach Italien zurückbringt. Er steht unter der mittleren von drei strahlend hellen Lampen und blickt nach oben. Erinnerungen an die Zauberwelt Federico Fellinis werden wach. Der Wanderzirkus bewegt sich weiter, diesmal auf dem Wasser.

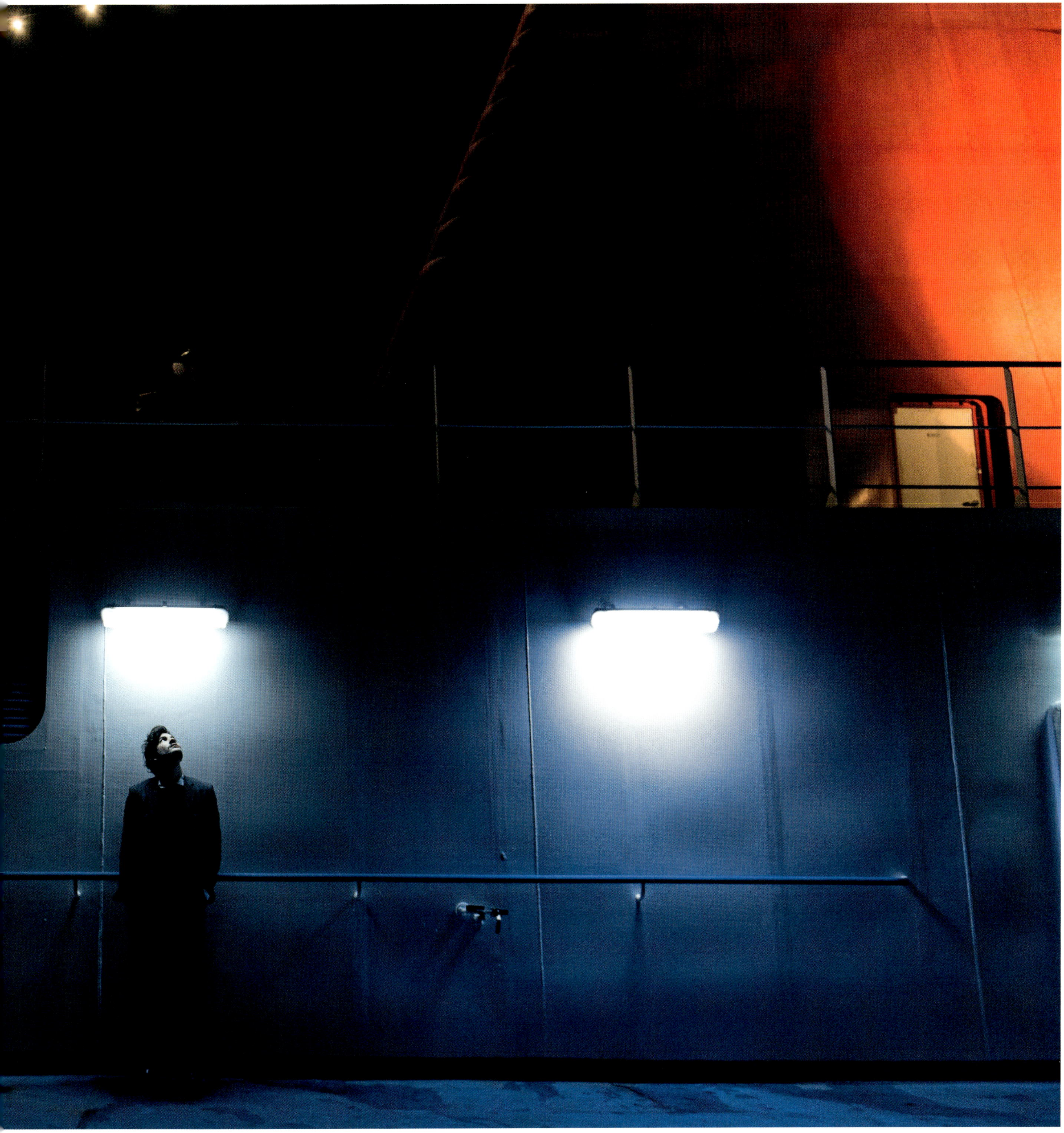

GIFFORDS CIRCUS

★

»DER ZIRKUS IST MEIN LEBENSSINN,
ER IST MEINE ARBEIT UND MACHT MICH GLÜCKLICH.
DER ZIRKUS IST THERAPIE
UND ZERSTREUUNG ZUGLEICH.«

Nell Gifford

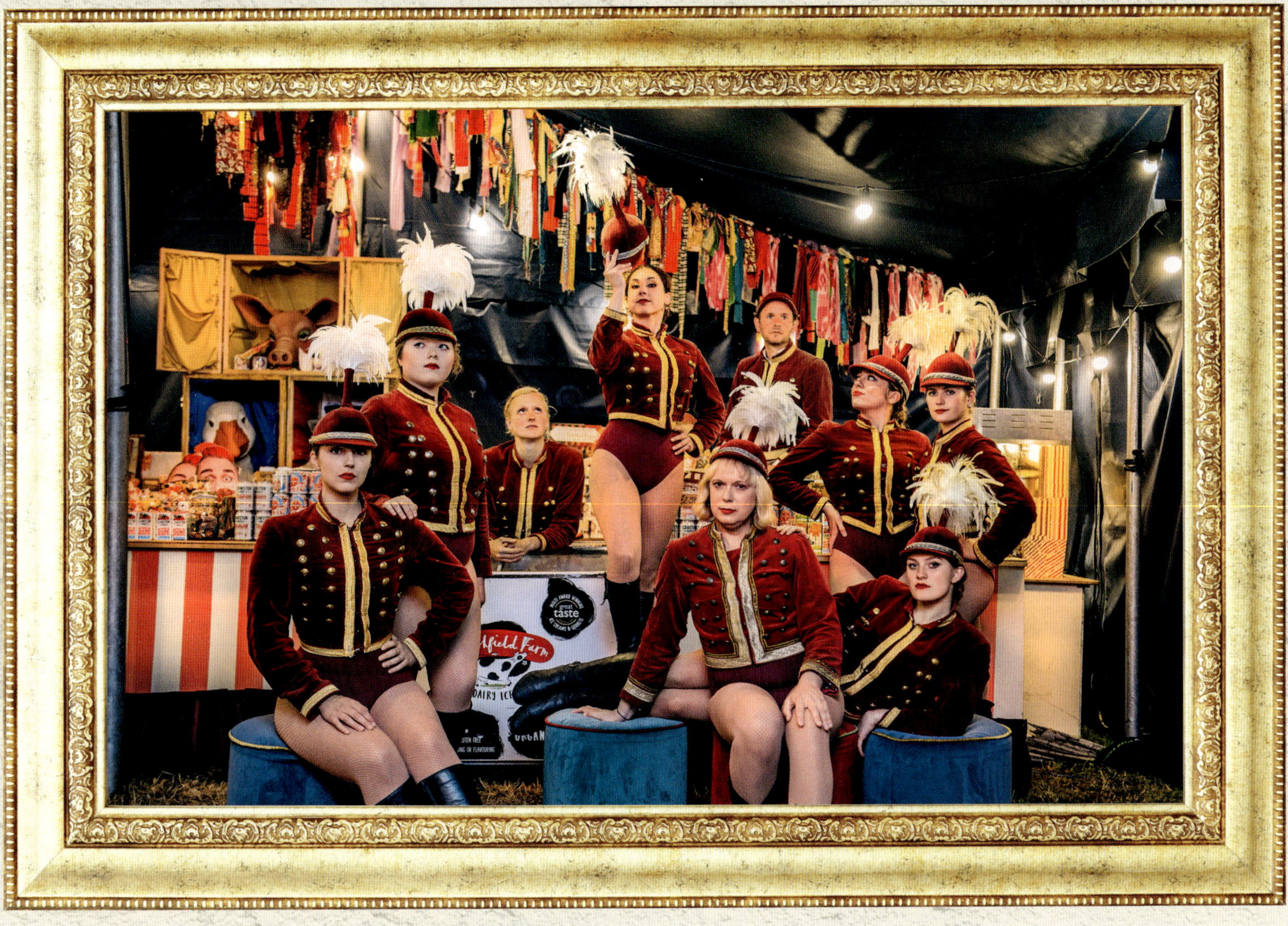

FUNKELNDES JUWEL IM GRÜNEN HERZEN ENGLANDS

Wer mit wachem Blick in der vom Regen sattgrün glänzenden Wiesenlandschaft Englands unterwegs ist, entdeckt vielleicht das Zelt des Giffords Circus, unter dessen Dach der Besucher auf eine psychedelische Reise mitgenommen wird: in ein Blumenmeer aus tausend Farben, nur noch übertroffen vom visionären Spektakel und Glamour der Belle Époque.

★

Der Giffords Circus ist ein herausragender Vertreter des Cirque Nouveau. Eine große Familie in einem beeindruckenden Zelt, das auf den ersten Blick ein traditionelles Zirkusevent erwarten lässt. Doch wenn die Vorstellung beginnt, ist es, als beträte man einen anderen Planeten. Der Giffords Circus wurde im Jahr 2000 von den beiden rebellischen Seelen Nell und Toti Gifford gegründet, ein Bruch mit der Konvention als auch die Erfüllung eines Lebenstraums. Alles ist bis ins letzte Detail durchdacht, grundsolide und handwerklich perfekt: die Kostüme von Hand genäht, die Kulissen auf dem Heuboden eines Bauernhofes gemalt. Die Musik unterstreicht jede Szene und verleiht dem Zuschauer das Gefühl, in ein Kaleidoskop aus Formen, Farben und Klängen zu schauen. Dem Ganzen liegt ein Leitmotiv zugrunde, eine Geschichte dient als roter Faden, verwoben in jeder einzelnen Nummer, bis am Ende der Eindruck einer Art funkelnden Musicals entsteht. Der Giffords Circus stellt jedes Jahr eine neue Show auf die Beine, so im Jahr 2019 »Xanadu« – ein Zauberland, eine exotische Stadt, von der der englische Schriftsteller Samuel Taylor Coleridge im 19. Jahrhundert in einem seiner berühmtesten Gedichte erzählt: *Kubla Khan*.

Aber das ist nur ein Beispiel für die Einzigartigkeit des Giffords Circus, der dem Cirque Nouveau als Vorreiter der Avantgarde seinen Stempel aufgedrückt hat. Die Stars der Vorstellung sind die Pferde, um sie dreht sich alles. Ihre große Leidenschaft für Pferde gab Nell und Toti Gifford den entscheidenden Impuls, auf ein bequemes Leben zu verzichten und als Wanderzirkus auf Reisen zu gehen. Wie in jedem Märchen stand der Wunsch in ihren Herzen, nach den Sternen zu greifen, das Unmögliche zu vollbringen. Nell brach ihr Studium in Oxford ab, um an der Seite ihres späteren Ehemannes Toti ihren Traum zu leben. Vergessen war die großbürgerliche Herkunft. Sie wagten etwas Neues: einen Wanderzirkus, wie ihn die Welt noch nie gesehen hatte.

Die Ausbeutung exotischer Tiere sollte der Vergangenheit angehören, und so rückten sie Pferde, Tauben und anderen heimische Tiere in den Mittelpunkt, wie überhaupt die Liebe zu den Pferden die Konstante im Schaffen von Nell und Toti Gifford darstellt. Sie folgten ihrem Traum vom eigenen Zirkus und dem Wunsch, in die magische Welt der Artisten einzutauchen, brachen alle Brücken hinter sich ab, lebten fortan fern jeder gesellschaftlichen Konvention. Sie spürten in sich den Drang, zum unmittelbaren Erleben der Natur zurückzukehren, wo allein Tag und Nacht, Licht und Schatten den Lebensrhythmus bestimmen. Nell Gifford beschreibt es so: »Uns schwebte ein kleines Dorf vor, ein magischer Ort, bevölkert von einer kleinen, eingeschworenen Künstlertruppe.«

△△ Die Helferinnen setzen sich für ein Gruppenfoto in Szene. Nichts bleibt dem Zufall überlassen, auch ihre Kostüme sind in den Giffords-Farben gehalten. Ihr Stil erinnert an die Livreen der Platzanweiser in den Kinos zu Beginn des 20. Jahrhunderts.

Die Giffords kauften ein weißes Zelt und einen Wohnwagen als ihr zukünftiges Zuhause. Dann schalteten sie Anzeigen in *The Stage*, um die Talente zu suchen, die sie für die Verwirklichung ihres Traumes brauchten. Die Auswahlgespräche fanden in einem verstaubten Theater in Cheltenham statt, die ersten Aufführungen in bescheidenem Rahmen in der englischen Provinz. Danach ging es für sie rasch steil bergauf. Der Giffords Circus trat in Moskau, Paris, Rumänien und Ungarn auf, die Truppe vergrößerte sich, lebte aber nach wie vor wie eine große Familie: Clowns, Feuerspucker, Musiker, Tänzer, kubanische Artisten, Stuntmen, Illusionisten. Ein atemberaubendes Programm nahm Form an, bunt wie ein Jahrmarkt unter freiem Himmel. Der Erfolg ließ nicht lange auf sich warten. 2012 stieß der erfolgreiche Regisseur Cal McCrystal dazu und probte drei Wochen lang mit der Truppe auf ihrem Landsitz in den Cotswolds. Ein Wandertheater, das unsere Welt in schillernden Farben beschreibt, in einer Sprache, die das Herz berührt und unterhält und das Beste vorführt, was ein Zirkus nur bieten kann.

Von der exzentrischen Burlesque über *Krieg und Frieden* bis Woodstock: Der Giffords Circus wandelt sich unaufhörlich, er erzählt die fantastischsten Geschichten mit genauso viel Liebe wie eine schlichte heitere oder auch nachdenkliche Szene im Zusammenspiel von Noten und Bildern.

Fennel Farm, das beeindruckende Anwesen in der Hügellandschaft von Stroud, wo die Künstlertruppe den Winter über logiert, hat sich zu einem Zentrum für Zirkuskunst gemausert. Dort finden auch die Eröffnungs- und Abschlussvorstellungen jeder Tourneesaison statt, immer eine Woche lang. In der Idylle dieses Herrenhauses öffnet und schließt sich der Vorhang für das Publikum in einem altehrwürdigen Rahmen, eine Reminiszenz an eine längst vergangene Zeit.

Nell Gifford, die Mitbegründerin des Giffords Circus, wurde in Oxford als Tochter des Filmregisseurs Rick Stroud und seiner Frau Charlotte geboren. Sie studierte Englische Literatur, verzichtete aber auf Karriere und Wohlstand und wählte ein Leben in Freiheit. Gemeinsam mit ihrem späteren Mann Toti stürzte sie sich ins Abenteuer und verwirklichte ihren Traum: eine Zauberwelt im Zirkuszelt. Ihr Zirkus wurde zu einem Aushängeschild für den Cirque Nouveau. Mit ihrer bedingungslosen Hingabe, ihrer Willensstärke und ihrem Talent inspirierte sie alle, die das Glück hatten, mit ihr gemeinsam diese wunderbare Reise zu unternehmen. Doch 2015, während ihrer Scheidung von Toti, wurde bei ihr Brustkrebs diagnostiziert, gegen den sie bis zuletzt ankämpfte, ohne jemals die Liebe zu ihrem Publikum aufzugeben. Die Krankheit war zweitrangig, als ließe sie sich wie eine Kränkung mit einem Applaus wegwischen. Bis zuletzt lebte Nell ihren Traum. »Krebs ist langweilig«, pflegte sie zu sagen, auf dem Kopf die blonde Perücke, die nach der Chemotherapie das nachwachsende kurze Haar verbarg.

Nell Gifford starb 2019 mit nur sechsundvierzig Jahren.

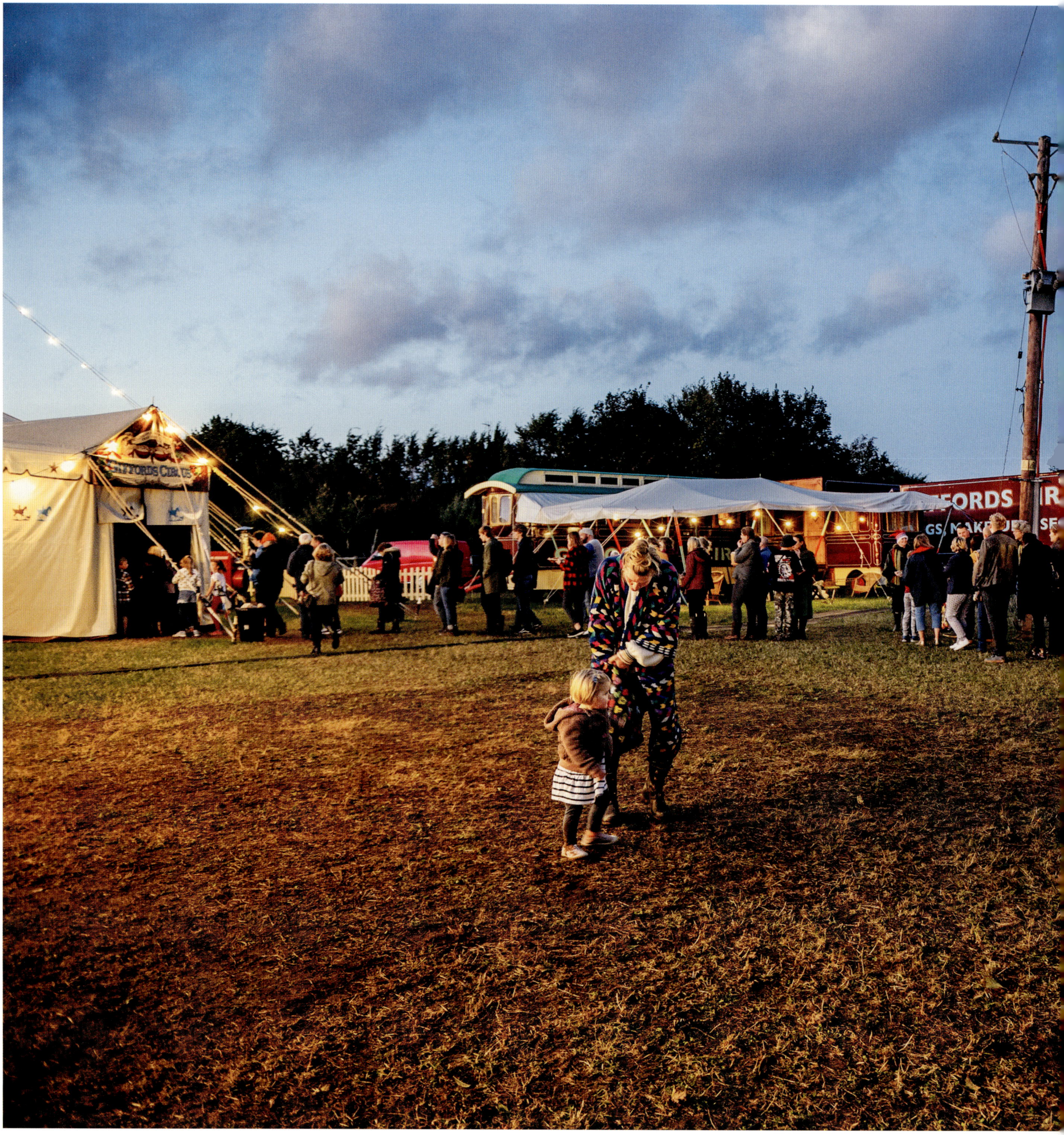

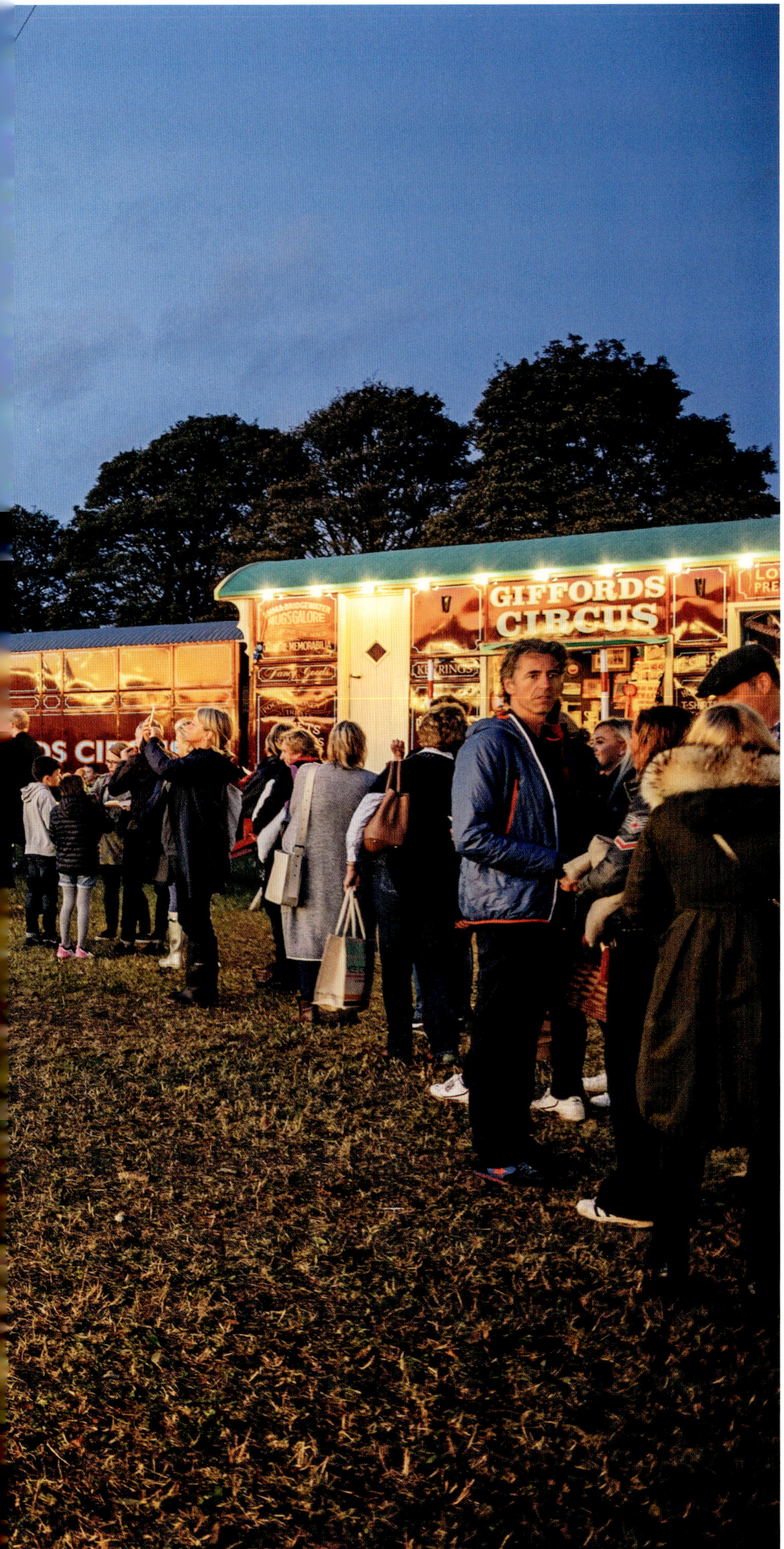

Die Sonne ist untergegangen, es herrscht eine zauberhafte Atmosphäre. Die Zuschauer stehen in einer langen Schlange vor dem Zirkuszelt und warten geduldig auf Einlass.

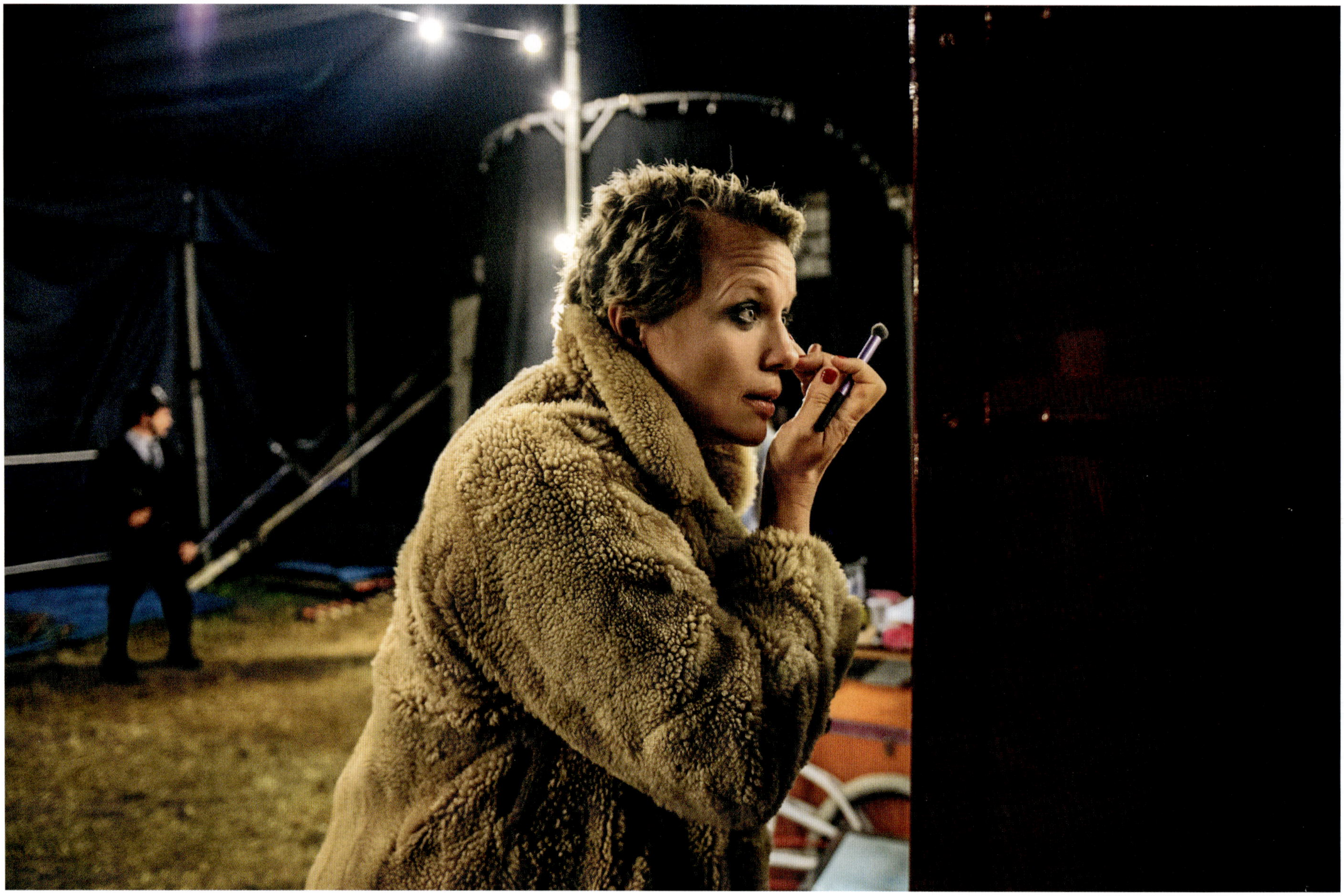

Nell Gifford bereitet sich auf ihren letzten Auftritt vor. Sie starb im Dezember 2019. Zusammen mit ihrem Mann hatte sie den Giffords Circus gegründet und ihren großen Traum verwirklicht. Nell war das Herz der Truppe. Ihr Lebensmut, ihre Kreativität und ihre unglaubliche Energie werden für immer den Geist des Giffords Circus ausmachen.

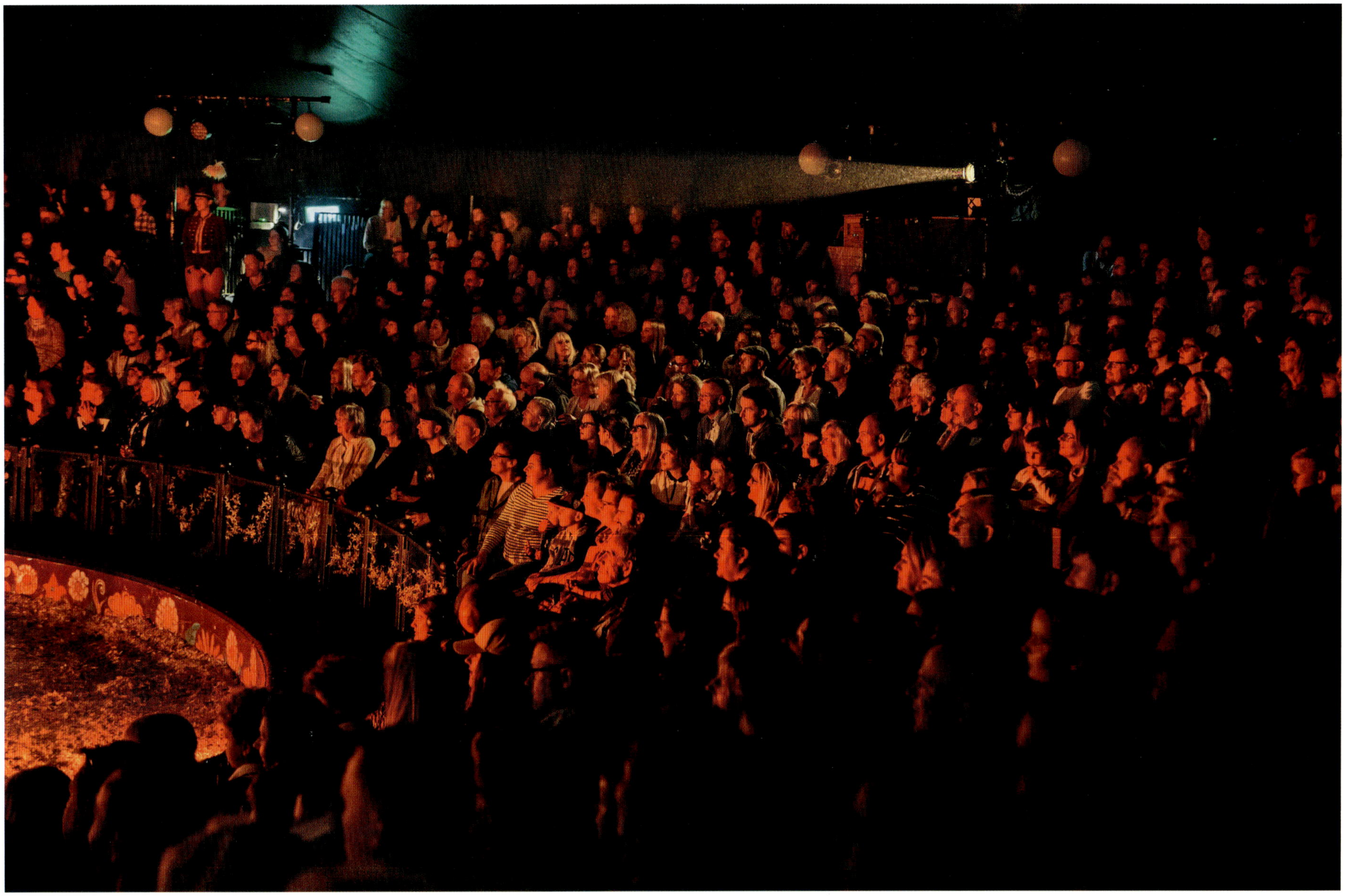

Die Vorstellung ist ausverkauft, das Publikum verfolgt verzaubert die Show »Xanadu«, die unter dem Motto Blumenkinder steht. Tosender Applaus und gespannte Stille wechseln sich ab. Es wird gesungen und getanzt, die Bühne ist von zuckendem Stroboskoplicht erhellt. Eine faszinierende Love-and-Peace-Atmosphäre, der sich hier niemand entziehen kann.

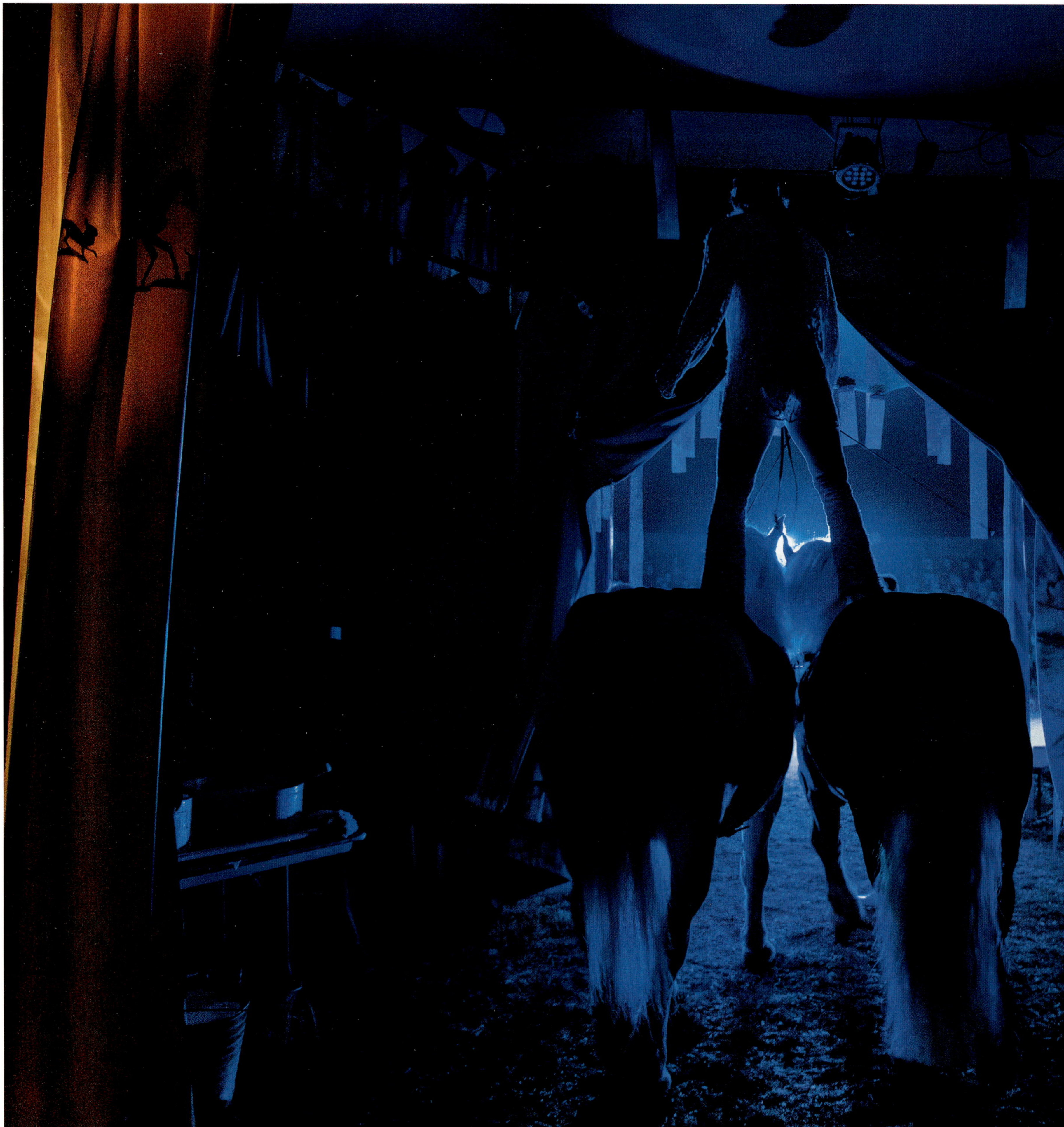

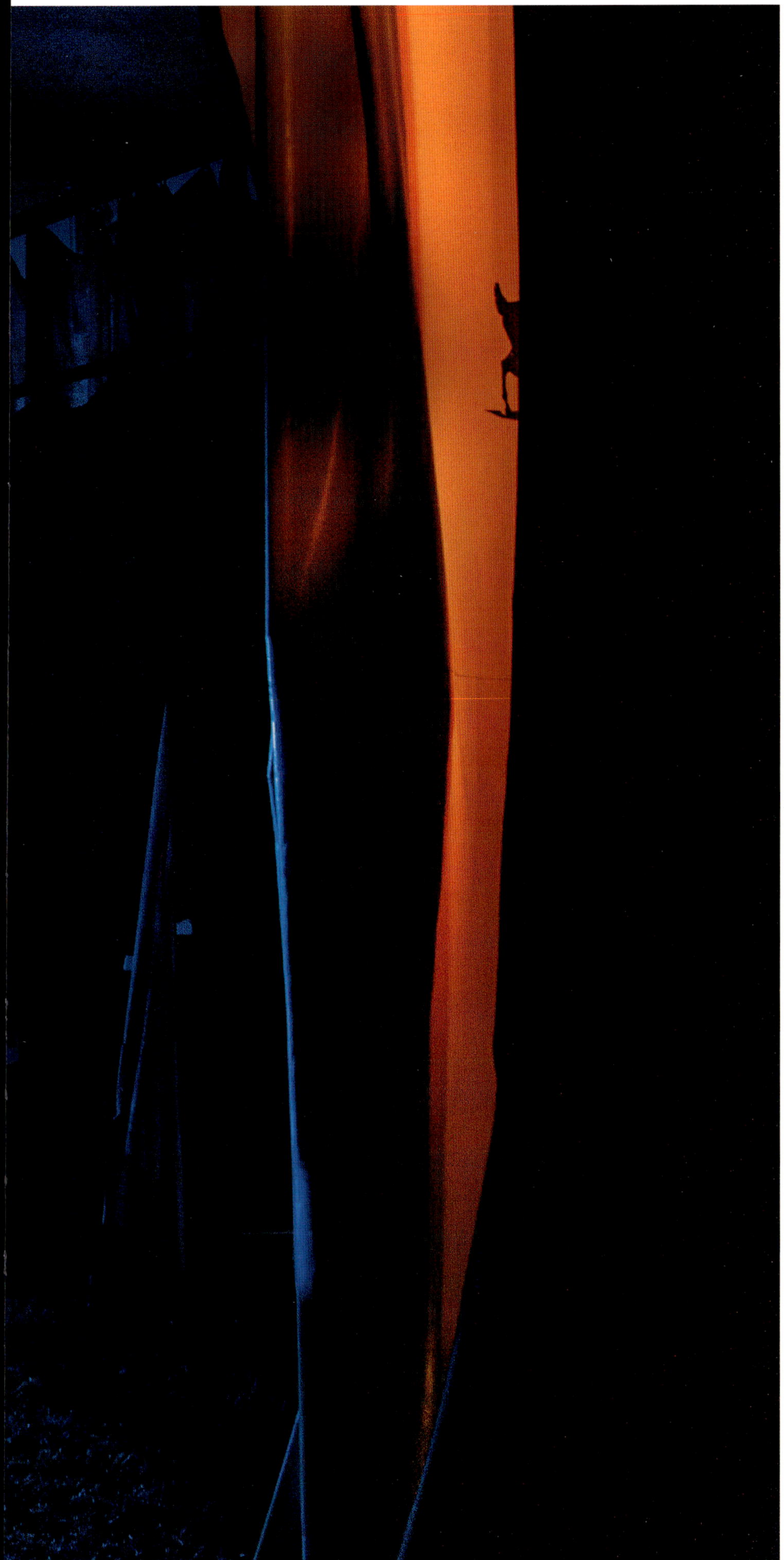

Ein Akrobat der Familie Donnert auf der Schwelle zwischen Backstagebereich und Bühne, unmittelbar vor dem Auftritt. Er steht auf zwei Pferderücken, in perfekter Harmonie mit den Tieren.

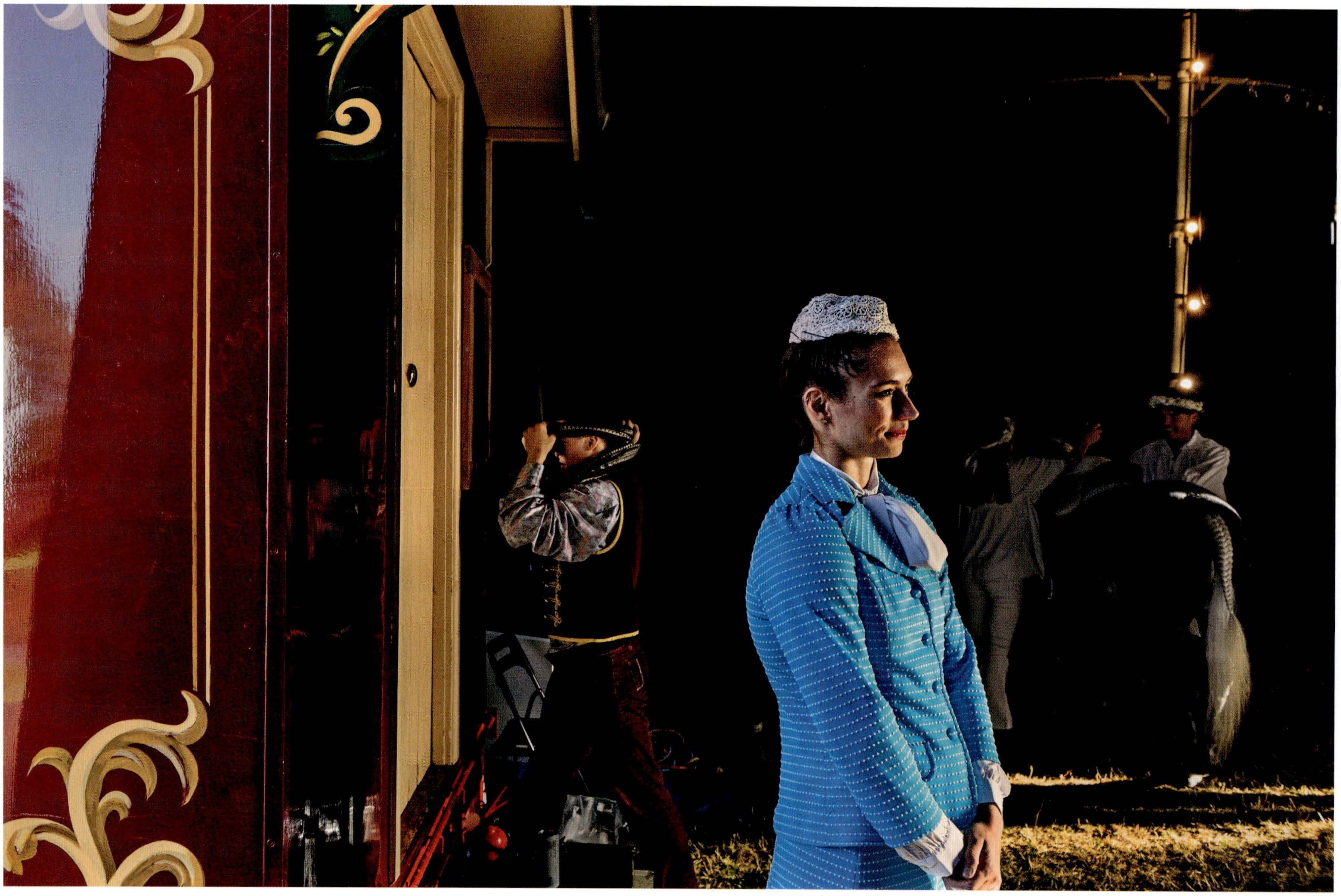

Tatyana Ozhiganova im Backstagebereich mit anderen Akteuren. Tatyana ist eine russische Artistin, die zusammen mit ihrem Ehemann Denis Remnev das Duo Straps bildet. Die Momente vor dem Auftritt gehören der Sammlung und der Konzentration.

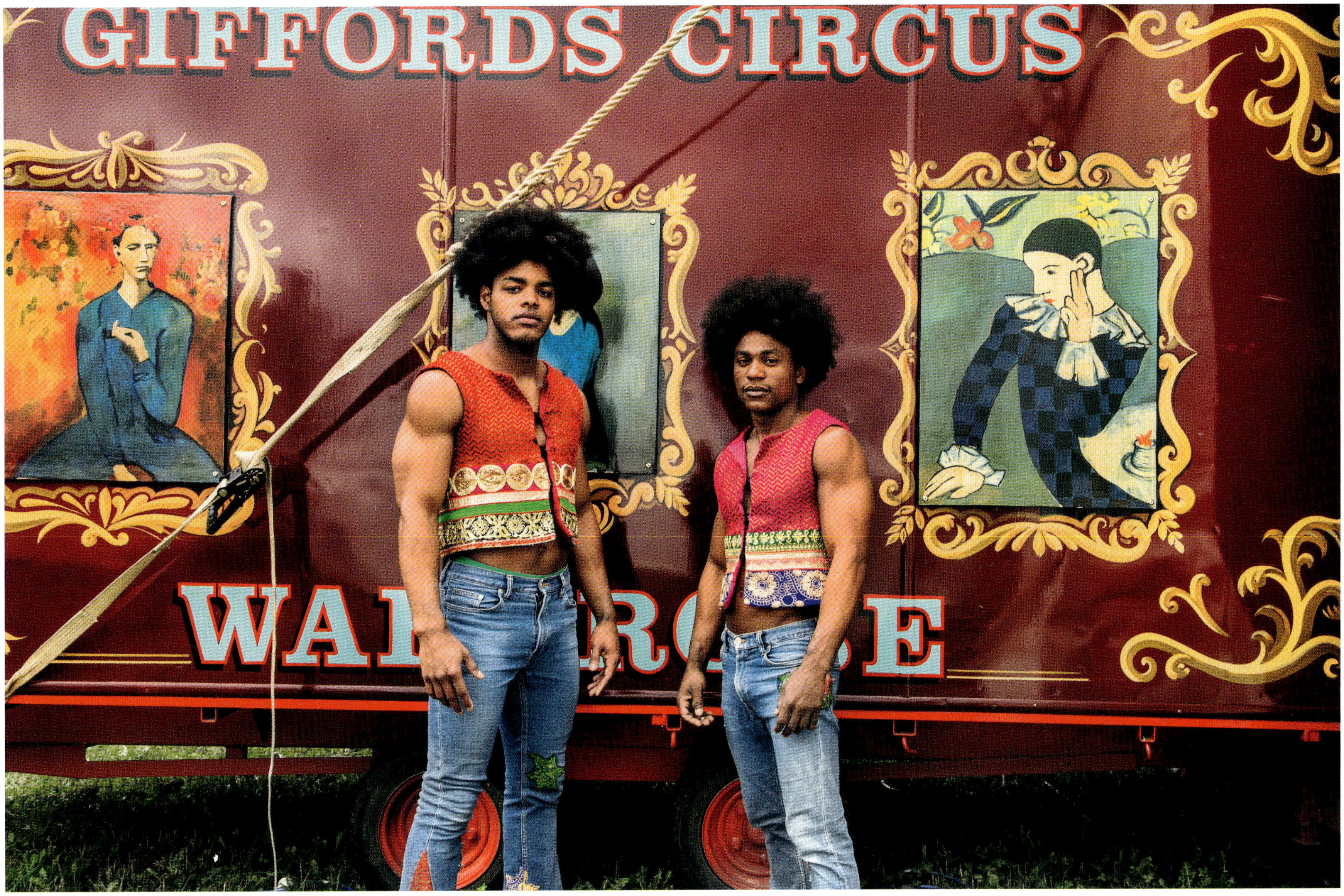

Iovany und Yandisley sind kubanische Artisten der Havana Circus Company, die auch unter dem Namen »The Beautiful People« bekannt sind. Hier stehen sie vor ihren eigenen bunten Zirkuswagen.

Zwei Helferinnen tanzen ausgelassen im Barzelt im Publikumsbereich. Ihre Ausgelassenheit steckt bei jeder Vorstellung aufs Neue die Besucher an. ▽▽

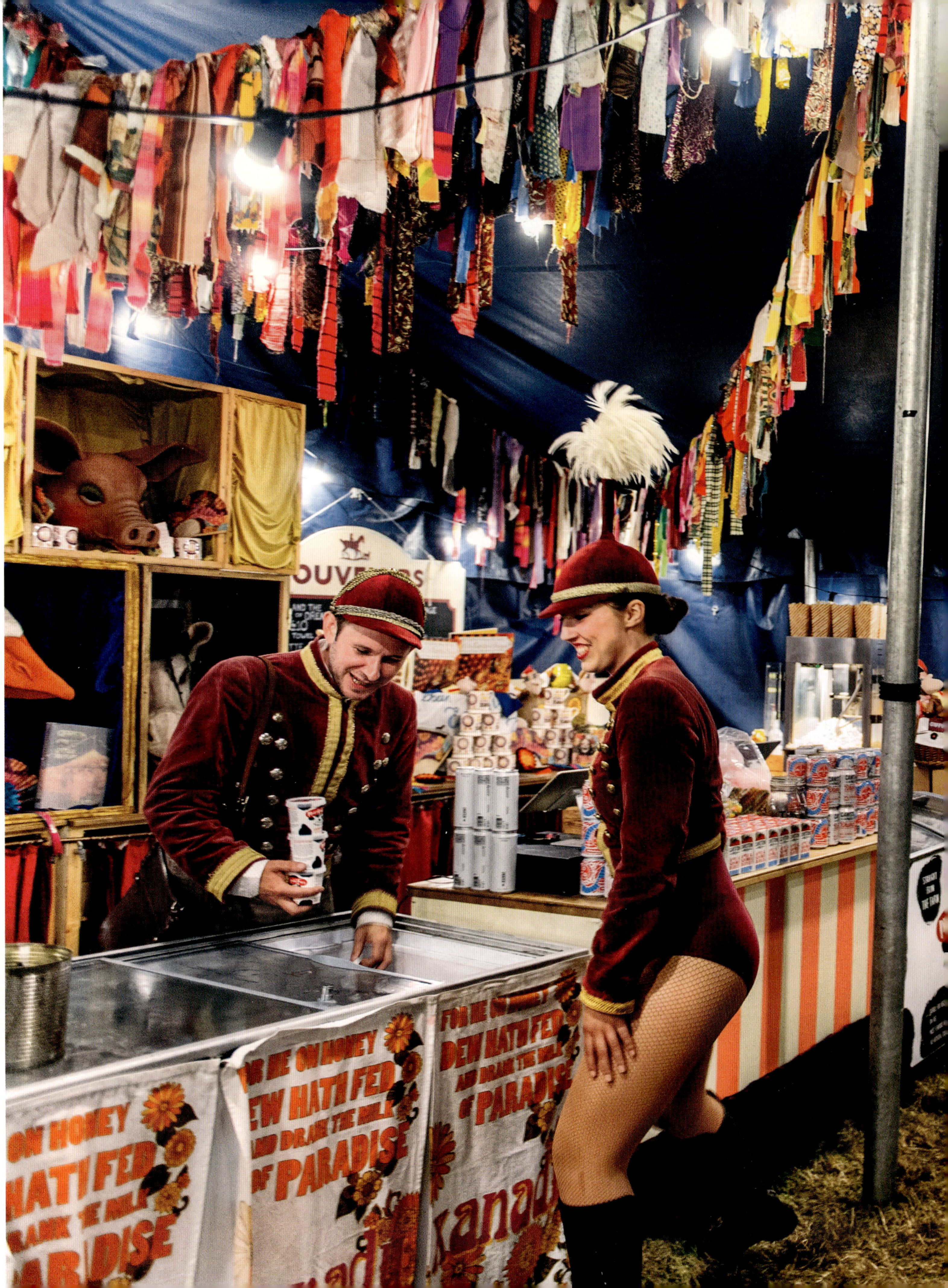
FOR HE ON HONEY
DEW HATH FED
AND DRANK THE MILK
OF PARADISE

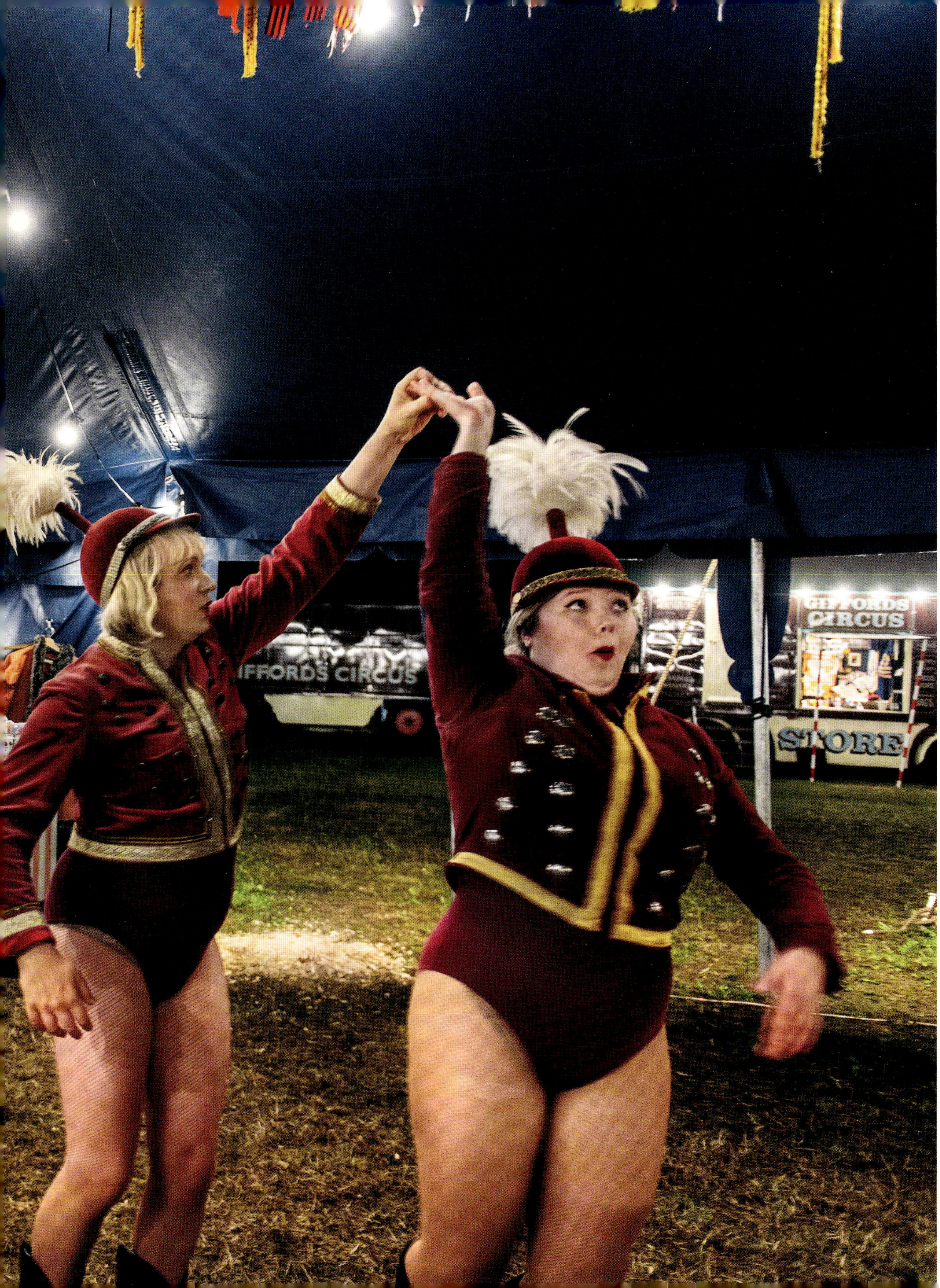
IFFORDS CIRCUS
GIFFORDS
CIRCUS
STORE

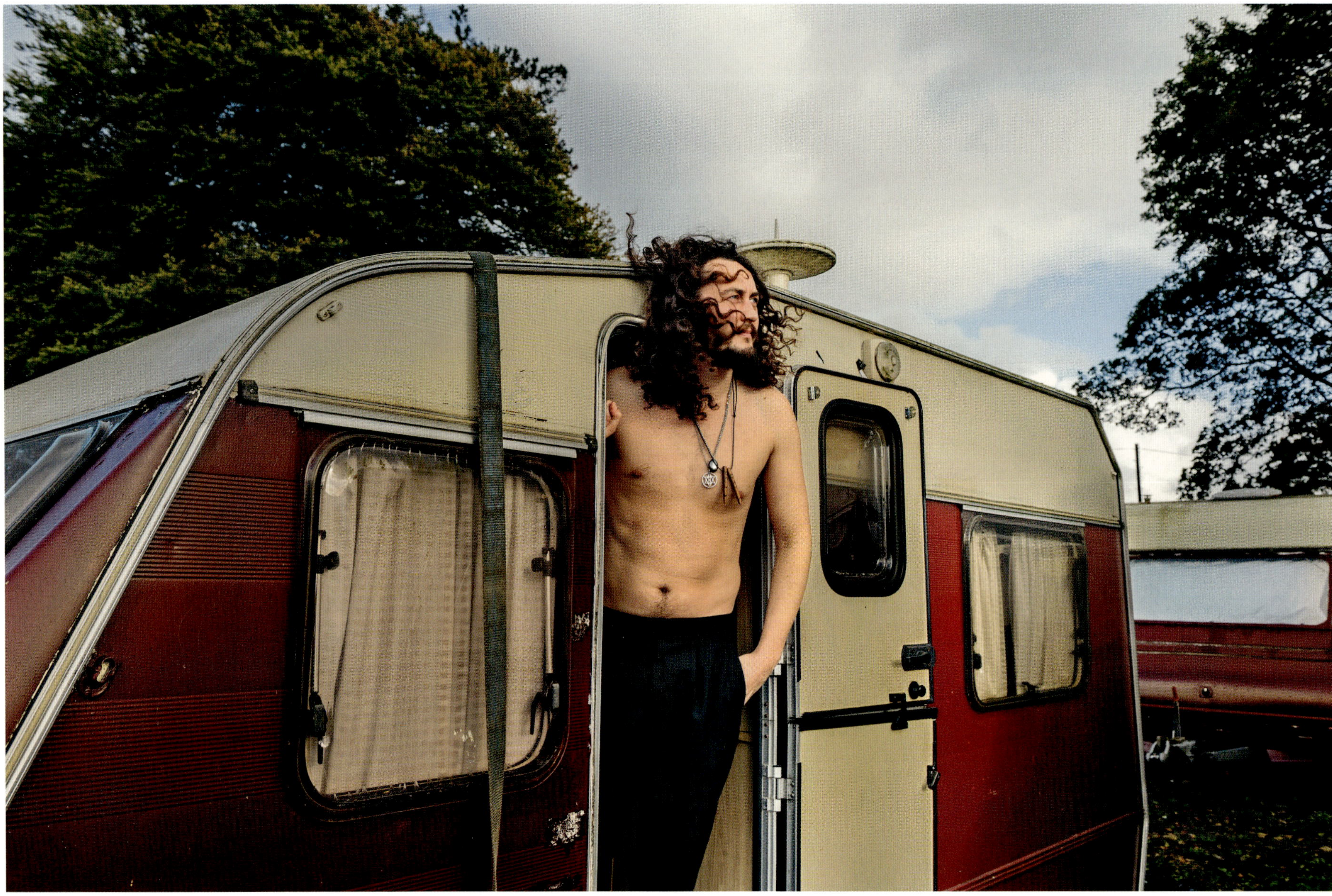

Sam Bailey, einer der Musiker, steht vor der Tür seines Wohnwagens und schaut versonnen in die Ferne, seine langen Haare wehen im kühlen englischen Wind. Er wirkt fast wie ein Wikinger.

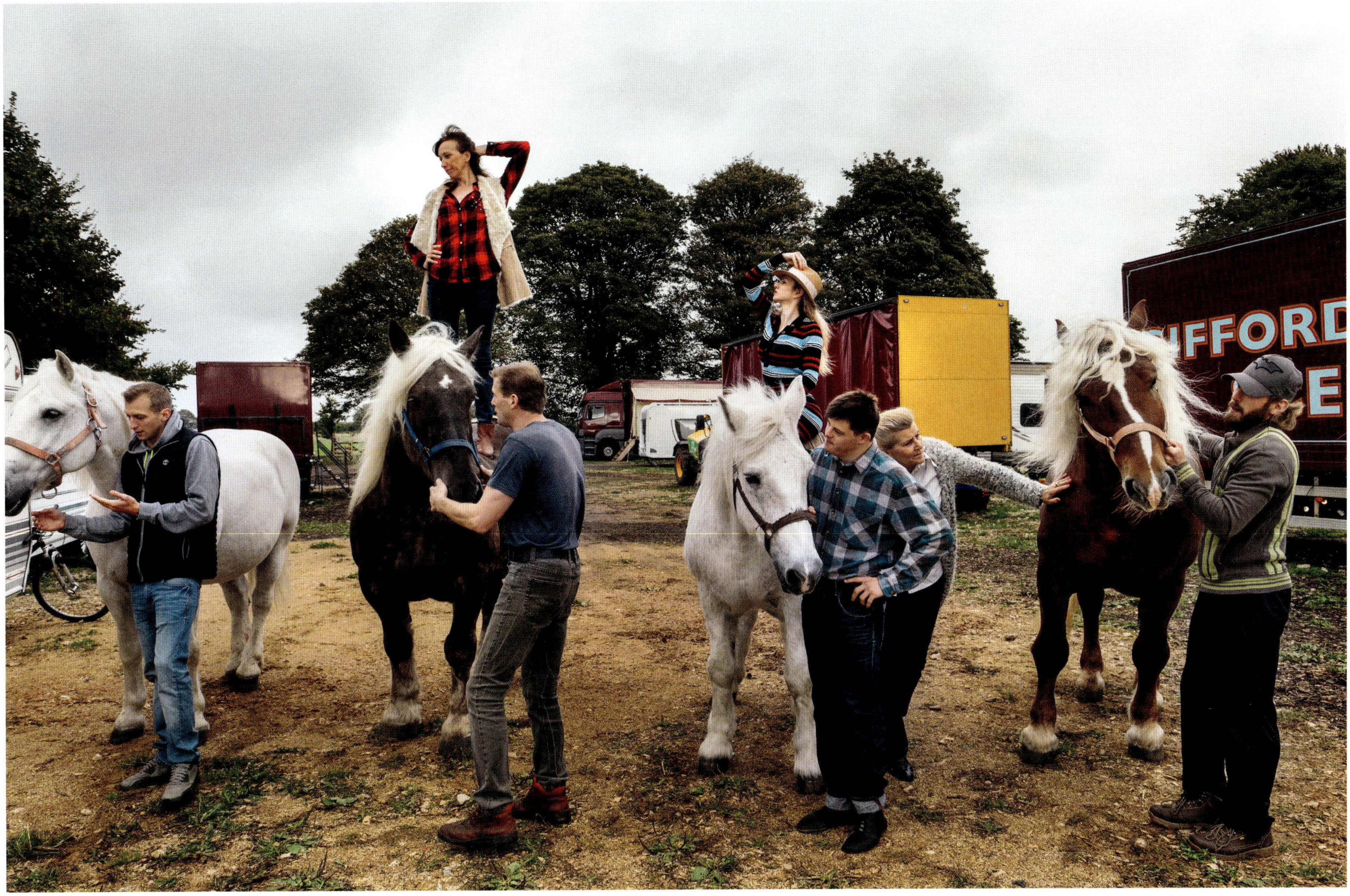

Die Mitglieder der ungarischen Familie Donnert sind in siebter Generation Akrobaten. Der achtzehnjährige Alfons ist mit dem Downsyndrom geboren worden und steht trotzdem als Teil der Truppe mit auf der Bühne.

»UNS SCHWEBTE EIN KLEINES DORF VOR,
EIN MAGISCHER ORT,
BEVÖLKERT VON EINER KLEINEN,
EINGESCHWORENEN KÜNSTLERTRUPPE.«

Nell Gifford

★

Die Helferinnen während der Pause. Es regnet, und sie versuchen ihre Zuckerwatte zu schützen.

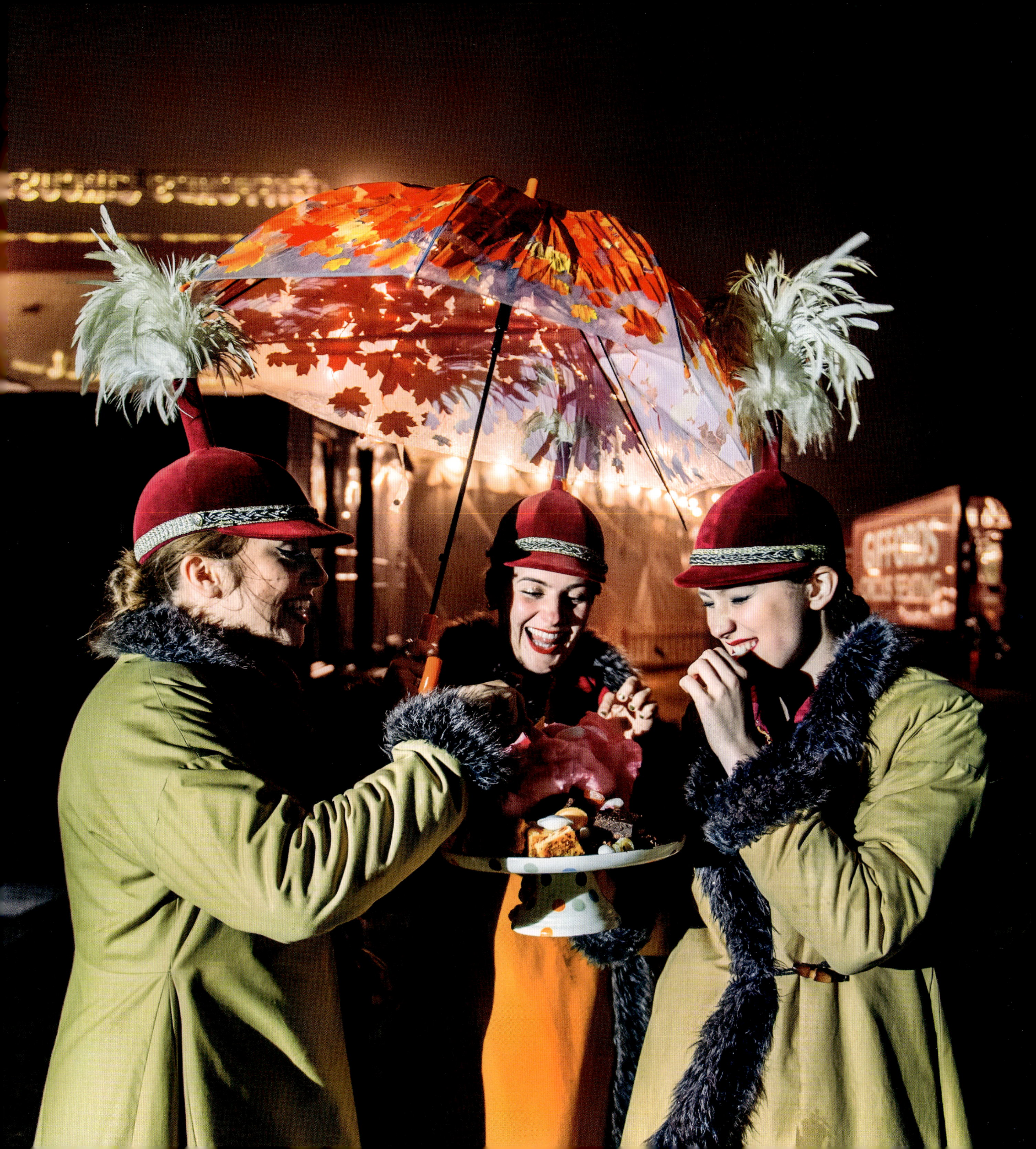

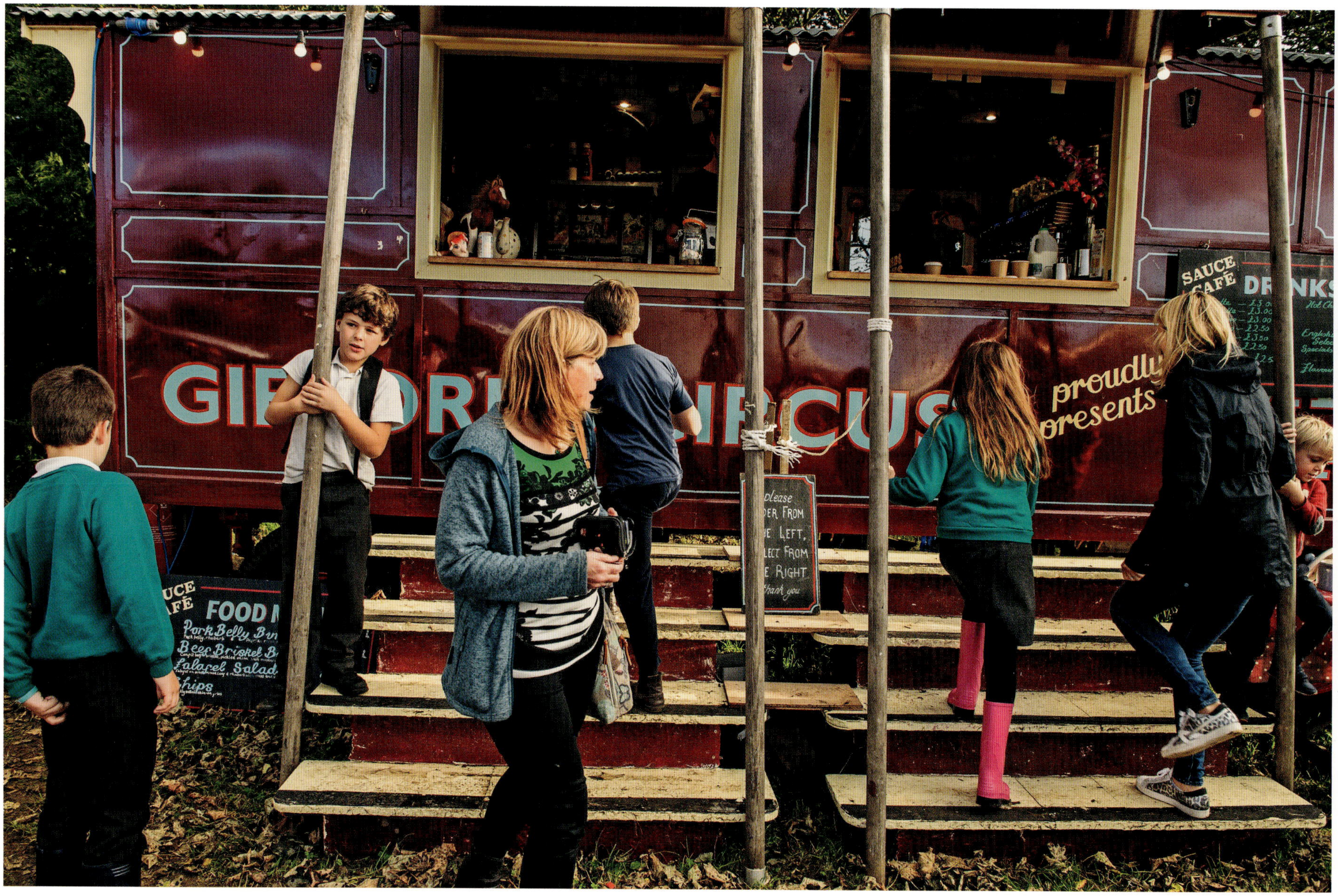

Eine Familie vor dem Vorstellungsbeginn. Sie haben sich mit Gebäck und Getränken versorgt. Die Kinder warten ungeduldig darauf, dass sie ins Zelt dürfen. Es herrscht gespannte Erwartung.

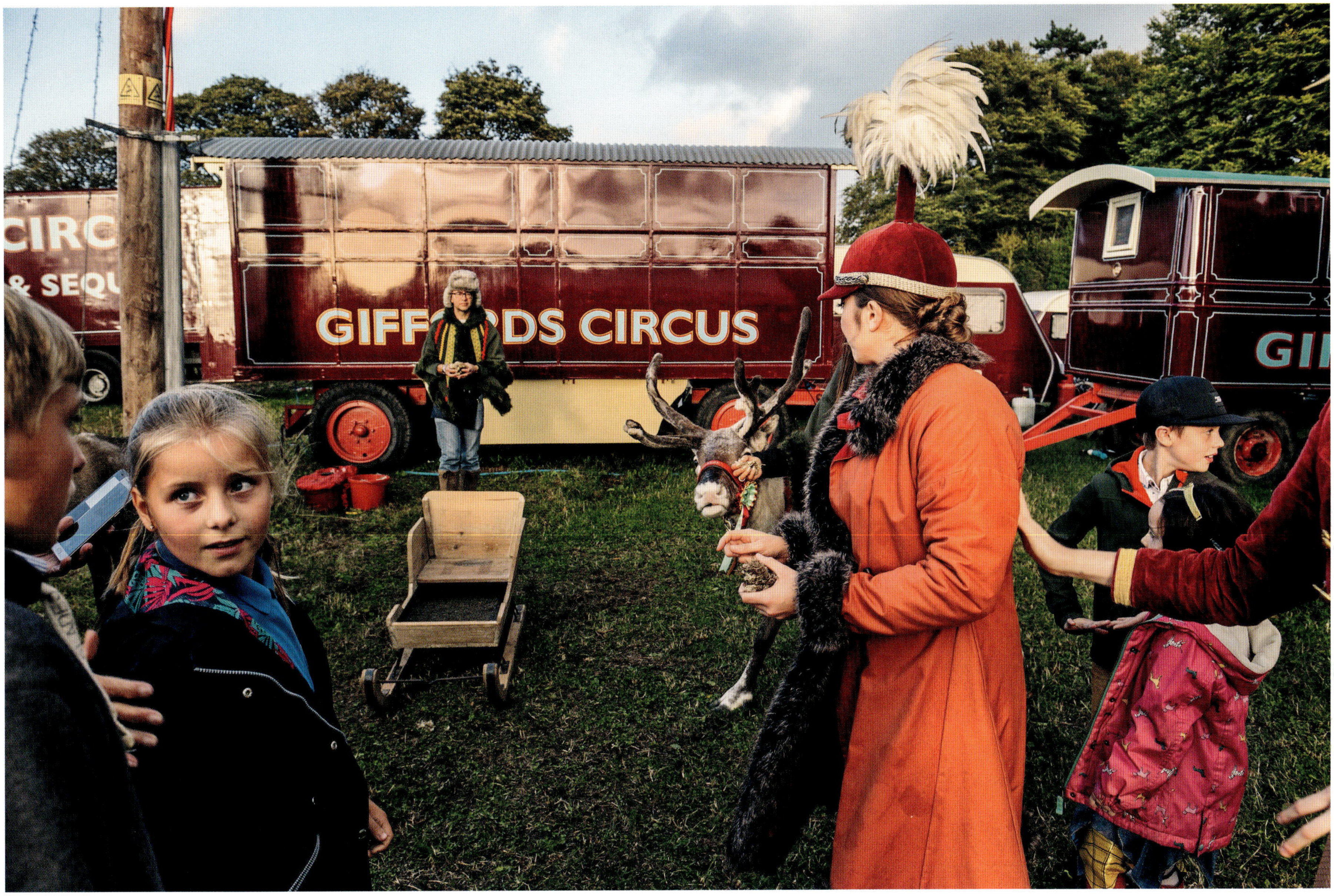

Die Helferinnen zusammen mit Kindern und einem Rentier. Das Tier ist nicht Teil der Show, gehört aber trotzdem zur Truppe.

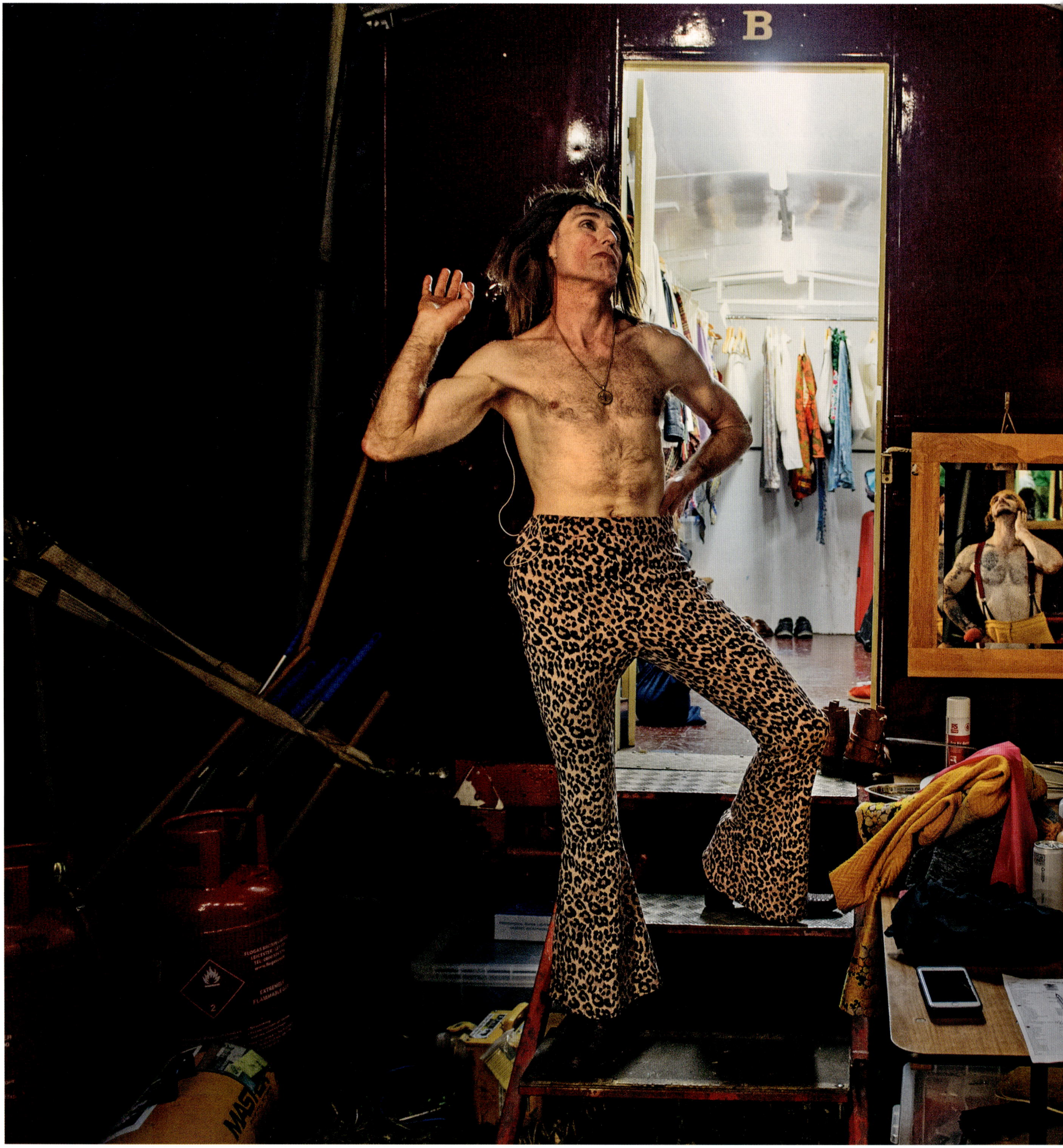
B

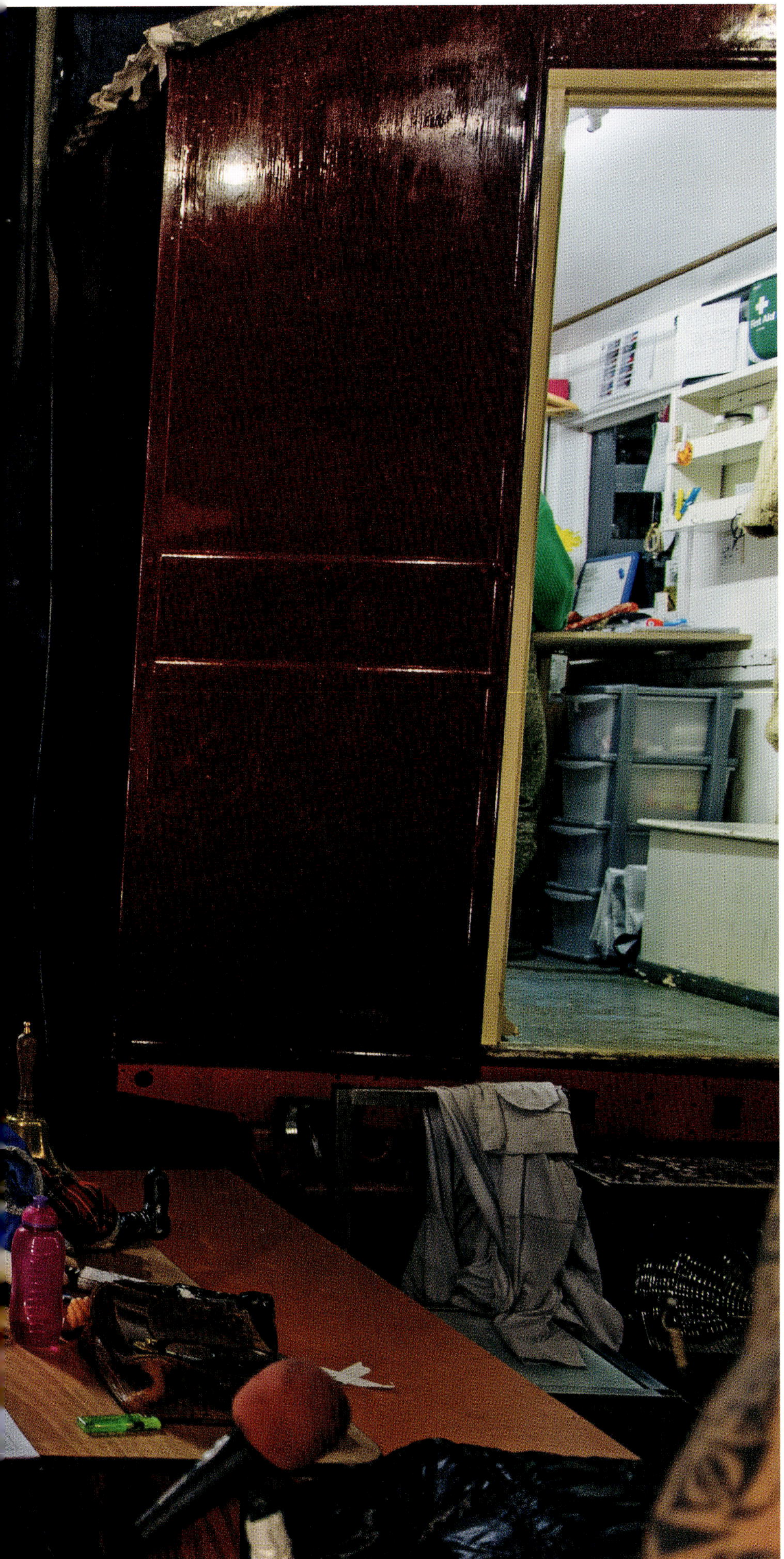

Der Clown Tweedy und Emanuel Curatola im Spiegel: Sie proben ihren Auftritt. Hier in der Garderobe können noch allerletzte Veränderungen vorgenommen werden.

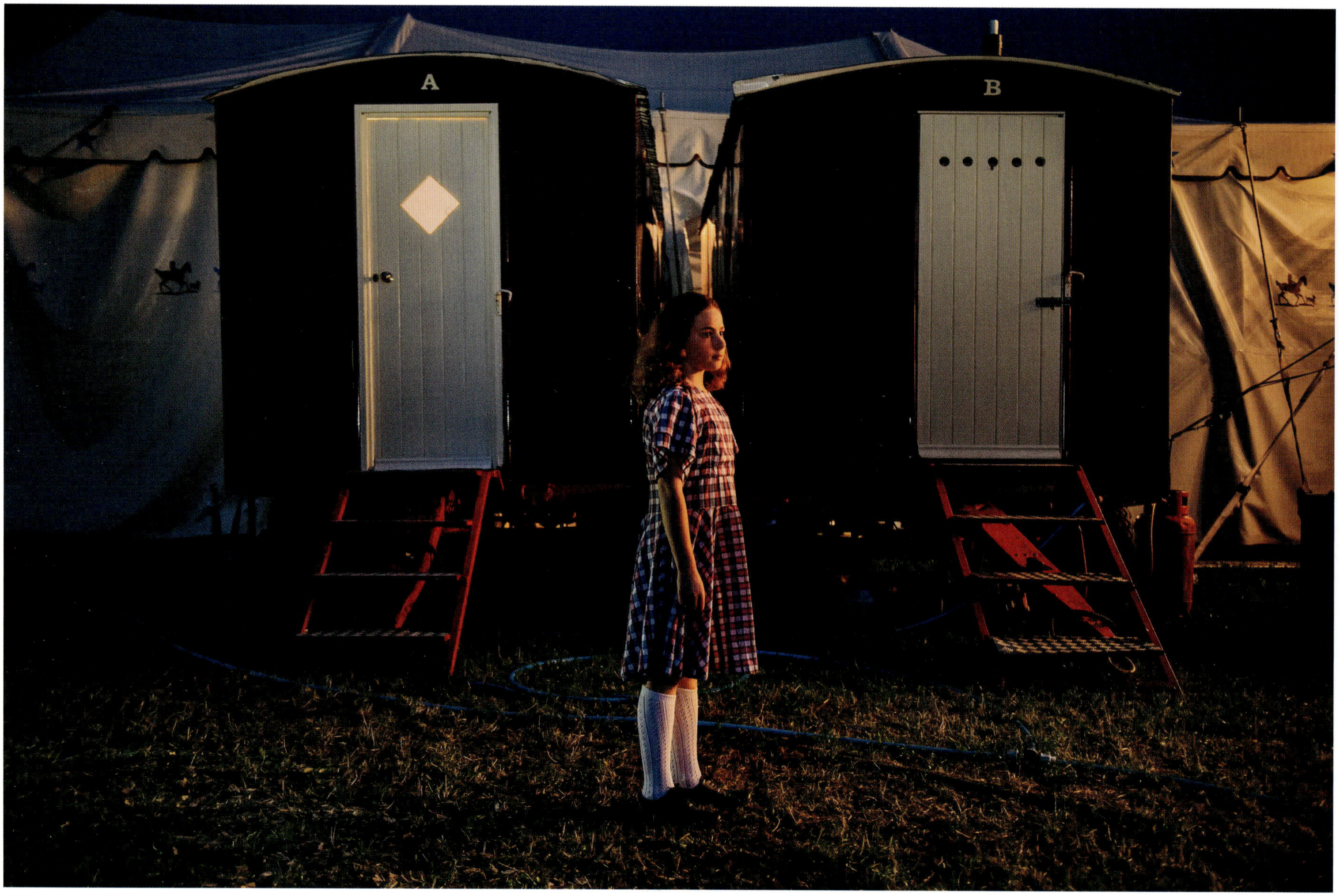

Das Zirkuskind Florence Emerson hinter dem Zirkuszelt. Ein wenig erinnert sie an das Mädchen Dorothy aus dem *Zauberer von Oz*.

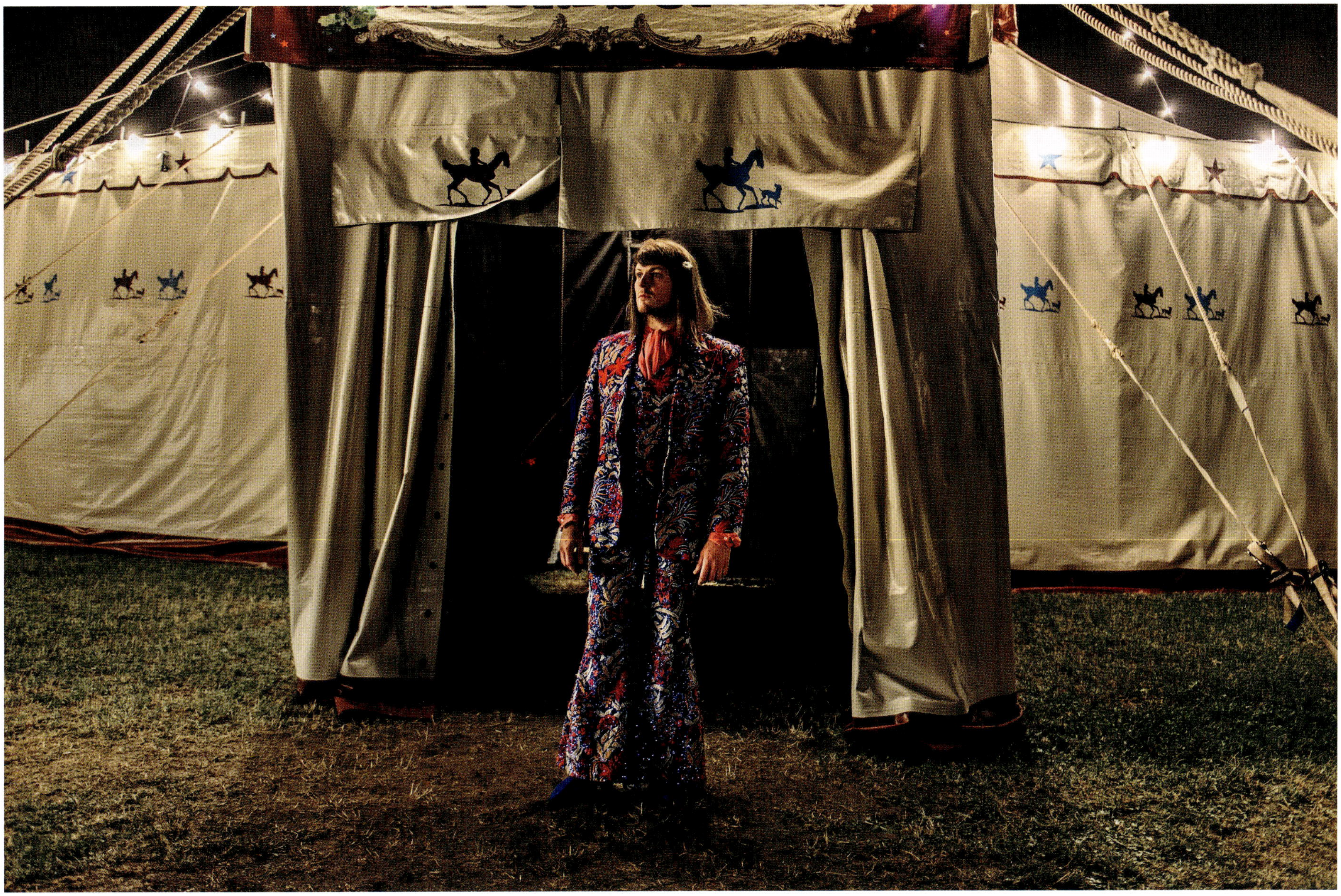

Michael Fletcher, Hauptdarsteller und Sänger, in seinem Hippie-Outfit vor dem illuminierten Zelt. Die dritte Aufführung des Tages ist zu Ende gegangen. Nun kehrt Ruhe ein.

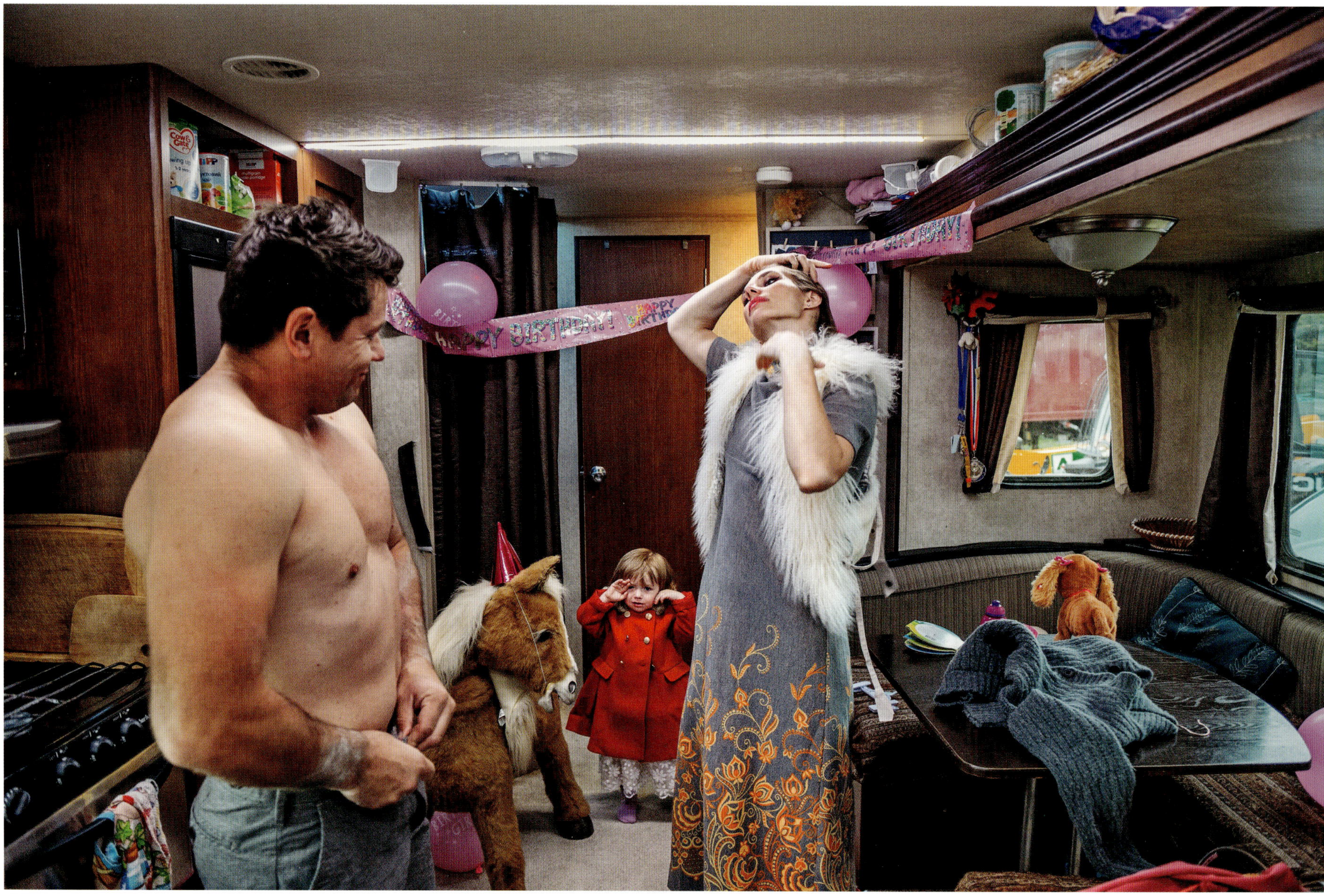

Das russische Artistenpaar Tatyana Ozhiganova und Denis Remnev – sie nennen sich »Duo Straps« – zieht sich in seinem Wohnwagen an, hinten steht ihre Tochter Alice. Luftballons und die Girlande von Alices Geburtstag, der am Vorabend gefeiert wurde, schmücken noch den Raum.

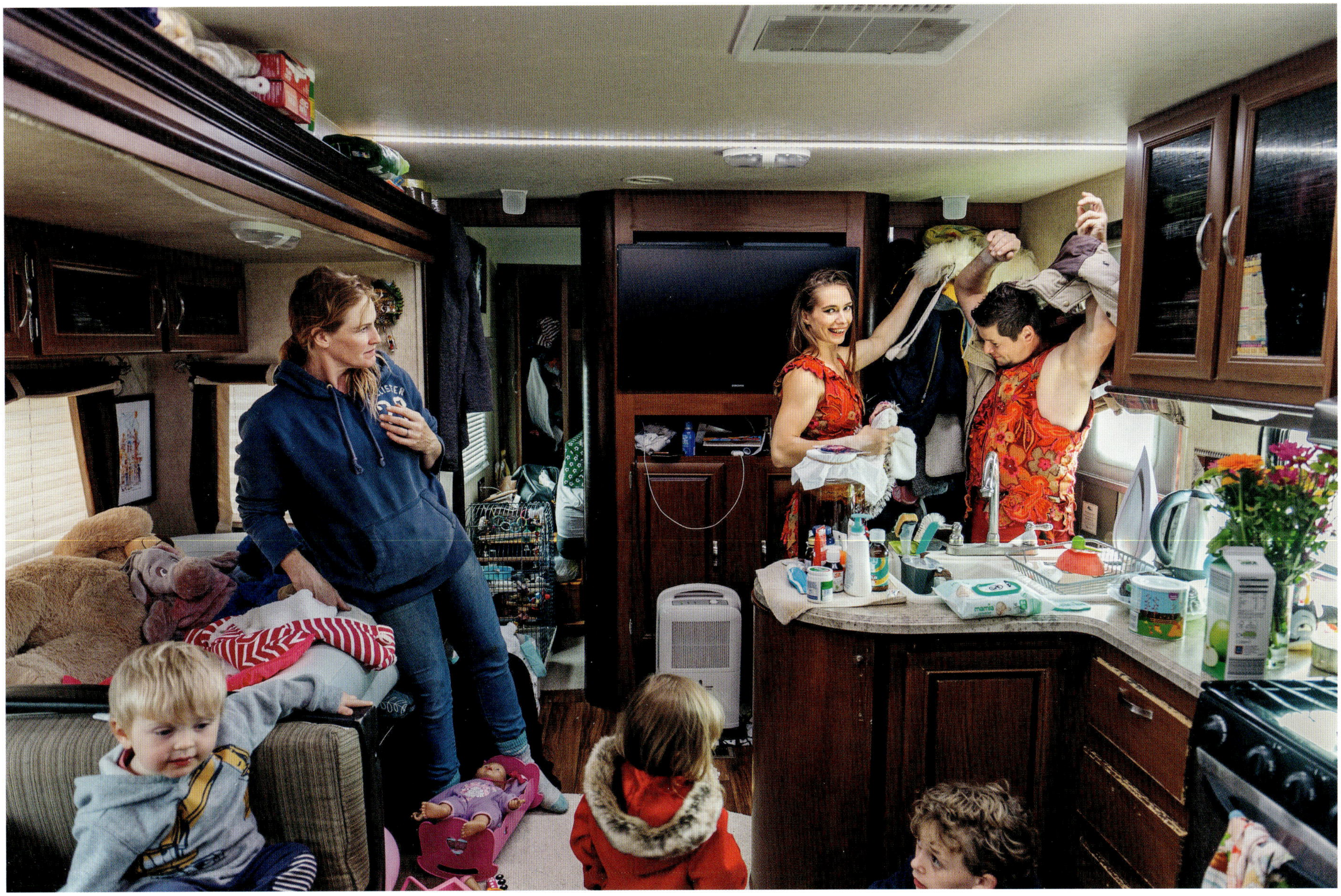

Tatyana und Denis ziehen sich in ihrem Wohnwagen um, auch eine Freundin und ihre Kinder sind dabei. In ihrem rollenden Haus geht es ungezwungen zu, hier ist immer etwas los, der Zirkusalltag ist von Freundschaft und Vertrauen geprägt.

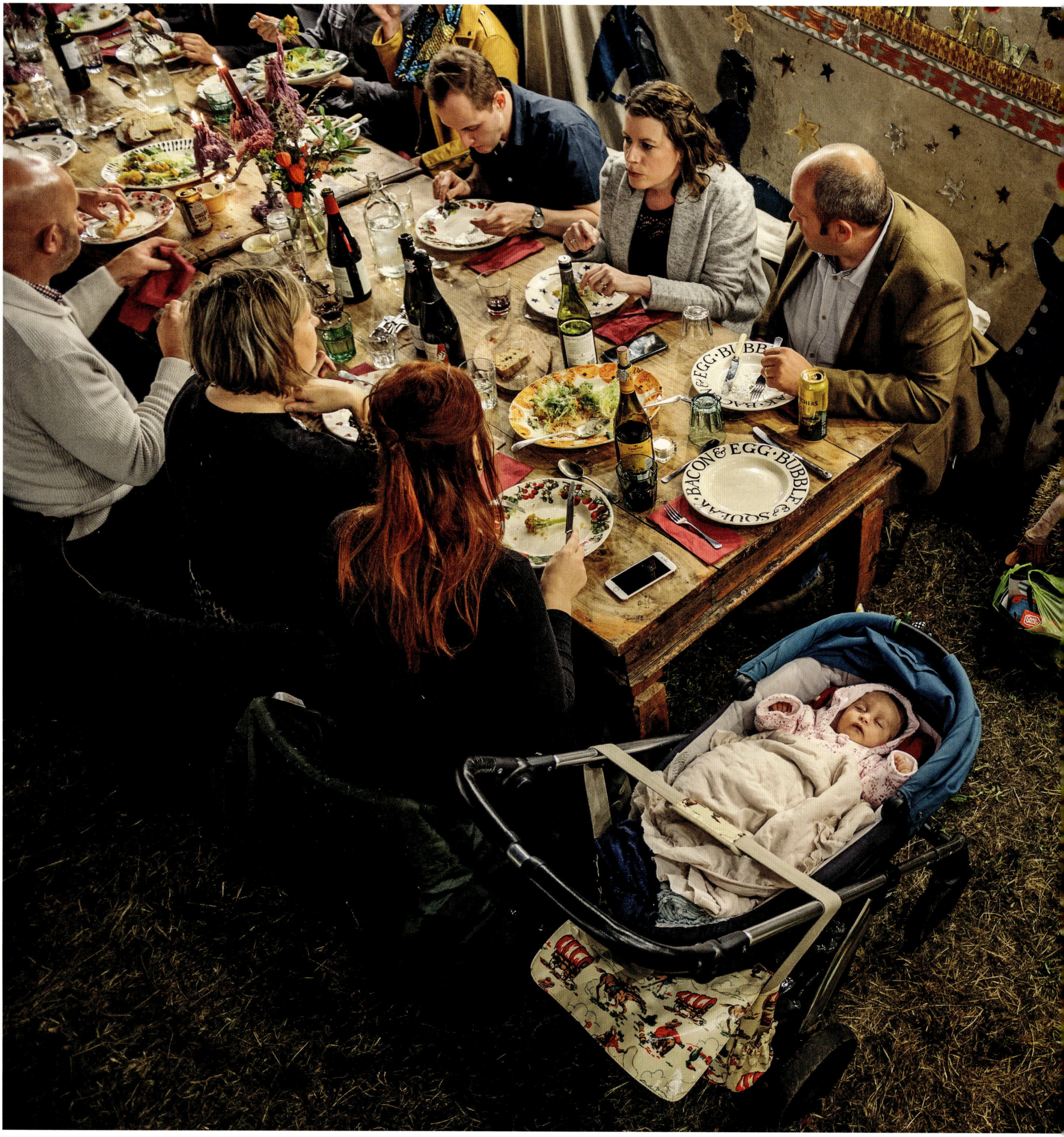
BACON & EGG BUBBLE

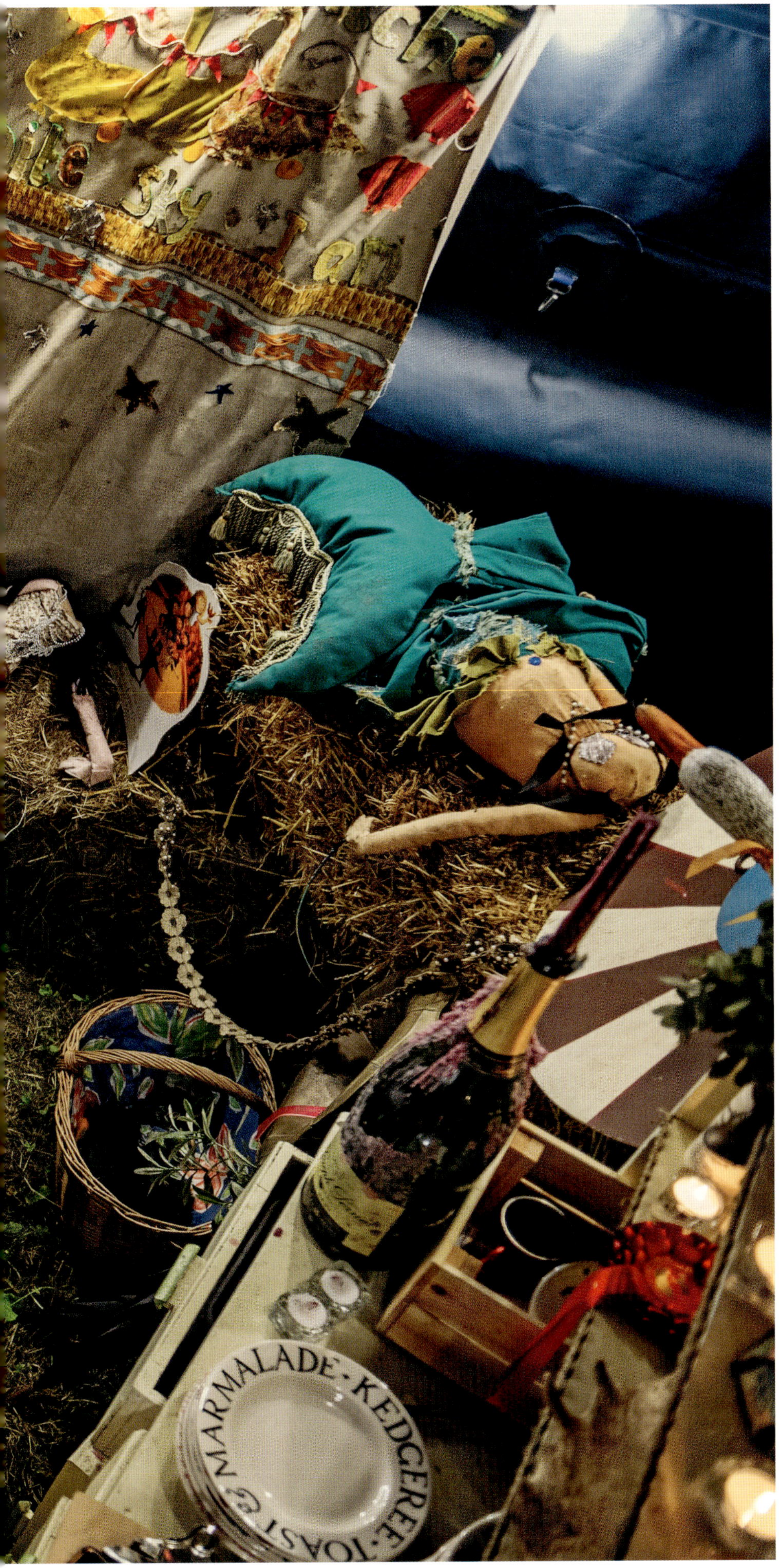

Die Kompanie beim gemeinsamen Essen im Giffords Circus Sauce Restaurant, die Saison geht zu Ende, die Abschiedsvorstellung naht. Einige Künstler werden auch in der nächsten Saison wieder zur Truppe gehören, manche werden sich anderen Kompanien anschließen. Trotzdem fühlen sich alle wie eine große Familie.

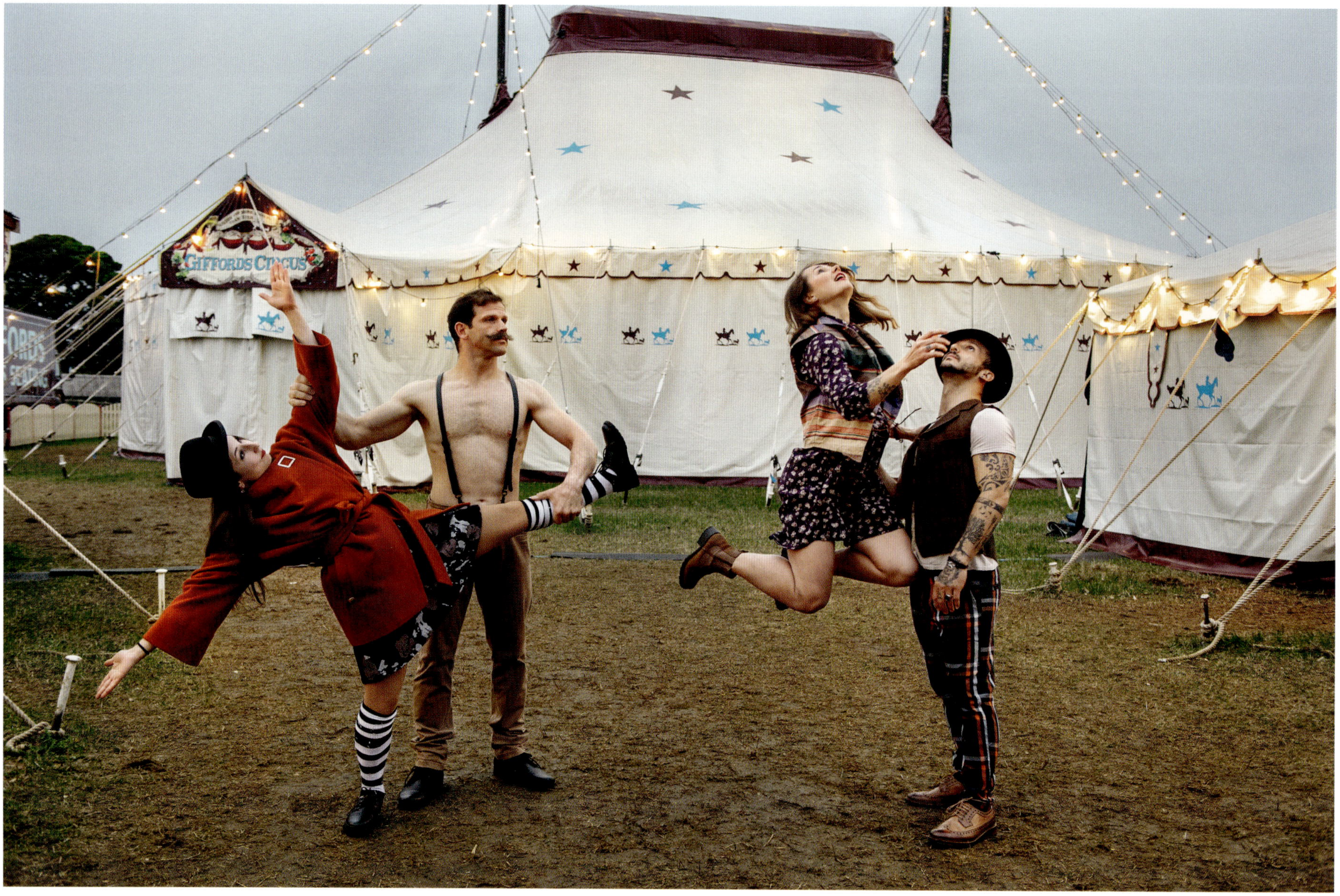

Die beiden Paare Allison Togni und Giuseppe Curatola sowie Tatyana Levkova und Emanuel Curatola posieren vor dem Zirkuszelt. Allison gehört zur Familie Togni, einer alten Zirkusdynastie, die Akrobaten Giuseppe und Emanuel Curatola sind Brüder, die mit ihren Partnerinnen wann immer sich die Möglichkeit bietet von einer Kompanie in die nächste wechseln.

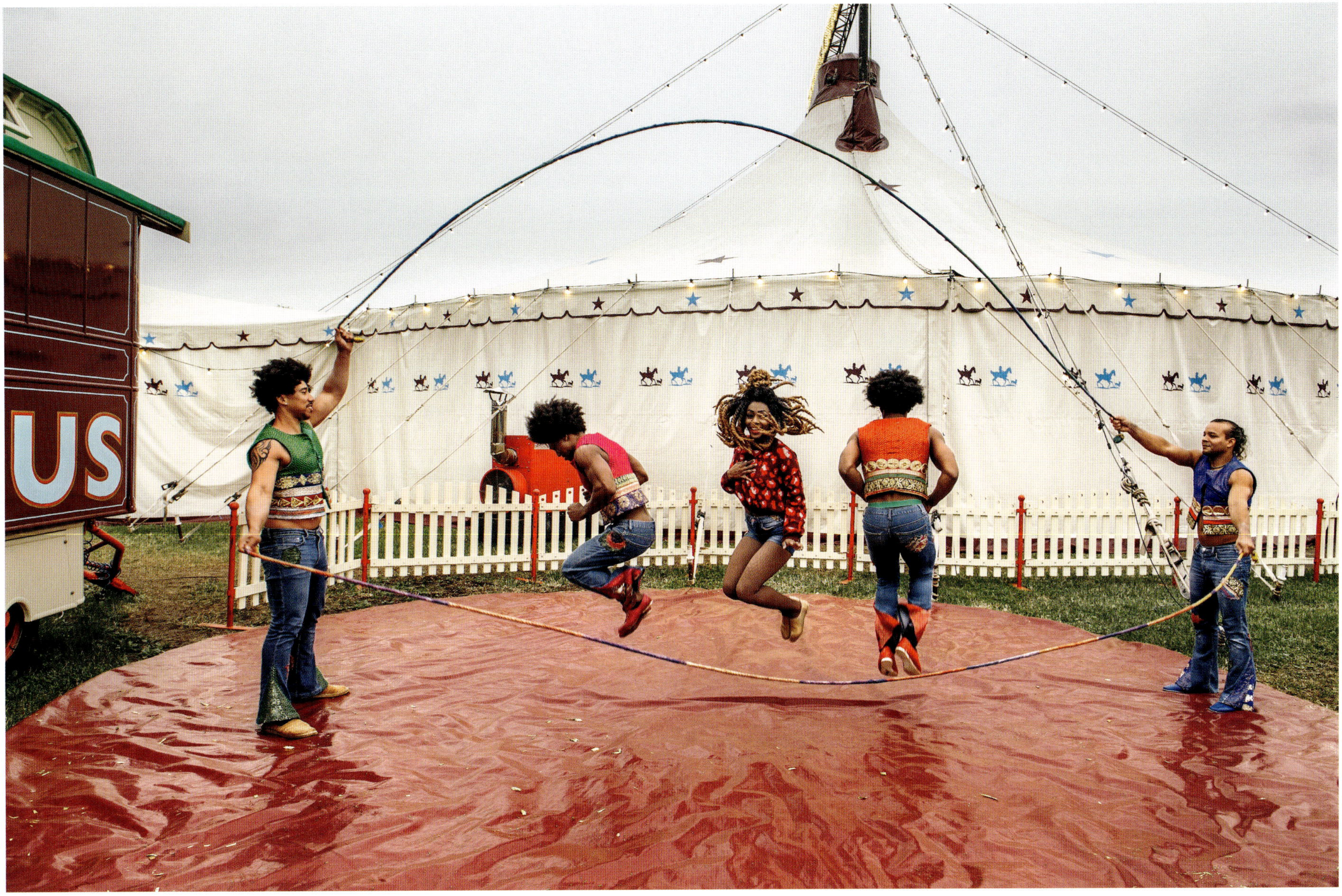

Ein Gruppenfoto vor der Show: Die Akrobaten der Havana Circus Company, auch »The Beautiful People« genannt, präsentieren eine Seilnummer, eine der Hauptattraktionen des Programms. Seilhüpfen ist in Kuba populär, die Kinder spielen es auf der Straße.

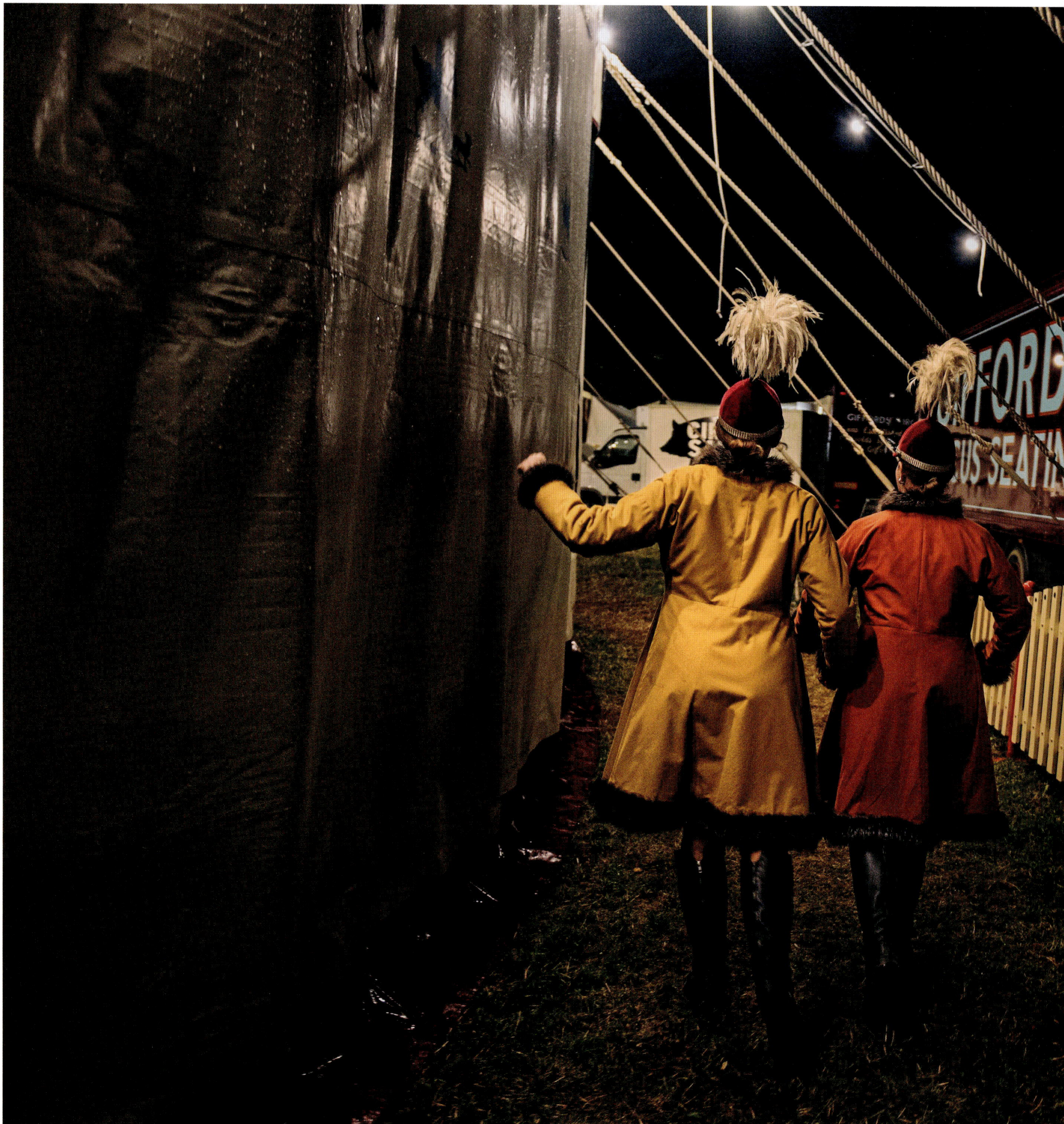

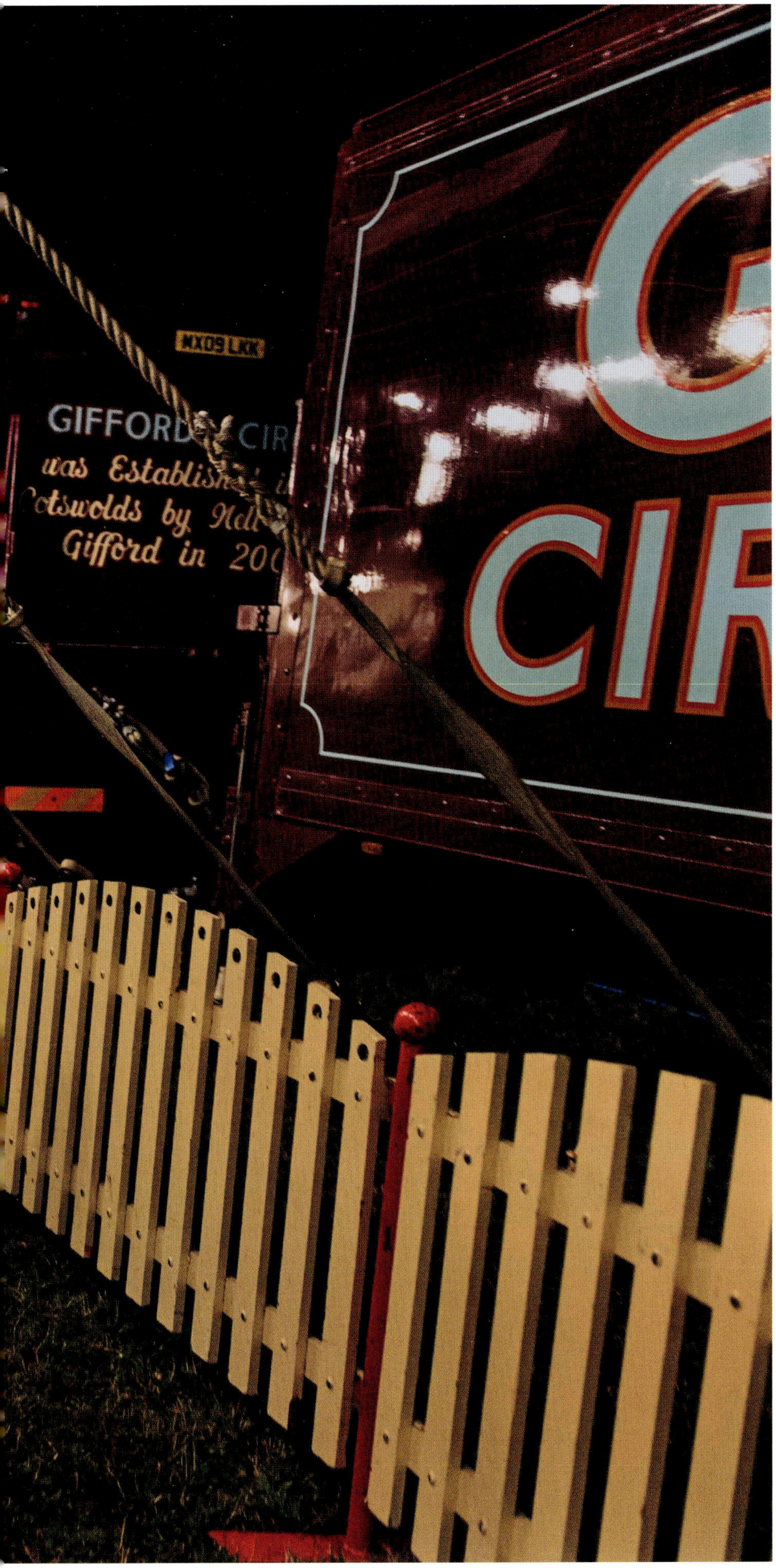

Zwei Helferinnen gehen am hell erleuchteten Zirkuszelt vorbei zu den Verpflegungsständen. Bald ist die erste Hälfte der Vorstellung vorbei und sie holen Tee und Gebäck für die Artisten.

CIRCO RALUY LEGACY

★

MIT EIGENHÄNDIG RESTAURIERTEN
UND LIEBEVOLL BEMALTEN ZIRKUSWAGEN
ERWECKT DER CIRCO RALUY LEGACY
DIE GLANZVOLLE VERGANGENHEIT
DER ALTEN ZIRKUSKUNST ZU NEUEM LEBEN.

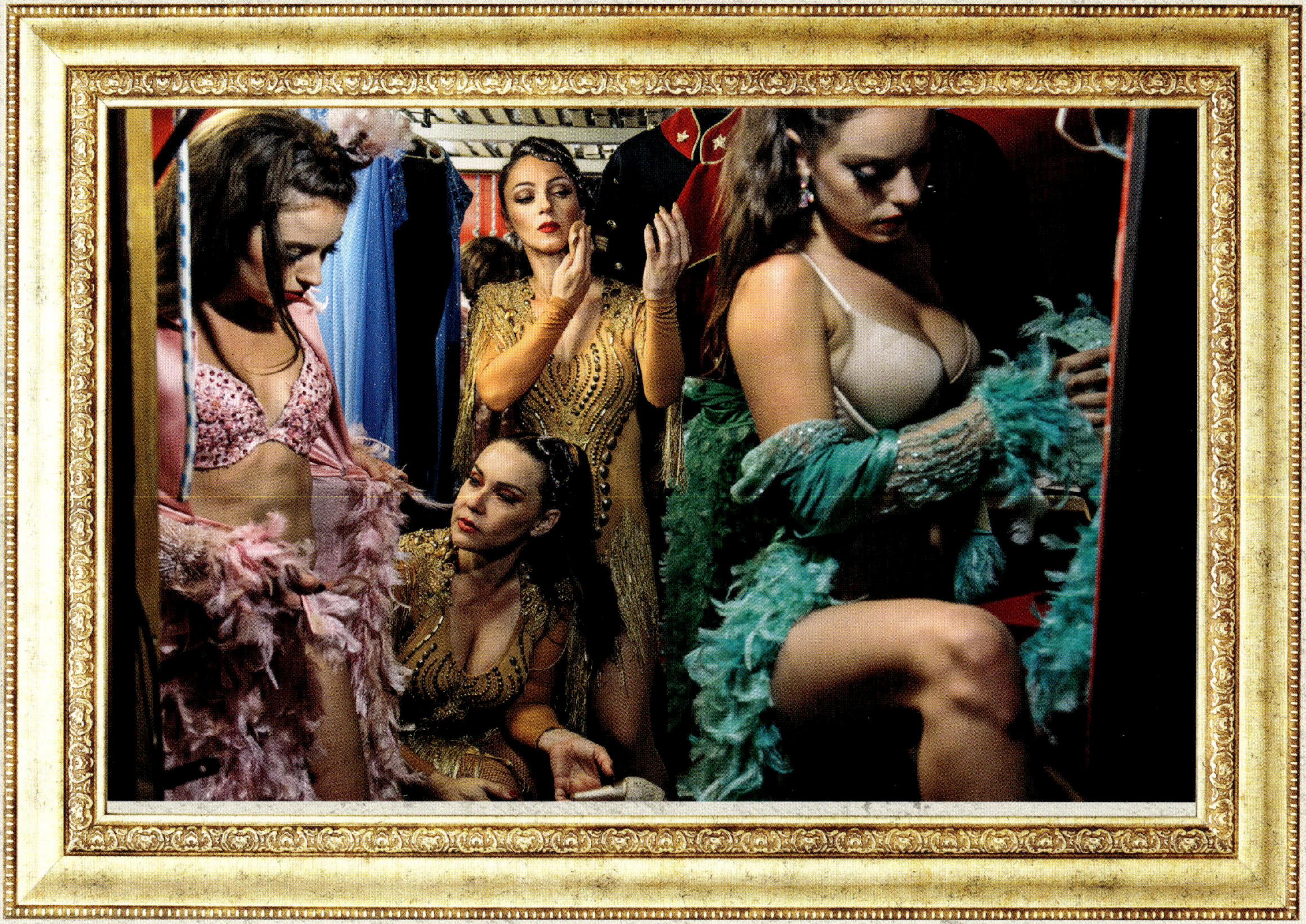

DER TRAUM VON ALTEN ZIRKUSWAGEN

Es gibt einen Ort, an dem die Zeiger der Uhren aufhören, weiterzuwandern. Die Zeit scheint stillzustehen, in einem magischen Raum, mal unendlich weit, mal eng begrenzt. Wie ein Ausflug in die Vergangenheit, zurück zu den Wurzeln der traditionellen Zirkuskunst. Man glaubt sich in die Anfänge des 20. Jahrhunderts zurückversetzt. Eine Ansammlung historischer Zirkuswagen, liebevoll restauriert und mit bunten Farben handbemalt. Dazu das rot-weiße Zelt, das an eine Spieluhr zum Aufziehen aus längst vergangener Zeit erinnert.

★

Der Circo Raluy Legacy ist eine Kunstform von gestern, die im Spanien von heute zu Hause ist. Er lässt die rauschhafte Zeit der Goldsucher wieder aufleben, die lärmenden Dorffeste in den noch mit Petroleumlampen erhellten holprigen Kopfsteinpflasterstraßen. Gleich einem Raumschiff, das sich aus dem Hier und Jetzt herauskatapultiert hat. Artisten und Clowns bilden auf überdrehte, fast groteske Weise die Realität der menschlichen Gesellschaft ab, entlarven ihre Schwächen und huldigen ihren Stärken.

Der Circo Raluy Legacy verkörpert die moderne Version einer jahrhundertealten Zirkuskunst, die der Gegenwart zwar angepasst ist, ihre Ursprünge aber nicht verleugnet. Wie so oft bei romantischen Geschichten, die das Leben schreibt, ist dies die Verwirklichung eines großen Traumes von Freiheit und Schönheit, ungekünstelt und authentisch, der im Stammbaum einer ganz besonderen Familie wurzelt.

Diese Geschichte beginnt mit Feuerschluckern, mit von Pferden gezogenen Holzwagen, mit Akrobaten und Zauberern, die das Publikum in ihren Bann ziehen. Hinein in eine Welt voller Magie und Illusionen. Man fühlt sich versetzt in die Zeit der Karawanen, der Megafone, der verwinkelten, windschiefen Zelte. Und in eine Welt, die Luis Raluy Iglesias' Fantasie beflügelte, als er die Idee eines Wanderzirkus gebar, der anknüpft an die glorreiche Vergangenheit. Er wollte etwas schaffen, das seine Persönlichkeit widerspiegelt, mit spektakulären Nummern wie der »lebenden Kanonenkugel«, einer kaum vorstellbaren, extrem herausfordernden Darbietung, die ihm weltweiten Ruhm einbrachte. Luis reiste als Artist quer durch Europa, von Zirkus zu Zirkus, immer mit dem Wunsch im Herzen, nach Spanien zurückzukehren und seine eigene Kompanie zu gründen. Sein eiserner Wille, sein Ehrgeiz und seine Visionen ließen seine Träume Realität werden. Der Anfang der Zirkusfamilie Raluy war somit auch eine Verbeugung vor der altüberlieferten Zirkustradition, mit dem Ziel, sie von Generation zu Generation weiterzutragen. Diese Philosophie ist bis heute die Grundlage für eine faszinierende Show geblieben, die ihresgleichen sucht.

Sein Sohn (der auch Luis heißt), der in dieser surrealen und magischen Atmosphäre aufgewachsen ist, fern aller gesellschaftlichen Normen, setzt nun neue Akzente. Er ließ die alten Wagen aus den 1920er- und 1930er-Jahren originalgetreu restaurieren, um der glorreichen Vergangenheit des Wanderzirkus neues Leben einzuhauchen, gleichsam eine Reminiszenz an die »gute alte Zeit«. Luis ist ein Universalgenie: Mathematiker, Physiker, Schriftsteller, Musiker, Artist und Zirkusdirektor. Er gibt alles dafür, seine Vision vom fahrenden Familienzirkus zu verwirklichen, koste es, was es wolle.

△△ Das Spektakel ist zu Ende. Die vier Artistinnen, zwei Schwesternpaare, ziehen sich um. Das Bild zeigt ihre enge Bindung und Vertrautheit, vor und hinter der Bühne.

Als er sich auf die Suche nach neuen Artisten für sein Programm machte, traf er die englische Tänzerin Barbara Rastall und verliebte sich in sie. Vereint in der Leidenschaft für das freie, ungezwungene Leben im Wanderzirkus, heirateten sie. Sie bekamen zwei Kinder: Louisa und Kerry Raluy. Louisa heiratete später Jurek Swider, sie bekamen zwei Töchter: Niedziela und Emily. Kerry heiratete Jean Christophe Foumier, aus dieser Ehe sind Benicio und Charmelle hervorgegangen.

Die Ursprünge dieser Großfamilie liegen im fruchtbaren Boden einer alten Tradition verwurzelt, in dieser faszinierenden Historie, fortgeschrieben von Generation zu Generation. Heute stehen die Frauen im Mittelpunkt. Die Schwestern Emily und Niedziela zum Beispiel üben sechs Stunden am Tag, um ihre artistisch-anmutige Darbietung weiter zu perfektionieren und ein wachsendes Publikum zu bezaubern. Die Frauen sind der Motor des Circo Raluy Legacy, das Energiezentrum, der Kern seiner Strahlkraft, sie hauchen dem Zirkus Leben ein. Sie sind die Protagonistinnen auf der Bühne, aber auch im Alltag, wenn die Scheinwerfer verlöschen und sie Platz schaffen für eine große Gemeinschaft voller Wärme und Zuneigung. Sie stellen ihr Dasein in den Dienst ihrer Familie und des Publikums, immer mit einem Lächeln auf den Lippen, auch wenn ihnen gerade nicht danach ist. Die Frauen des Circo Raluy Legacy sind die Takt-, die Impulsgeber hinter jedem Applaus, jeder Träne und jedem Lachen, als die visionären Erbinnen einer glorreichen Zirkusvergangenheit. Sie sind das Fundament eines expandierenden Familienunternehmens mit sechzig Künstlerinnen und Künstlern, die sich in einer grandiosen Nonstop-Show auf der Bühne präsentieren. Man kann sich ihrem Zauber nicht entziehen, der farbenprächtigen Choreografie, den flirrenden Lichtern und der atemberaubenden Akrobatik.

Die Raluy-Frauen leben den Traum ihrer Vorfahren, bis heute halten sie an traditionellen Werten fest, alles atmet Nostalgie, trotz aller Perfektion. Jeder in der großen Familie ist Teil des Programms, mit leidenschaftlicher Hingabe geben sie im gleißenden Scheinwerferlicht ihr Bestes. Sie beherrschen alle Formen der Akrobatik: vom nahezu schwerelosen Tanz auf dem Drahtseil über Einradkunststücke und Rollschuhartistik bis hin zum schlangengleichen Poledance. Manchmal fühlt sich das Publikum aber auch in die Vergangenheit zurückversetzt angesichts von Darbietungen, die an die alten Jahrmärkte erinnern, als der Wanderzirkus mit Pferd und Wagen über mal schlammige, mal staubige enge Straßen von Dorf zu Dorf gezogen ist. Etwa bei Balanceakten auf riesigen Bällen, Clowns, Zauberern und der Suche nach dem geheimnisvollen Schatz – das Alte und das Neue vermischen sich, und eine Welt entsteht, in der sowohl die traditionellen Werte der Vergangenheit als auch die fortschreitende Entwicklung ihren Platz finden.

Luis Raluy hatte einen Traum, ihn in ein Konzept gebändigt und einen Zirkus gegründet, der seinen Traum lebt. In diesem Sinne rollt der Circo Raluy Legacy seit mehr als siebzig Jahren mit seinen bunt bemalten Wagen langsam, aber unermüdlich weiter und weiter. Schenkt einen nostalgischen Blick zurück und ein Vermächtnis für die Zukunft.

Die Geschwister Benicio und Charmelle sind im Circo Raluy Legacy geboren und aufgewachsen. Die beiden präsentieren ihre Nummer zu Beginn und zum Abschluss der Show. Charmelles großer Traum ist es, Seiltänzerin zu werden. In der Zwischenzeit widmet sie sich anderen Dingen: Sie hat zum Beispiel eine Leidenschaft für Naturkosmetik und stellt zusammen mit ihrer Mutter und ihrer Cousine biologische Cremes her.

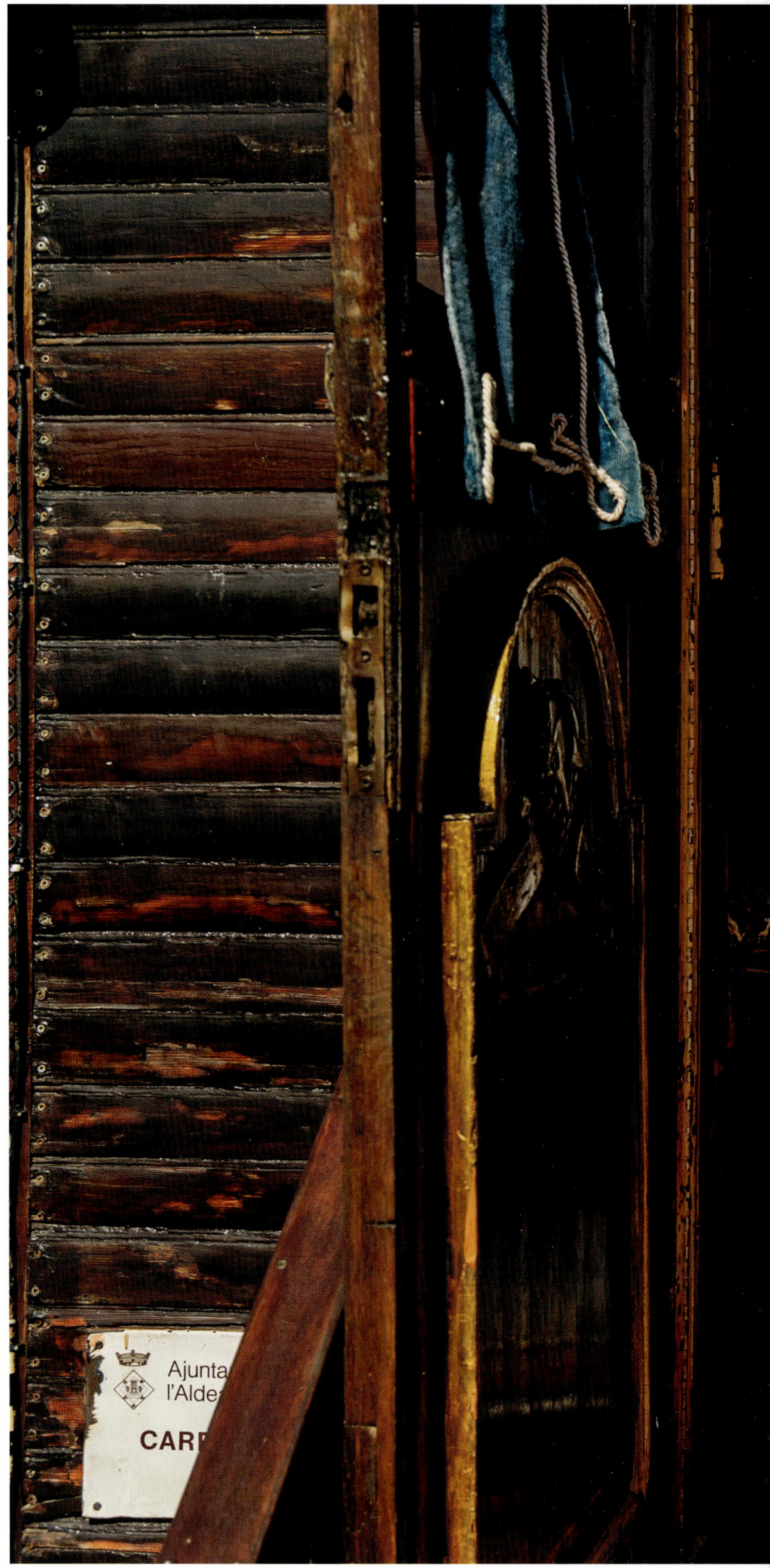

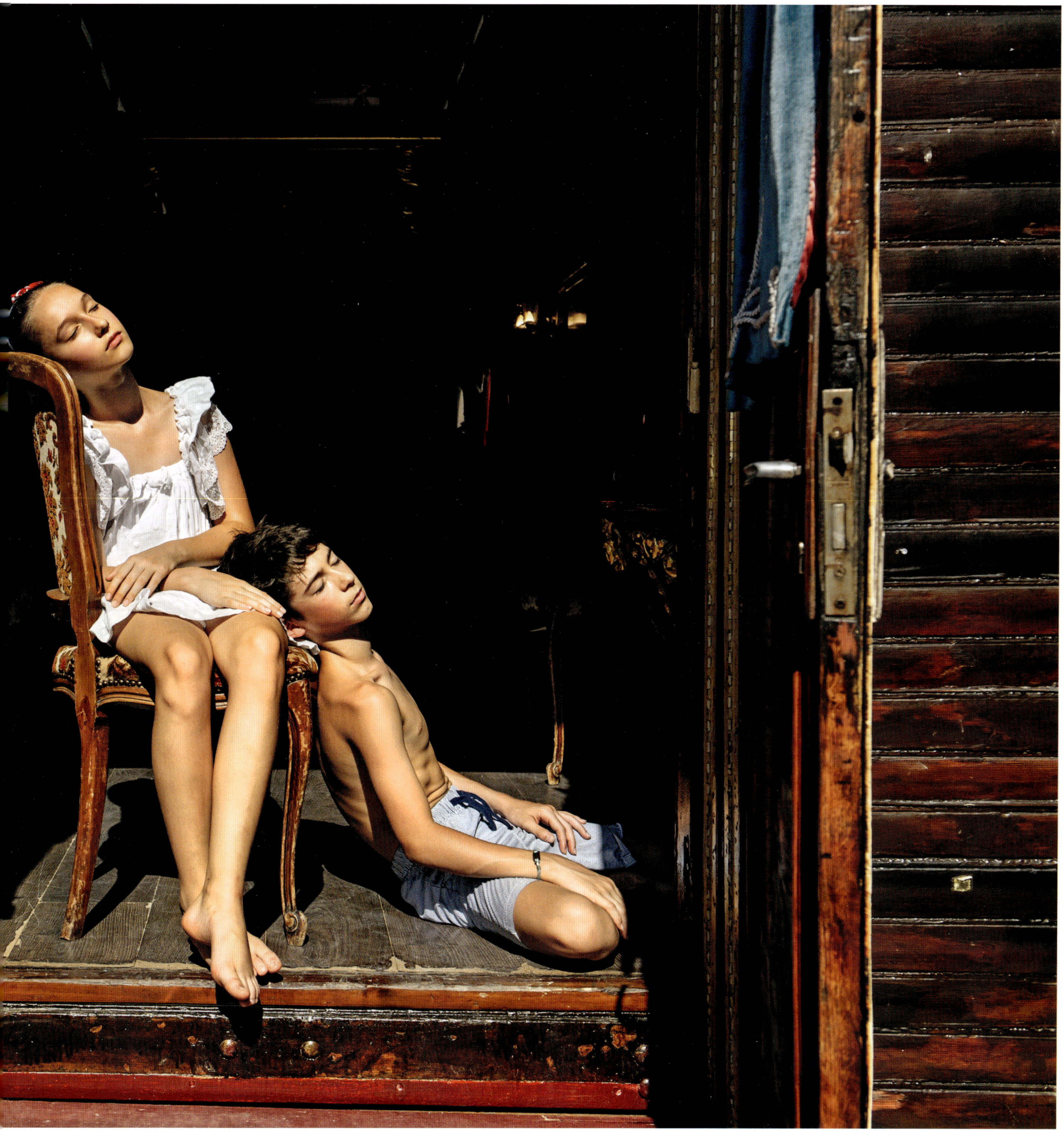

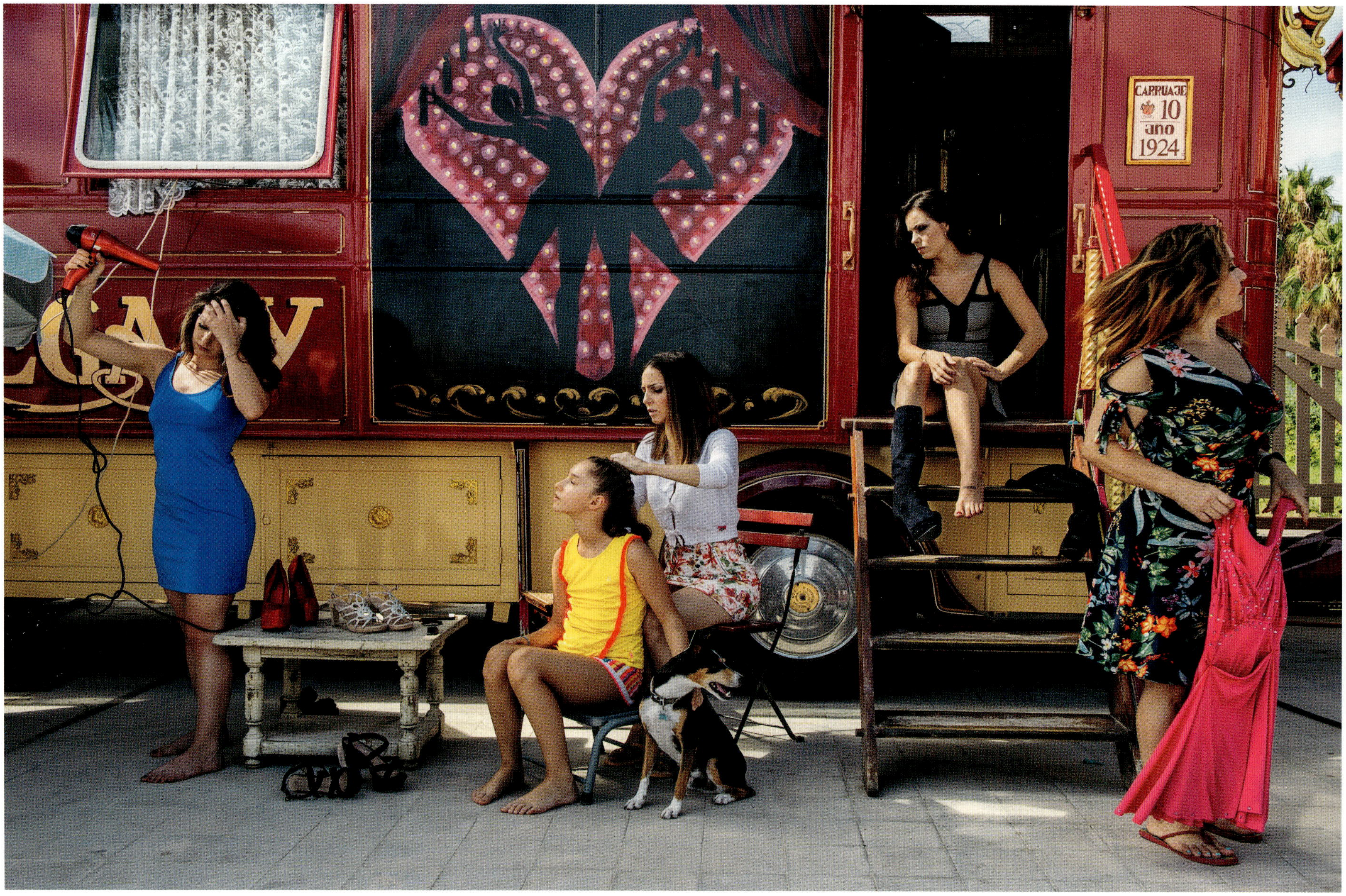

Die Frauen sind der Motor des Circo Raluy Legacy, sein Herz und seine Seele zugleich. In ihnen vereinigen sich Tatkraft, Anmut und Verantwortungsbewusstsein. Vor Niedzielas Wohnwagen bereiten sie sich auf die Vorstellung vor.

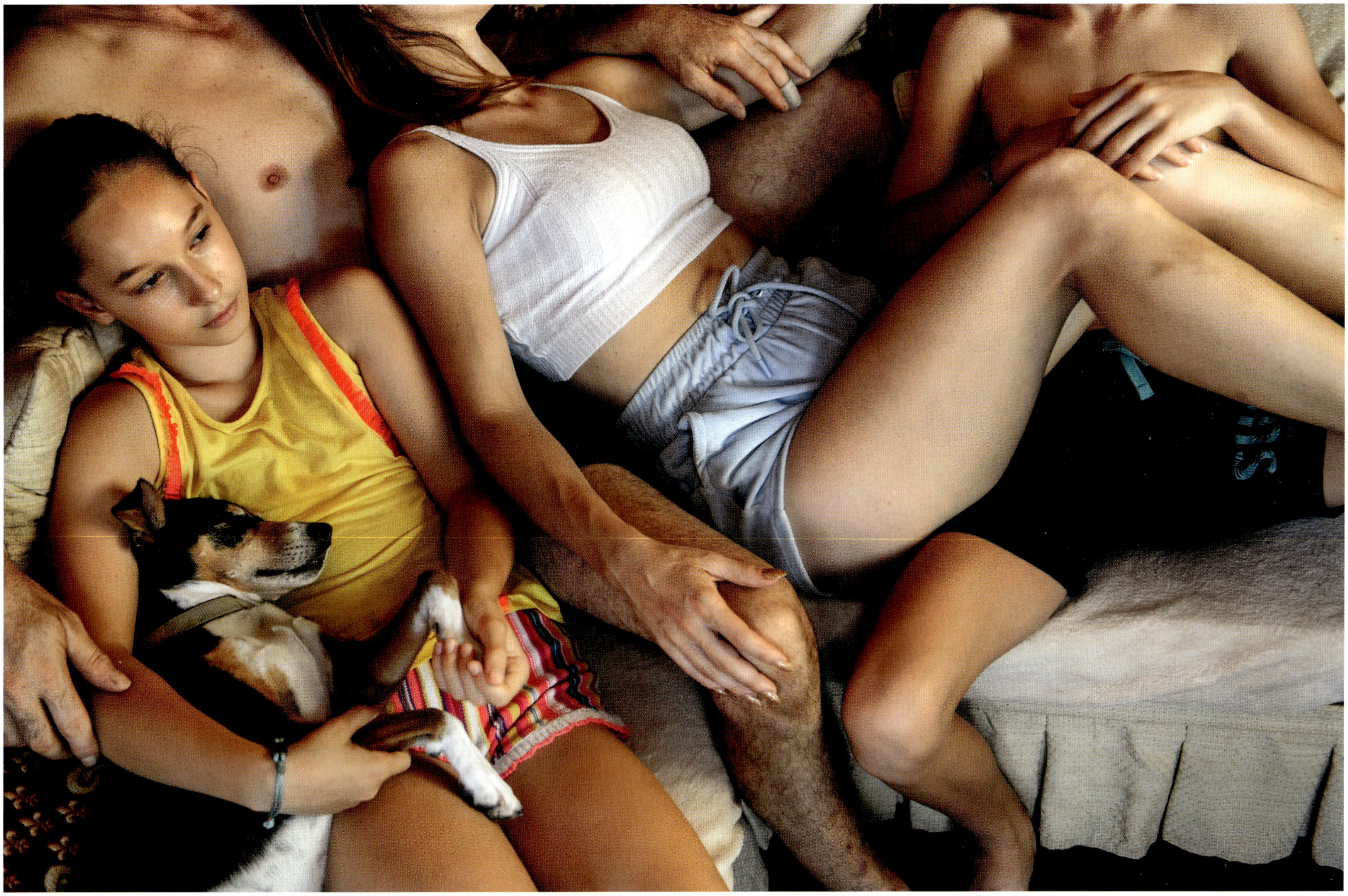

Ein Familienfoto, das die Wärme und Vertrautheit des Alltags im Wanderzirkus einfängt. Der Franzose Jean Cristophe Fournier kam vor fünfzehn Jahren zum Circo Raluy Legacy. Er verliebte sich in Kerry Raluy, eine der beiden Töchter des letzten Familienpatriarchen; ihre Kinder Benicio und Charmelle wachsen in der verschworenen Gemeinschaft des Zirkus auf. Ob bei Proben oder Auftritten, ob innerhalb oder außerhalb des Zirkuszelts – sie sind immer dabei. Für die beiden ist ein geregeltes Leben in eng gesteckten Grenzen unvorstellbar. Freiheit, Selbstverwirklichung und Leidenschaft sind ihr Lebenselixier, dafür verzichten sie ohne Neid und Wehmut auf die Annehmlichkeiten der modernen Welt.

Benicio und Charmelle, zwölf und elf Jahre alt, spielen mit Elias, dem Sohn der Fotografin Stephanie, und einem anderen Freund. Elias ist zum ersten Mal dabei, er genießt die Freiheit des Zirkusalltags, spürt aber auch das Verantwortungsgefühl, das Zirkuskindern von Geburt an vermittelt wird: nicht wie in der Schule, sondern Tag für Tag im praktischen Leben.

Entspannung vor dem Zirkuszelt: Der Argentinier Pietro Vicentini, Clown, Akrobat und Sänger sowie Niedzielas Partner im Leben und auf der Bühne, bringt Elias bei, auf seinen Schultern zu balancieren. Stephanie versucht, in ihren Fotos möglichst auch etwas Persönliches auszudrücken; manchmal taucht ein vertrautes Kleidungsstück auf oder, wie in diesem Fall, ihr Sohn Elias, der wichtigste Mensch in ihrem Leben. ▽▽

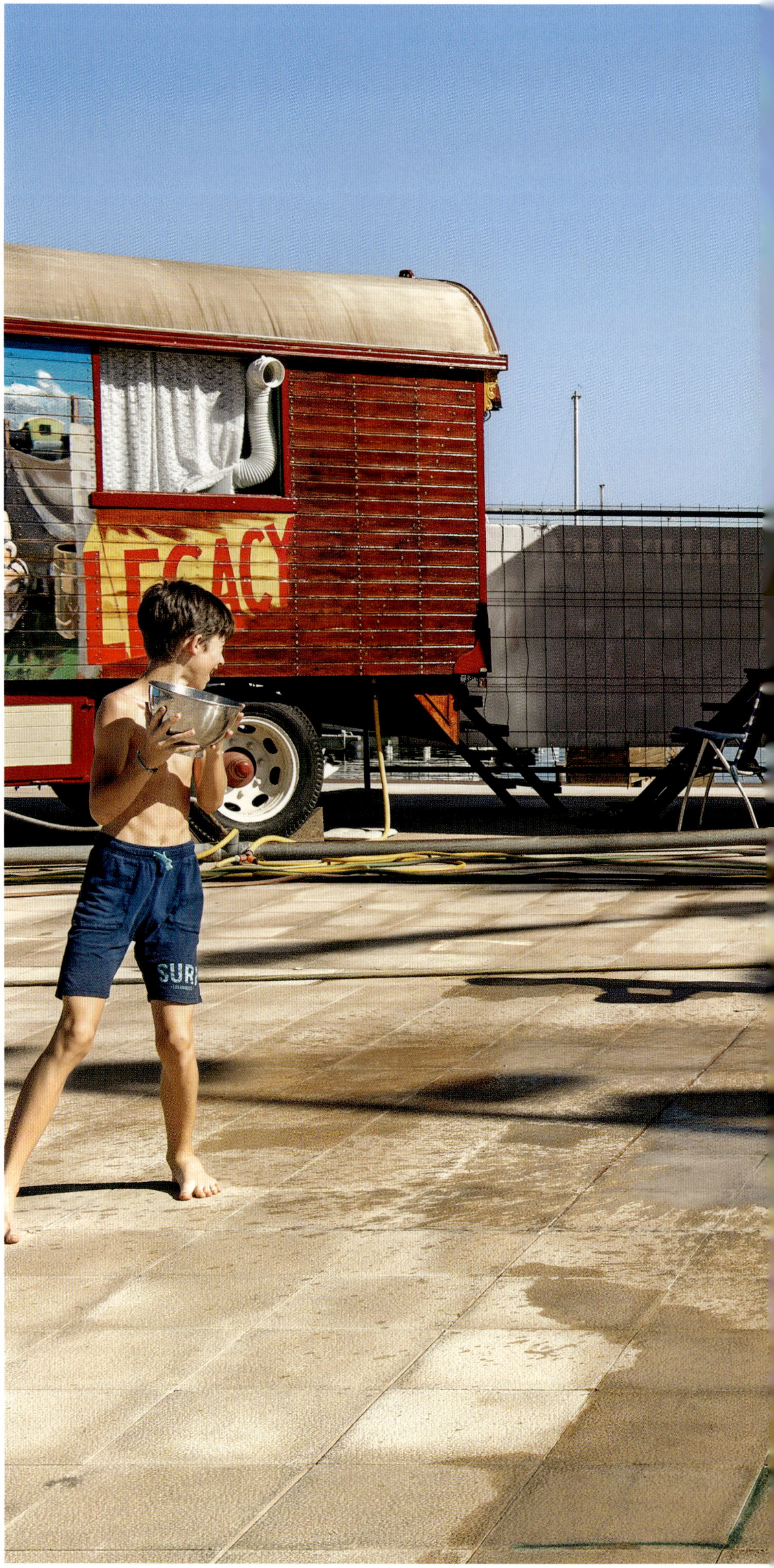

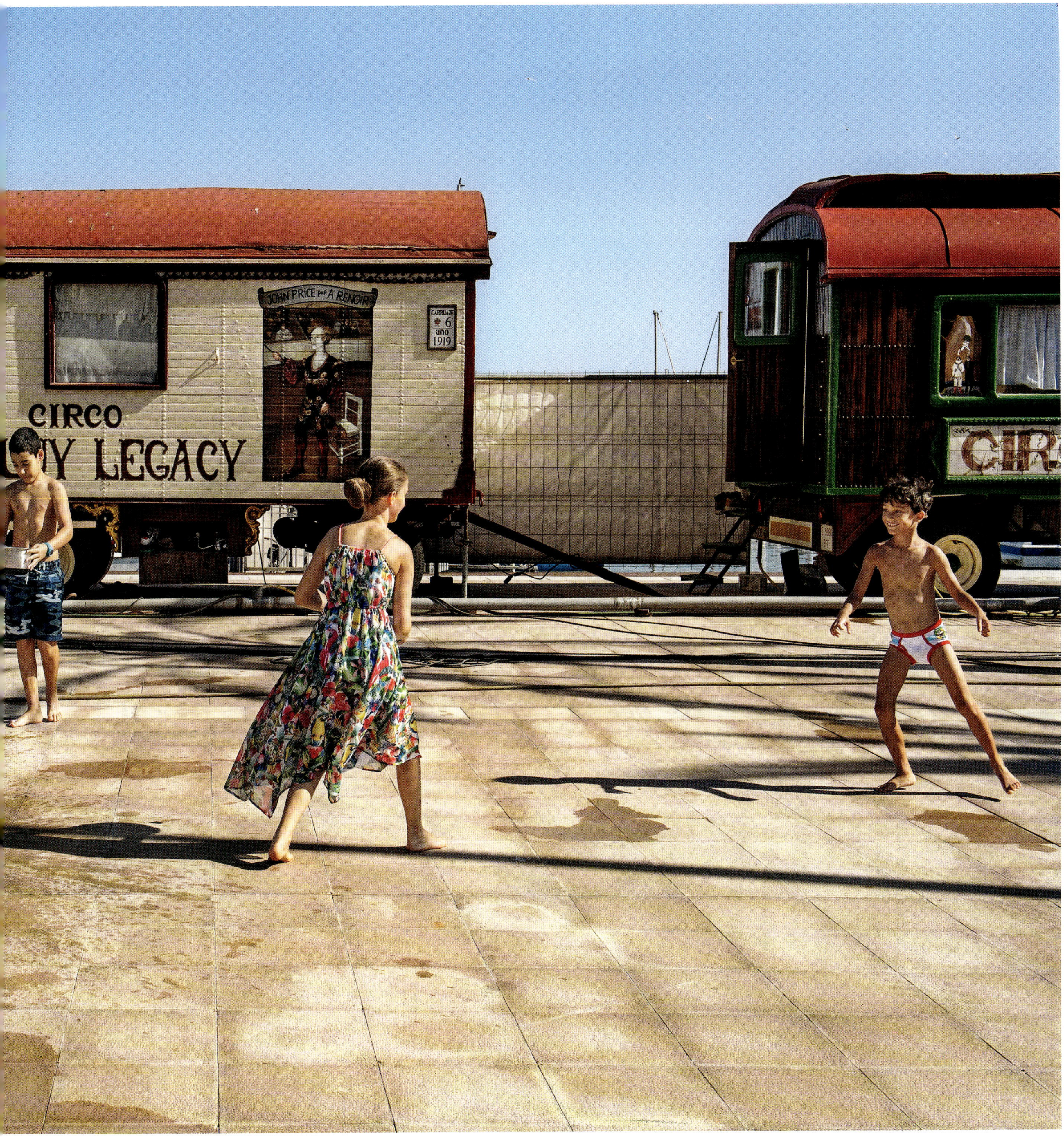

JOHN PRICE por A RENOIR
CARRIAGE 6 año 1919
CIRCO
LEGACY

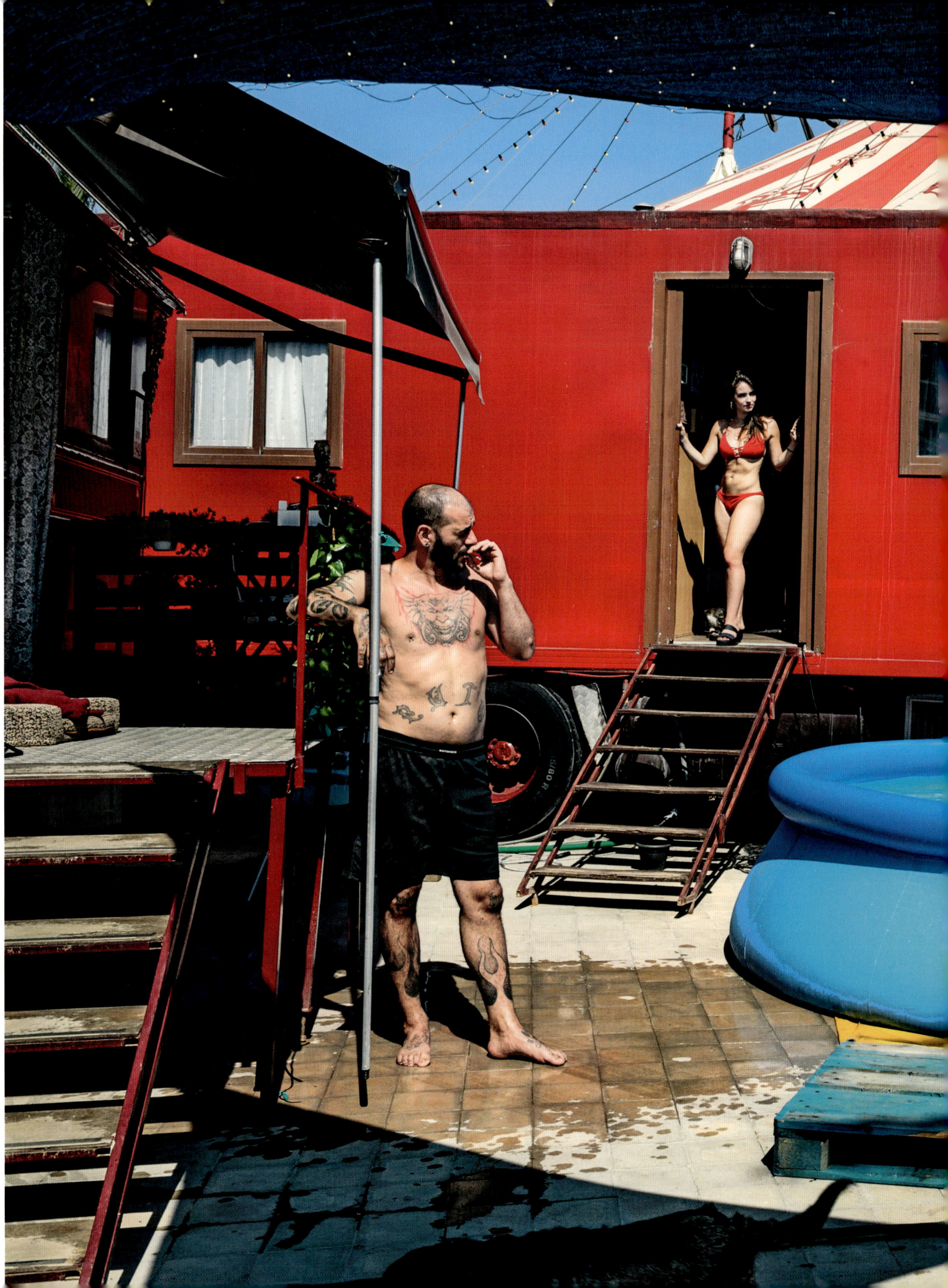

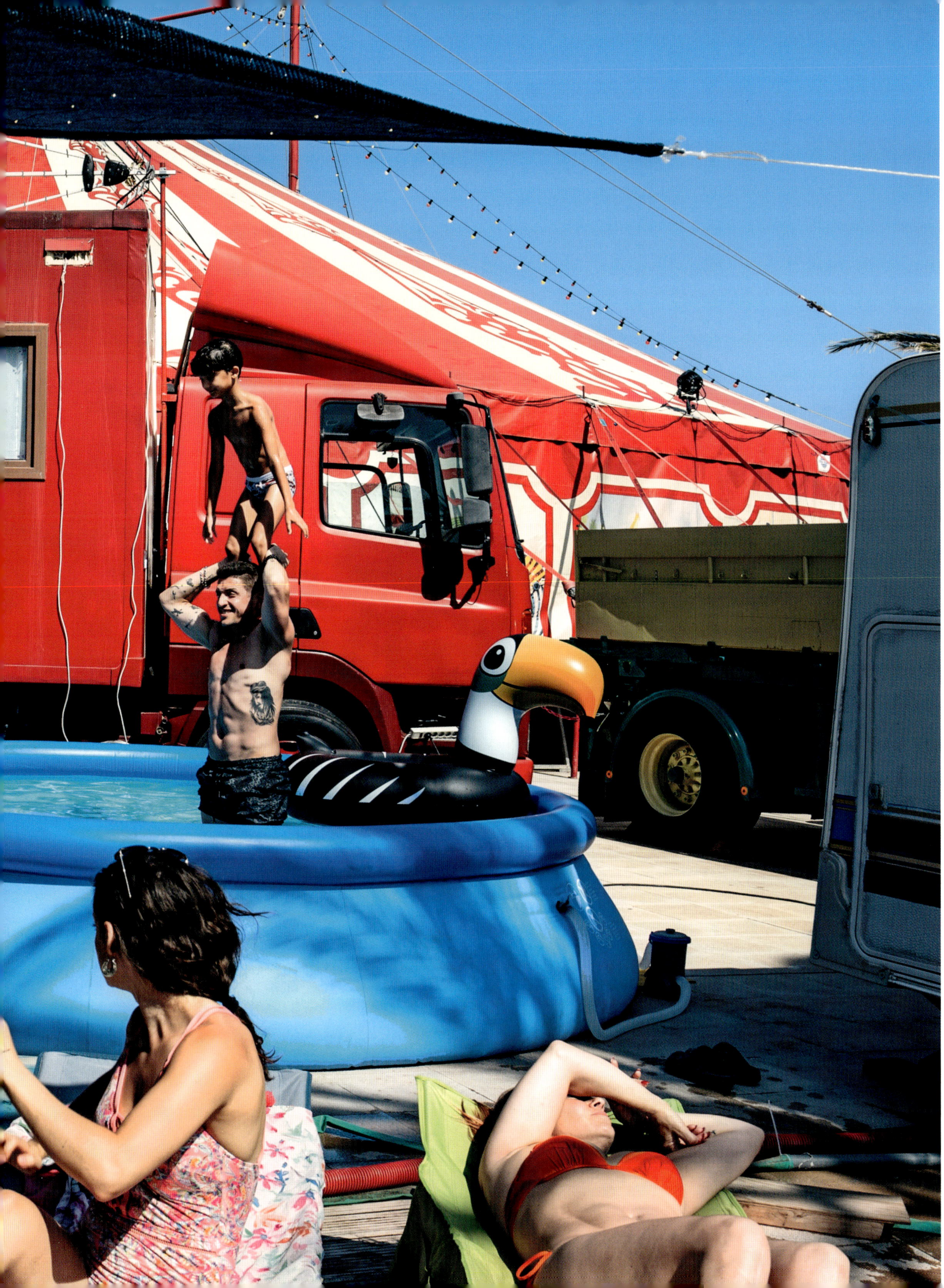

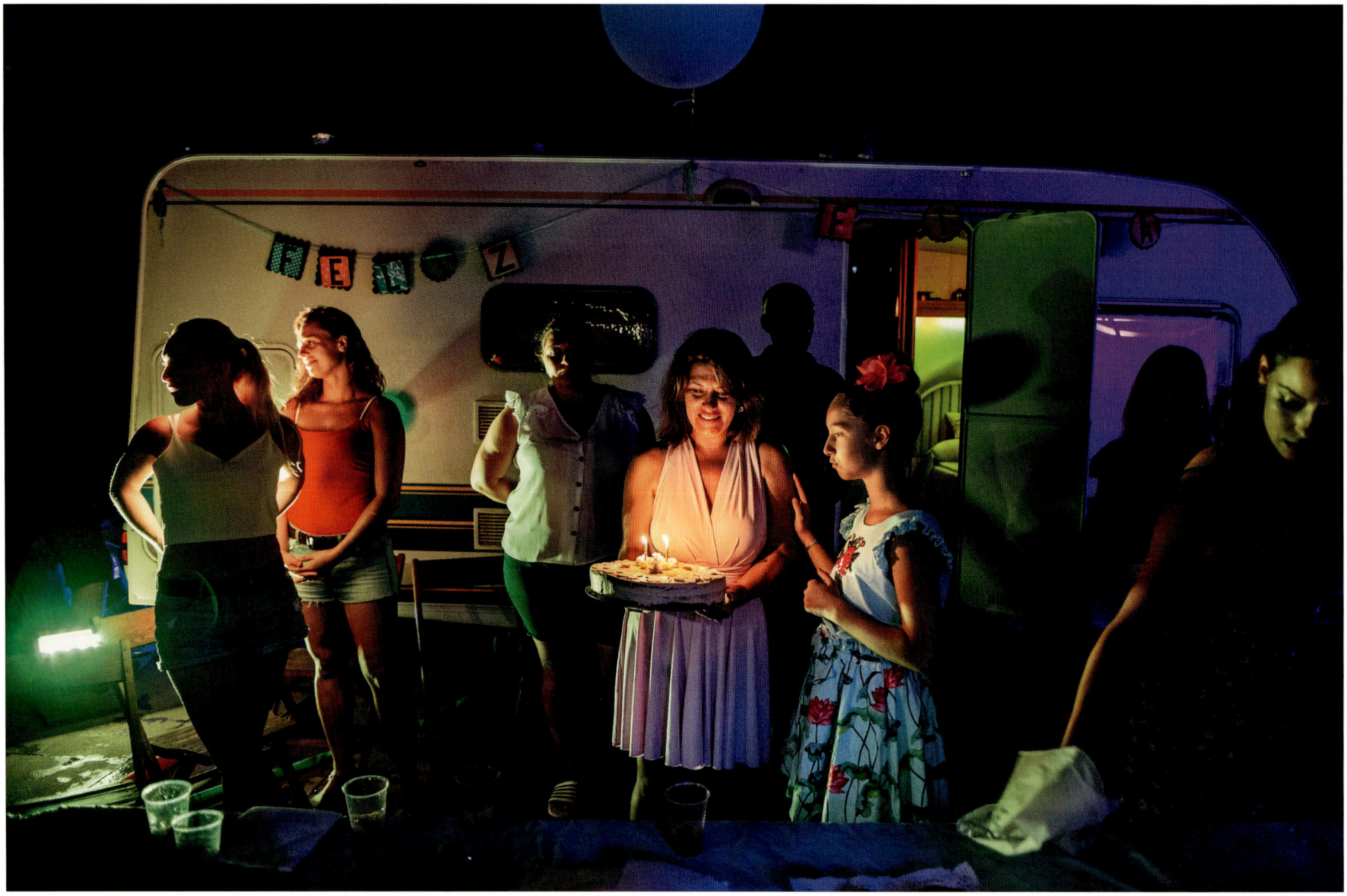

Niedzielas Geburtstag wird zwölf Stunden lang gefeiert, von zwölf Uhr mittags bis Mitternacht. Die Freunde haben sich vor dem Wohnwagen rund um eine Torte versammelt. Ein Bild voller Wärme, Herzlichkeit und Heiterkeit unter dem Sternenzelt.

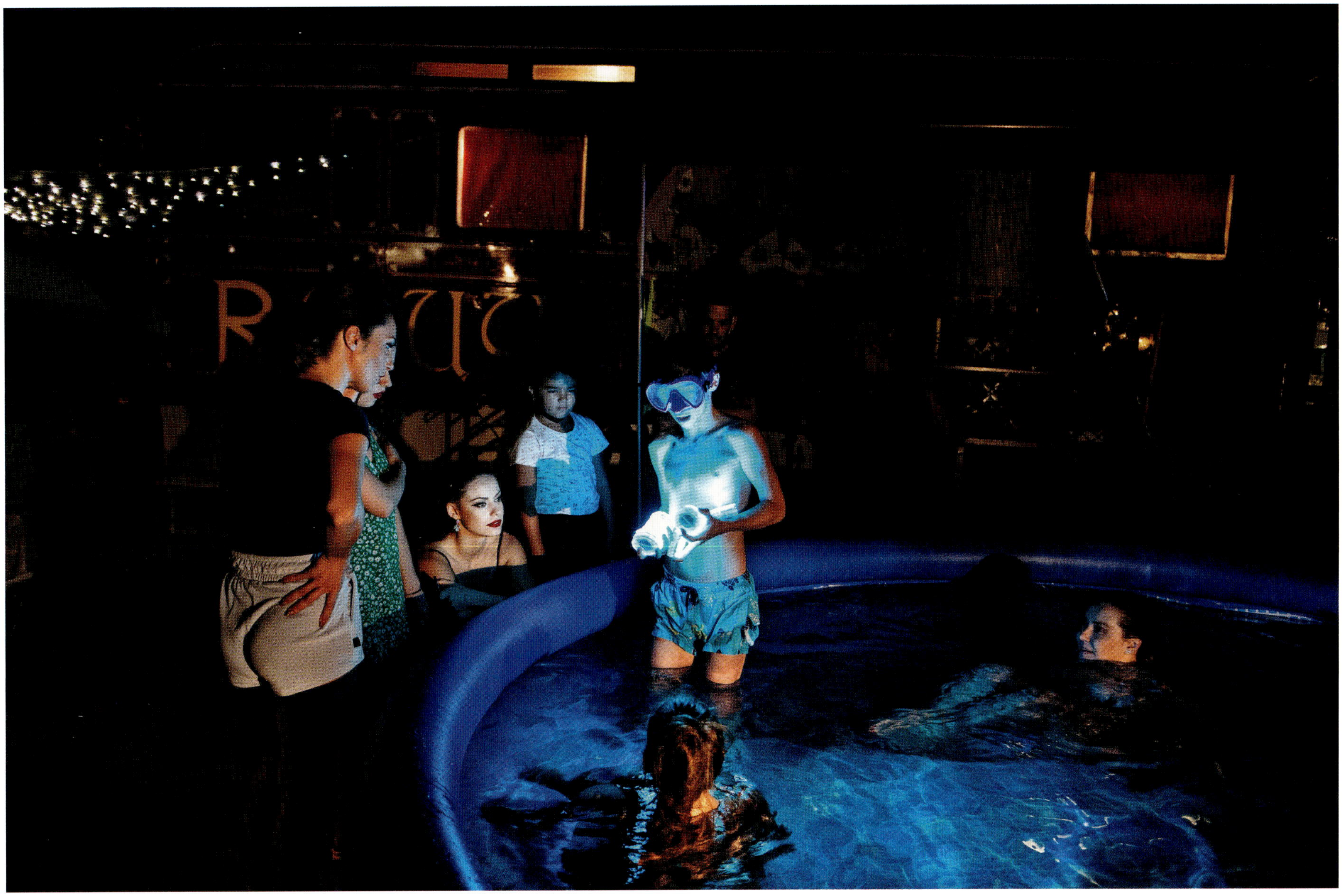

Benicio und Charmelle haben sich eine Überraschung für Niedziela ausgedacht: Sie schenken ihr Unterwasserscheinwerfer, die die Farben wechseln und nachts den aufblasbaren Pool im Zirkus in magisches Licht tauchen.

DIE FRAUEN SIND DIE TREIBENDE KRAFT DIESES SCHILLERNDEN ZIRKUSUNIVERSUMS, DAS SEIT FÜNF GENERATIONEN IN DER HAND EINER ZIRKUSFAMILIE LIEGT.

★

Unter dem kritischen Auge einer englischen Choreografin übt die junge Artistin für die neue Show. Einmal im Monat wird bis spät in der Nacht an der Performance gefeilt, nichts ist so gut, dass es nicht noch besser werden könnte. Eine surreale Atmosphäre, die an längst vergangene Zeiten erinnert, man fühlt sich in die glamouröse Epoche des *Moulin Rouge* des frühen 20. Jahrhunderts versetzt.

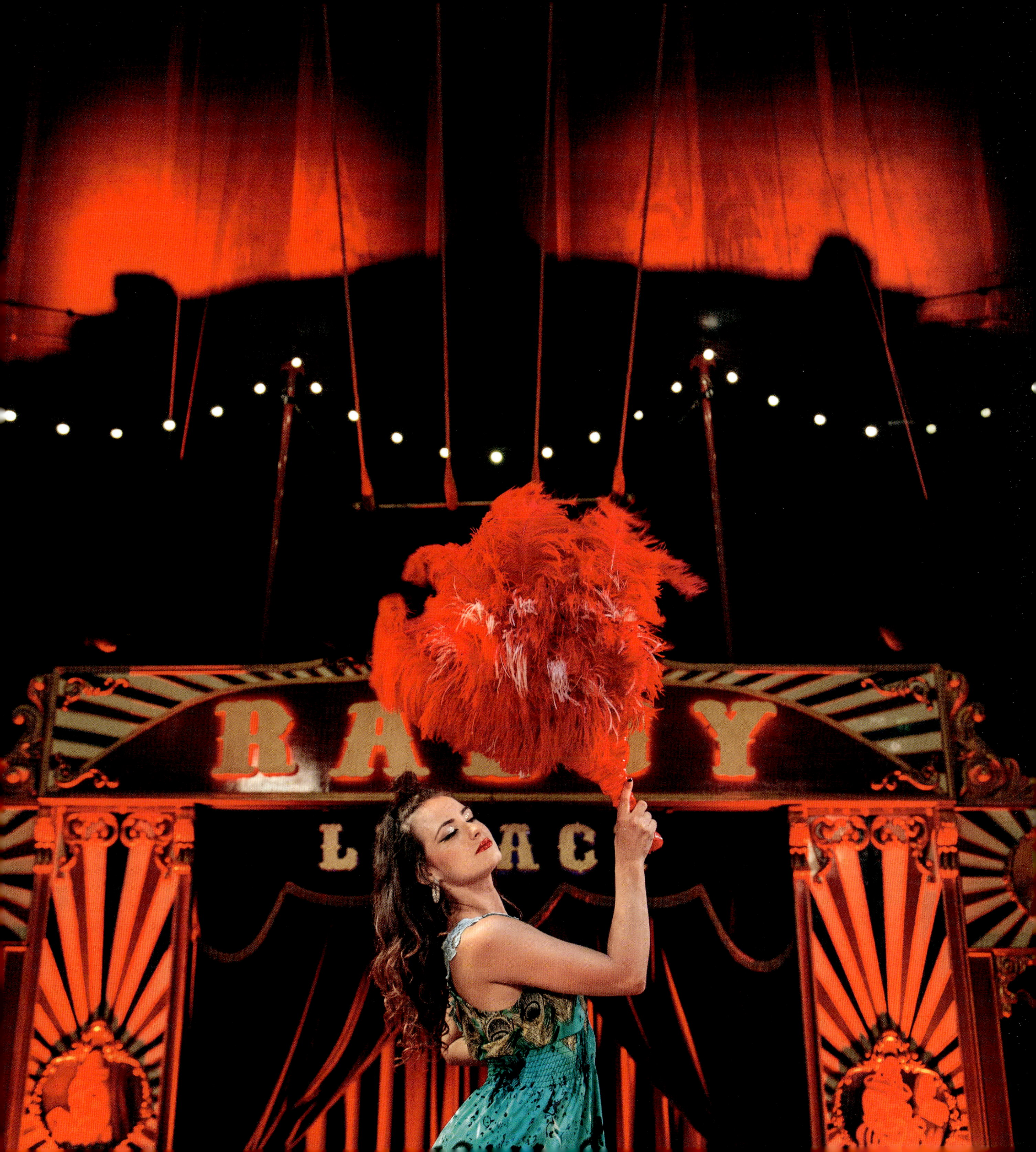

Eine Artistin wärmt sich vor dem Zelt für ihren Tanz an der Stange auf, den sie gemeinsam mit ihrer Schwester vollführt. Eine akrobatisch-sinnliche Glanzleistung, die nur wenig mit dem herkömmlichen Pole Dance gemein hat. Diese Nummer verbindet tänzerische Grazie und artistische Perfektion zu einem ästhetischen Gesamtkunstwerk. Aber die Schwestern haben noch mehr in ihrem Repertoire: Sie sind Artistinnen auf höchstem Niveau, ihre Kunststücke auf dem Drahtseil setzen neue Maßstäbe.

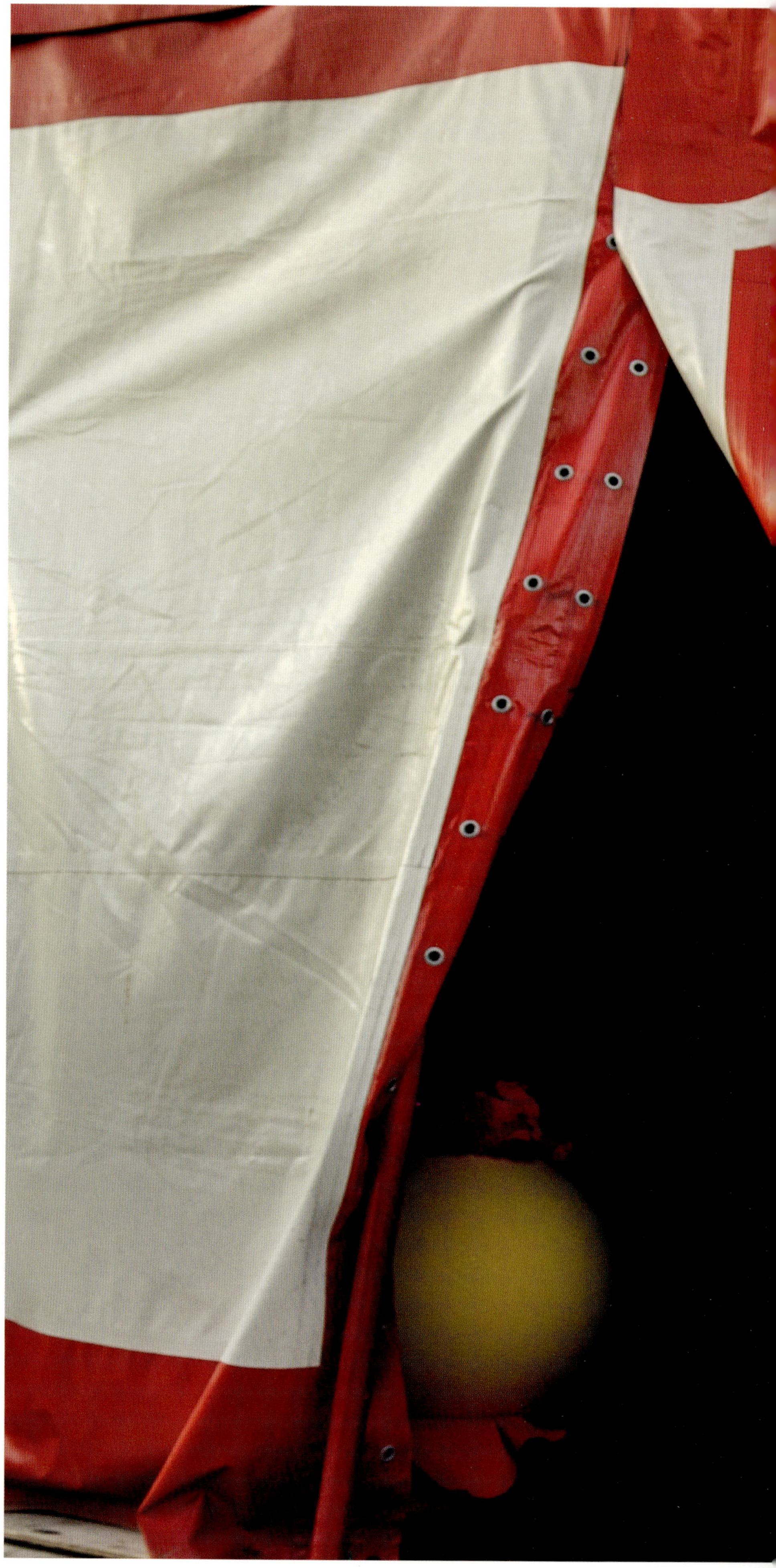

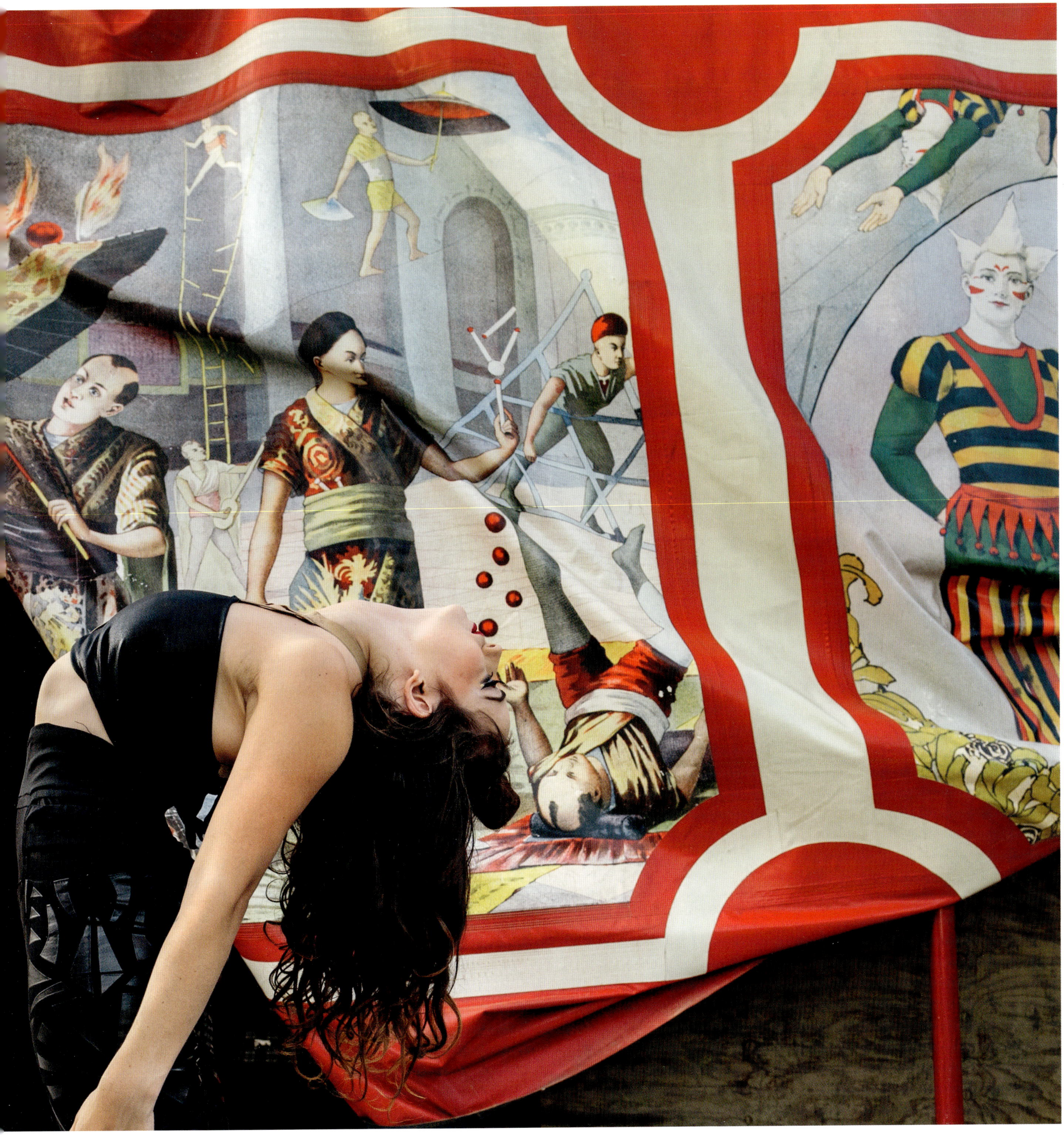

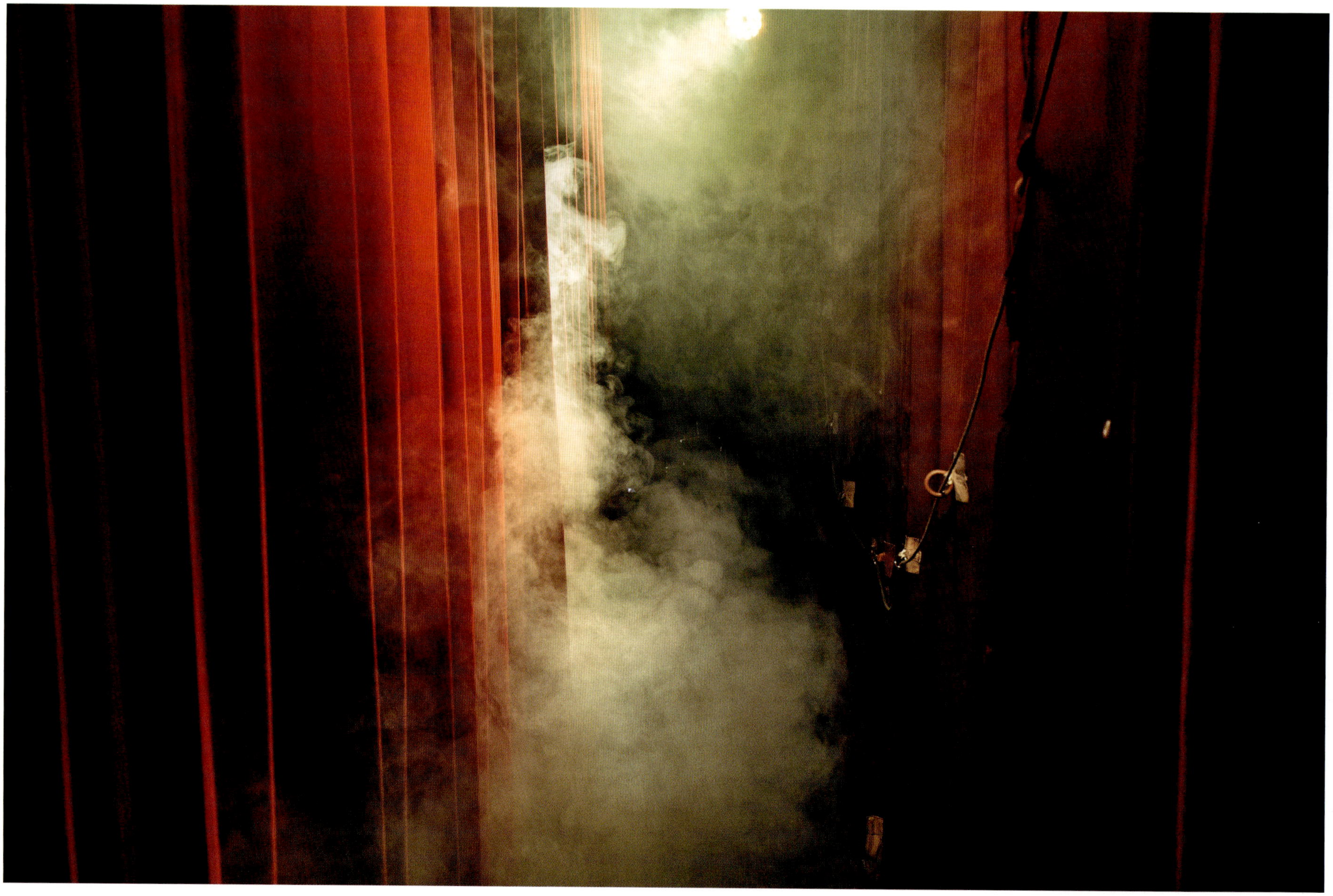

Der Rauch aus der Nebelmaschine wabert auf die Bühne, dabei vermischt er sich mit dem roten Scheinwerferlicht. Ein fast mystisches Bild, Märchenträume scheinen wahr zu werden.

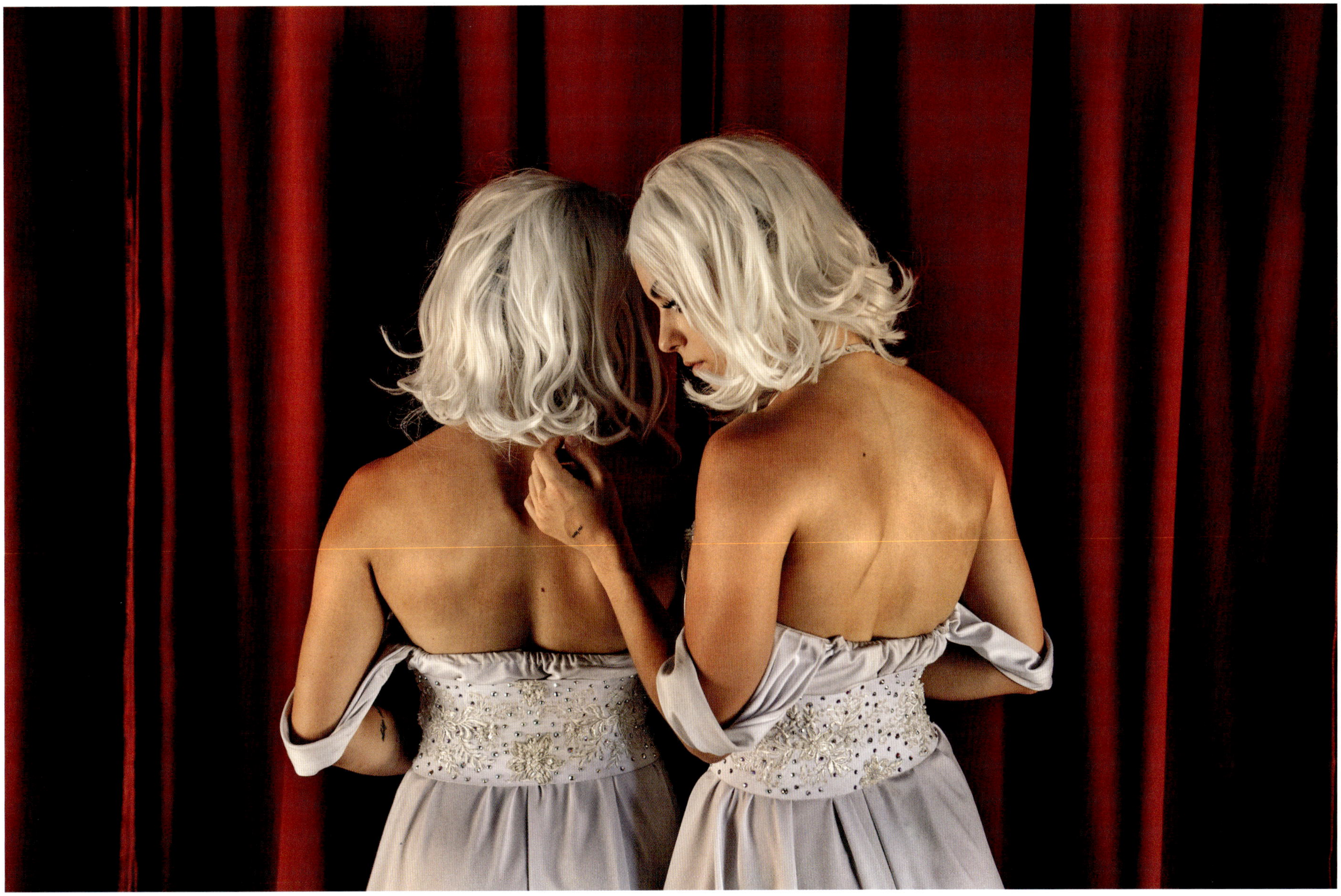

Die Schwestern Niedziela und Emily posieren für ein Foto. Sie tragen Bühnenkostüme für ihre Balancenummer auf dem Stahlseil. Die Vorstellung ist atemberaubend, eine artistische Glanzleistung, die durch Spiegeleffekte noch spektakulärer in Szene gesetzt wird. Eine perfekte Sinnestäuschung.

Ein Foto von Jorge, der als Moderator durchs Programm führt. Wie eine Figur aus einem Charlie-Chaplin-Film pendelt er ständig zwischen Bühne und Umkleideraum hin und her. Jorge hat sich ganz bewusst für ein Leben im Circo Raluy Legacy entschieden, einem traditionellen Familienzirkus, der seine Ideale verkörpert.

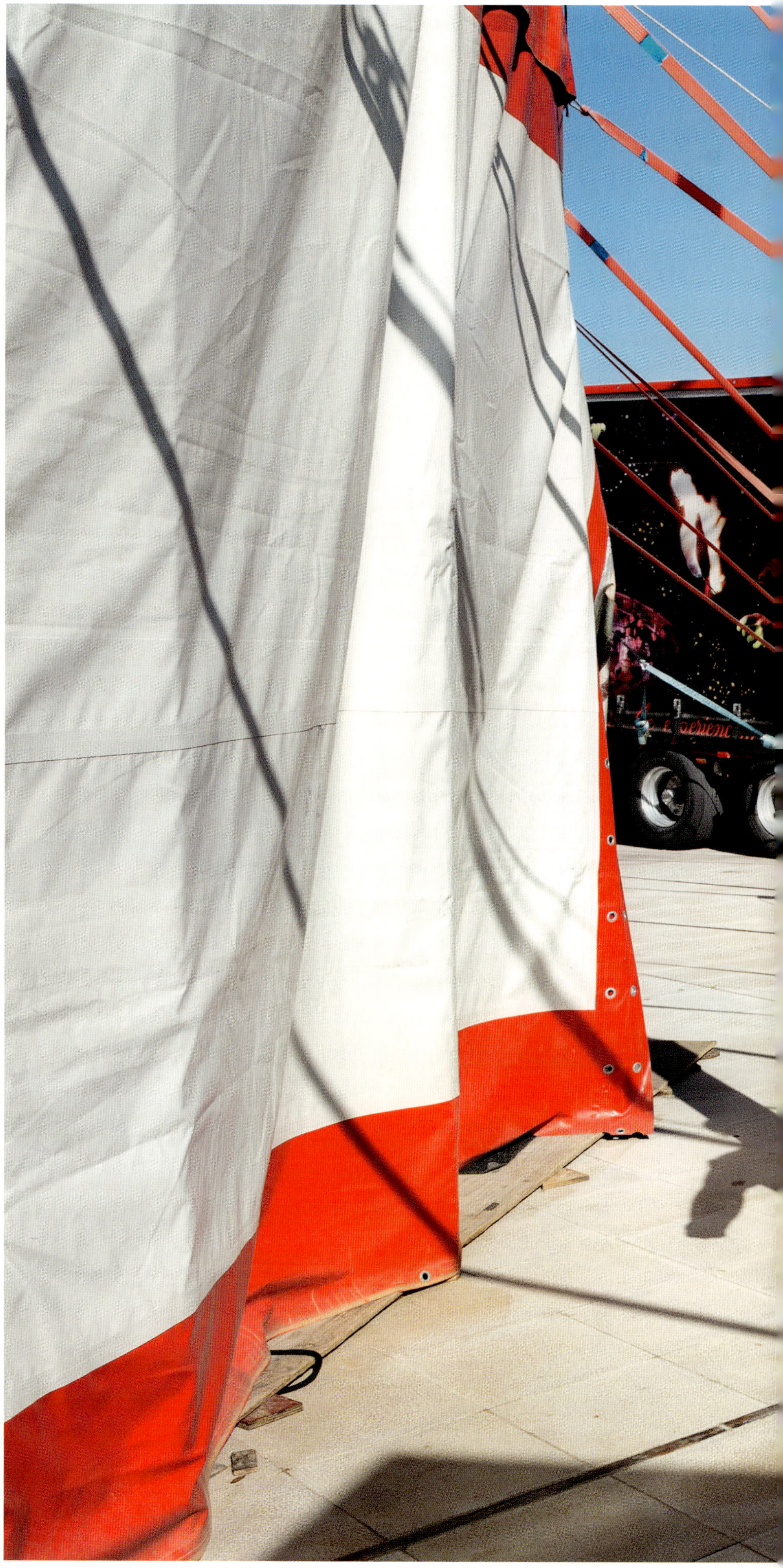

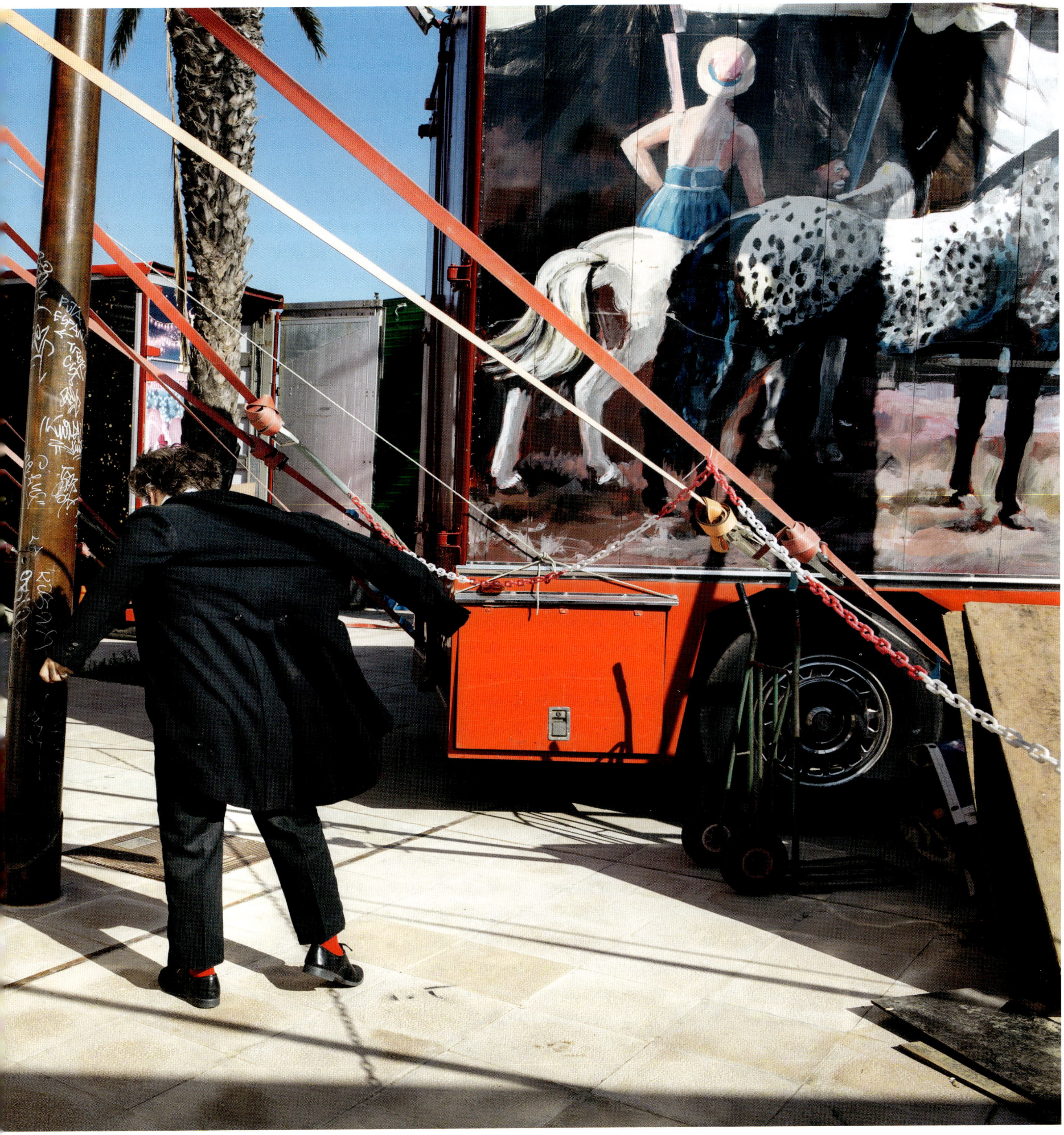

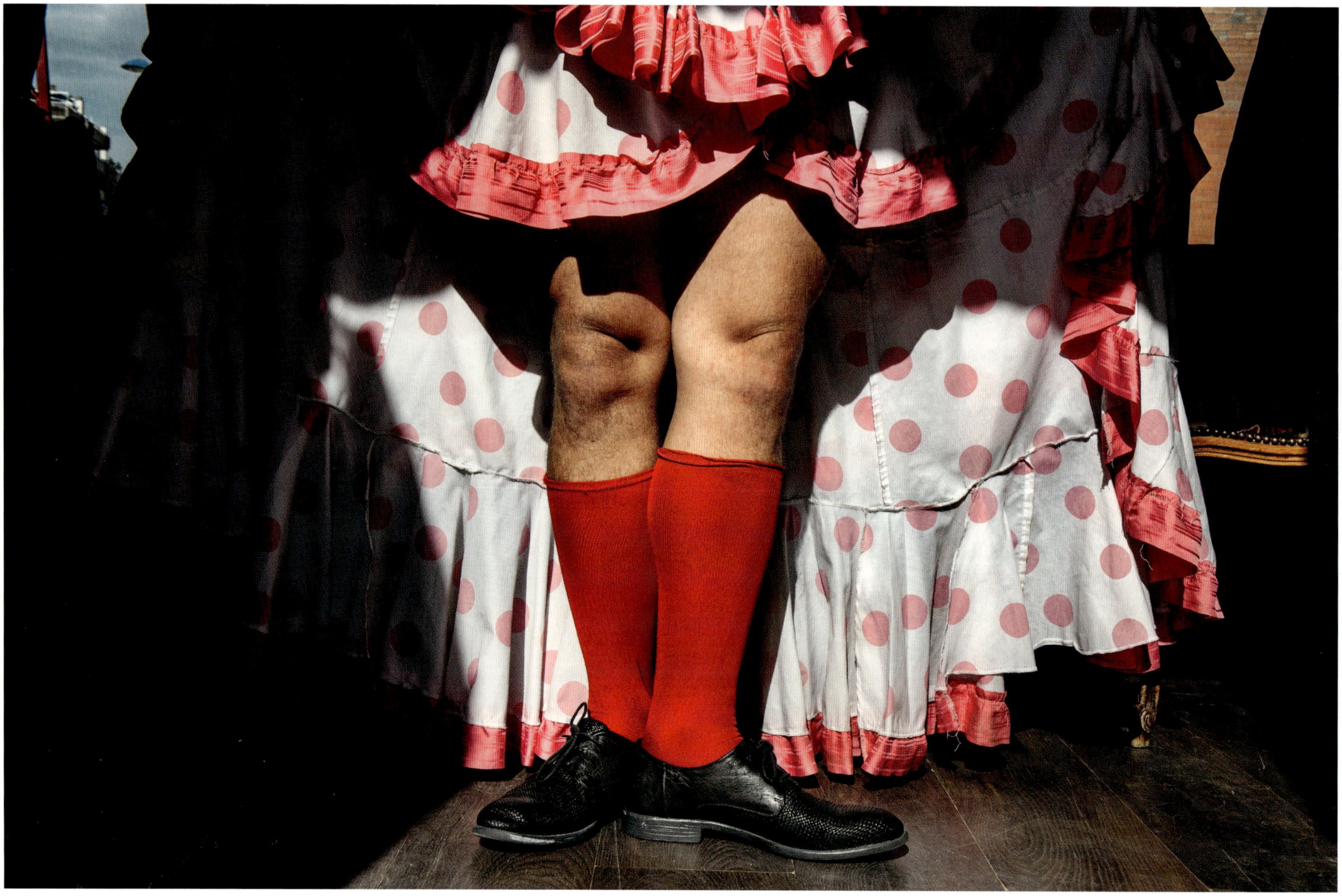

Jorge in klassischer Ballettpose. Er trägt ein Kleid, aber seine Füße stecken in Männerschuhen – ein Hinweis auf die Dominanz der Frauen im Circo Raluy Legacy. Jorge ist ein Allroundkünstler, Schauspieler, Tänzer und Sänger, er bringt auf die Bühne, was gerade gebraucht wird.

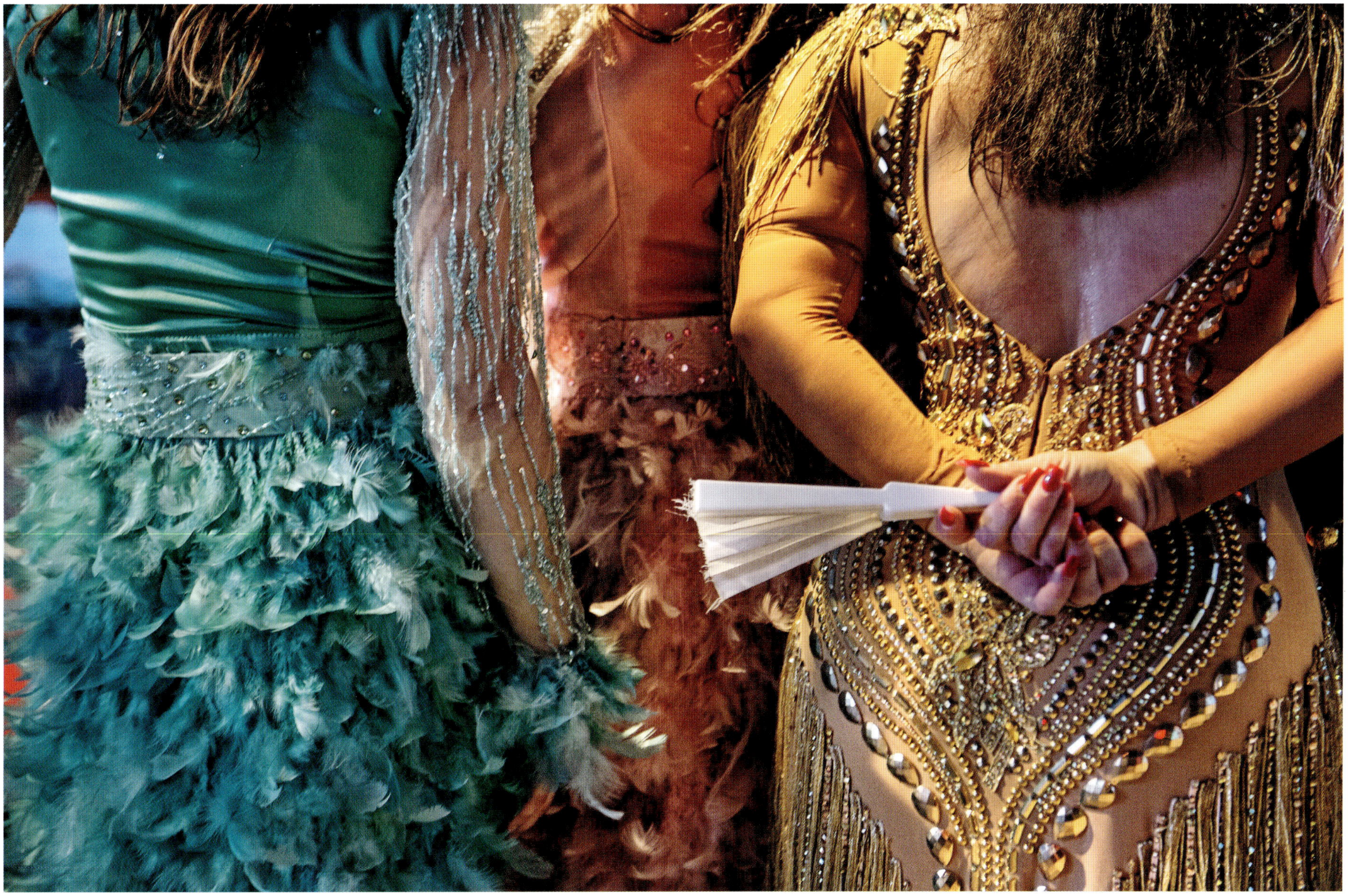

Ein schöner Rücken kann auch entzücken: die Schwestern Raluy des Circo Raluy Legacy von hinten. Ihre farbenfrohen, glitzernden Kostüme symbolisieren die Dynamik und überschäumende Lebensfreude der faszinierenden Show.

Jorge in seiner Rolle als androgyner Künstler. ▽▽

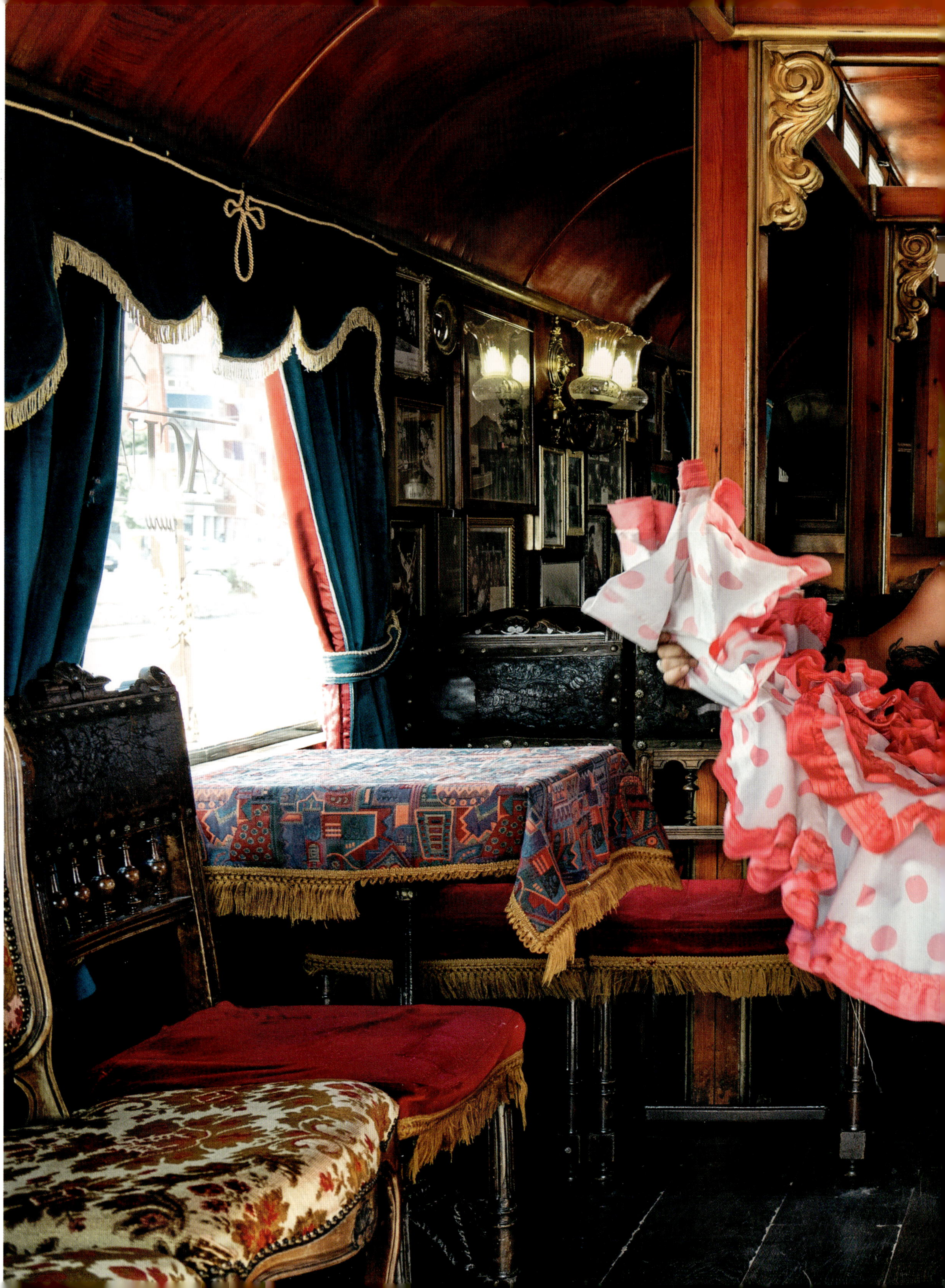

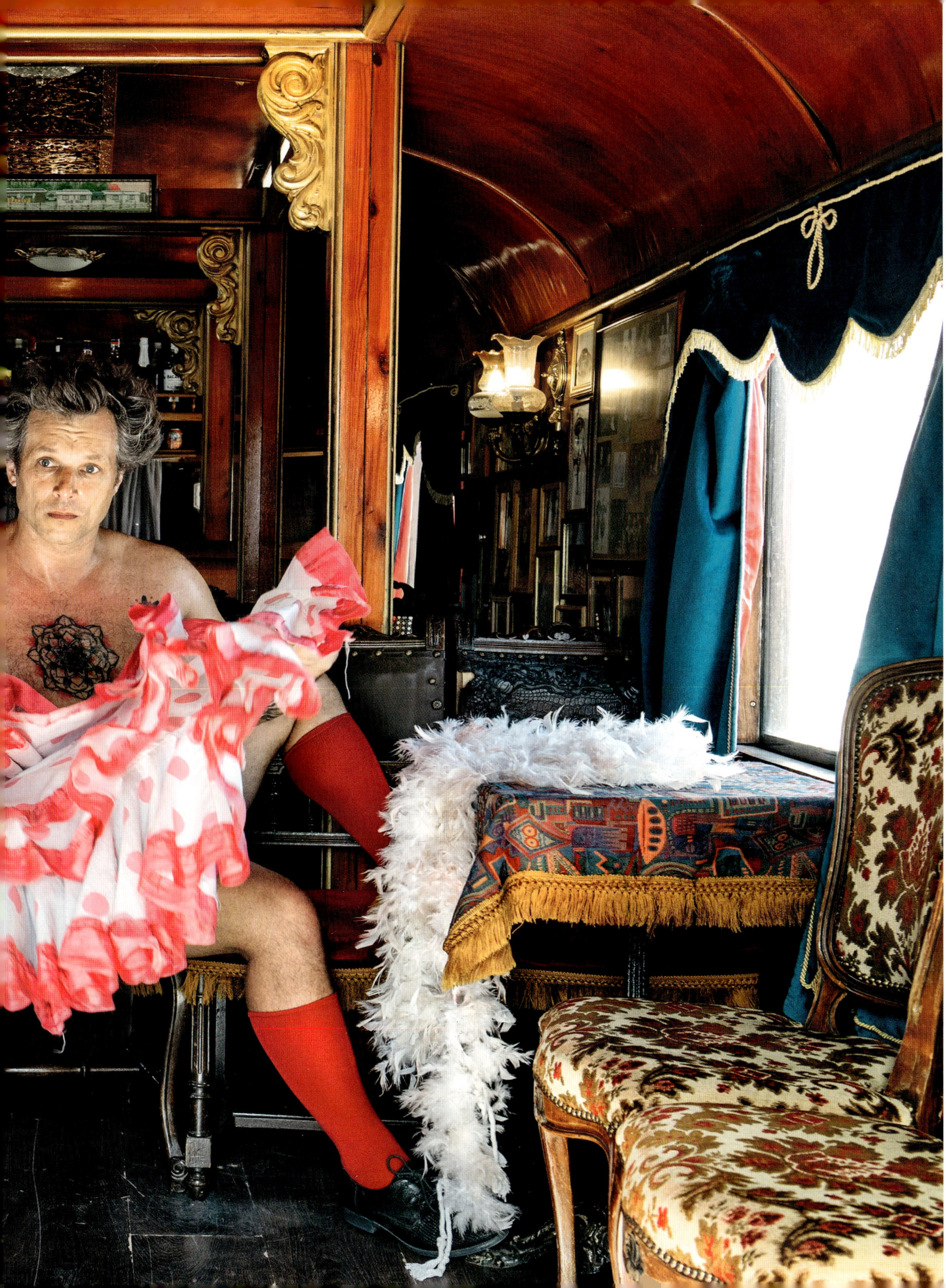

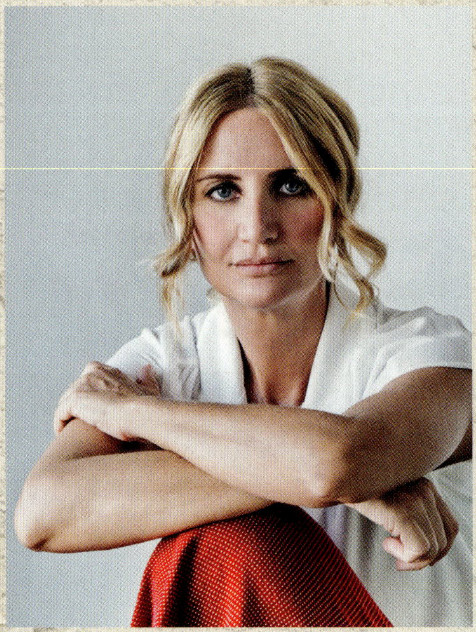

Stephanie Gengotti
ist Fotografin mit italienisch-französischen Wurzeln. Ihre einfühlsamen Porträts und bildstarken Werke wurden mehrfach ausgezeichnet und weltweit ausgestellt. Ihre Arbeiten erscheinen regelmäßig in international renommierten Zeitschriften wie *GEO, Stern, Der Spiegel, National Geographic, The New York Times* u.v.m. Stephanie Gengotti lebt in Rom.

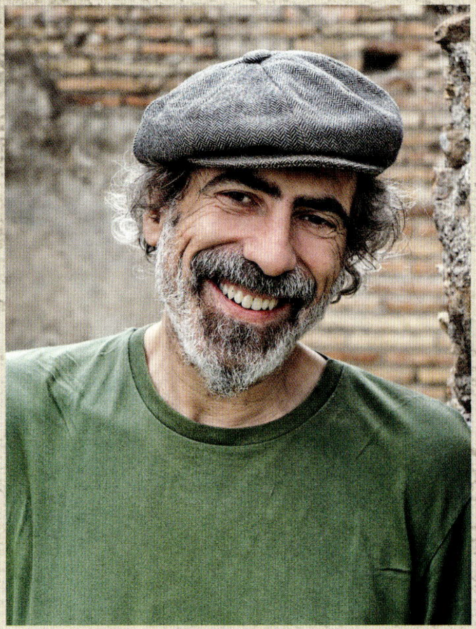

Fulvio de Sanctis,
1964 in Rom geboren, ist leidenschaftlicher Rockmusiker und veröffentlichte mehrere Soloalben, bevor er sich erfolgreich der Malerei und dem Schreiben von Romanen zuwandte. Mit den Texten für den Band *Zirkuswelten* verbindet er seine Leidenschaft für das Reisen und den künstlerischen Ausdruck in jeder Form.

Es ist Nacht. Das Foto zeigt die surreale Schönheit des Zirkuszelts zwischen Traum und Realität.

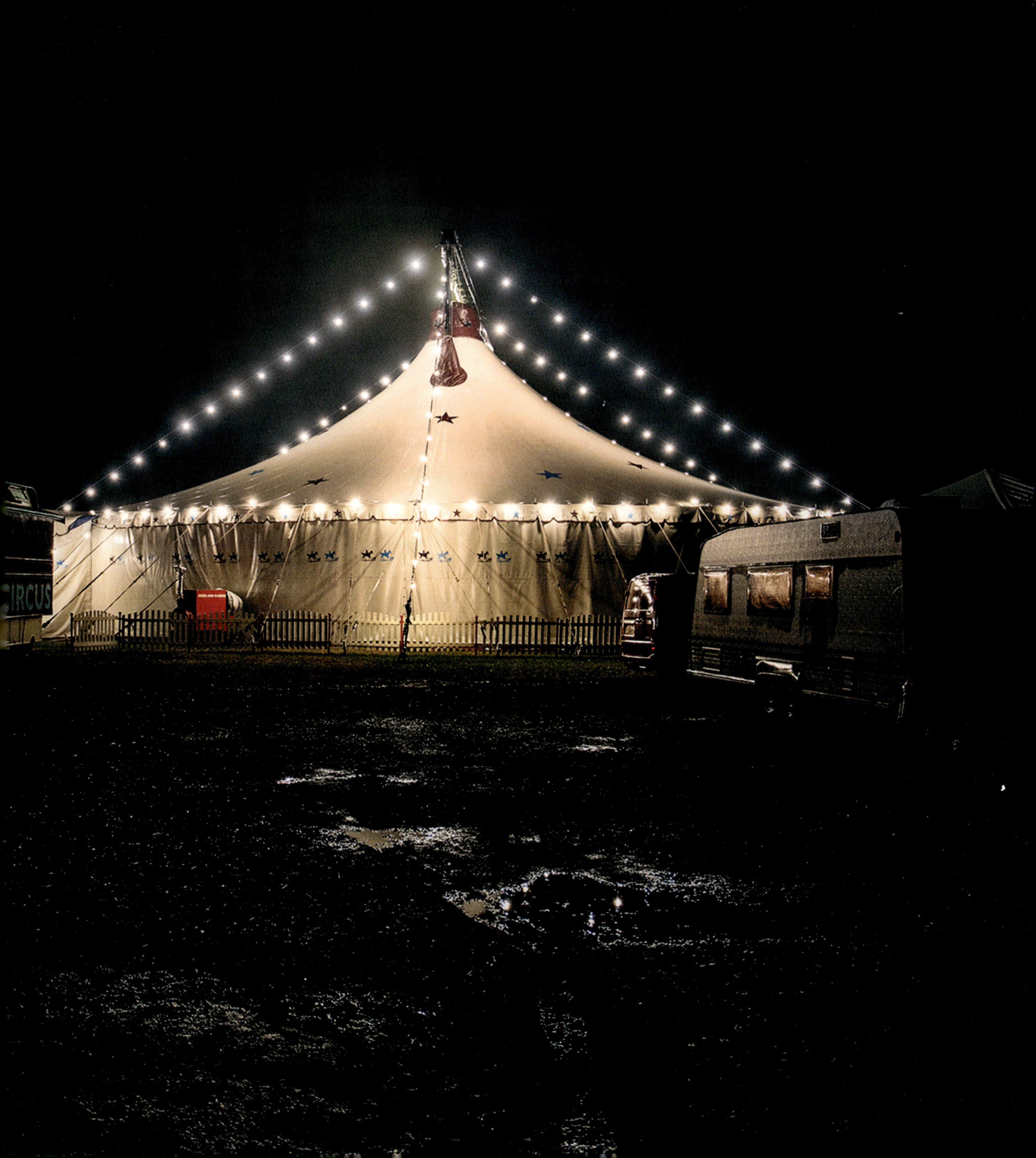
CIRCUS

IMPRESSUM

Verantwortlich: Susanne Then
Übersetzung aus dem Italienischen: Ingrid Ickler
Lektorat: Dr. Caroline Draeger
Satz und Layout: VerlagsService Gaby Herbrecht
Korrektorat: Viola Siegemund
Umschlaggestaltung: Alexander Knoll
Repro: Ludwig:media
Herstellung: Bettina Schippel
Printed in Italy by Printer Trento S.r.l.

★★★★★

Sind Sie mit diesem Titel zufrieden? Dann würden wir uns über Ihre Weiterempfehlung freuen.

Erzählen Sie es im Freundeskreis, berichten Sie Ihrem Buchhändler oder bewerten Sie bei Onlinekauf. Und wenn Sie Kritik, Korrekturen, Aktualisierungen haben, freuen wir uns über Ihre Nachricht an Frederking & Thaler Verlag, Postfach 40 02 09, D-80702 München oder per E-Mail an lektorat@verlagshaus.de.

Unser komplettes Buchprogramm finden Sie unter

www.frederking-thaler.de

In diesem Buch wird aus Gründen der besseren Lesbarkeit das generische Maskulinum verwendet. Weibliche und anderweitige Geschlechteridentitäten werden dabei ausdrücklich mitgemeint, soweit es für die Aussage erforderlich ist.

Textnachweis
Alle Texte stammen von Fulvio de Sanctis.

Bildnachweis
Alle Bilder von Umschlag und Innenteil stammen von Stephanie Gengotti außer shuttestock: Icon Zelt (Katsiaryna Pleshakova), Bilderrahmen (Gencho Petkov); Adobe Stock: Hintergrundbild Mauer (everigenia).

Umschlagvorderseite: Die Mitglieder des Cirque Bidon.
Umschlagrückseite: Die Zirkuskinder von Les Pêcheurs de Rêves.

S. 1: Girovago e Rondella; Rugiada und ihr Sohn Basilio blicken durch das Fenster in den Regen.
S. 2/3: Der Komiker Enrico bei einer Aufführung des Cirque Bidon.
S. 4/5: Die Wagenkolonne des Cirque Bidon zieht weiter.

Die Deutsche Nationalbibliothek verzeichnet diese Publikation in der Deutschen Nationalbibliografie; detaillierte bibliografische Angaben sind im Internet über http://dnb.d-nb.de abrufbar.

ISBN 9783954163113